KB161277

누가 여성을 죽이는가

여성혐오와 페미니즘의 격발

누가 여성을 죽이는가
여성혐오와 페미니즘의 격발

이나영 엮음
김민정·김보화·김세은·김수아·김홍미리·손희정·오찬호·이나영·추지현·허민숙·홍지아 지음

———

2019년 10월 4일 초판 1쇄 발행

———

펴낸이 한철희 | 펴낸곳 돌베개 | 등록 1979년 8월 25일 제406-2003-000018호
주소 (10881) 경기도 파주시 회동길 77-20 (문발동)
전화 (031) 955-5020 | 팩스 (031) 955-5050
홈페이지 www.dolbegae.co.kr | 전자우편 book@dolbegae.co.kr
블로그 imdol79.blog.me | 트위터 @Dolbegae79

———

주간 김수한 | 편집 김서연
표지디자인 김하얀 | 본문디자인 이은정·이연경
마케팅 심찬식·고운성·한광재 | 제작·관리 윤국중·이수민·한누리
인쇄·제본 한영문화사

———

———

ISBN 978-89-7199-981-3 (03330)

———

이 도서의 국립중앙도서관 출판예정도서목록(CIP)은 서지정보유통지원시스템 홈페이지
(http://seoji.nl.go.kr)와 국가자료공동목록시스템(http://www.nl.go.kr/kolisnet)에서
이용하실 수 있습니다.(CIP제어번호: CIP2019037813)

책값은 뒤표지에 있습니다.

———

누가 여성을 죽이는가

여성혐오와 페미니즘의 격발

김민정·김보화·김세은·김수아·김홍미리
손희정·오찬호·이나영·추지현·허민숙·홍지아 지음
이나영 엮음

돌베
개

서문

2016년 5월 17일, '강남역 살인 사건'이 발생했다. 경찰은 가해자에게 정신질환 증세가 있었다는 이유로 '묻지 마 살인'으로 규정했으나 상당수 여성은 이 사건을 '여성혐오'에 기인한 '젠더폭력'으로 규정했다. 강남역 주변에는 수많은 포스트잇이 붙었고, 사건을 기억하고 피해 여성을 추모하려는 사람들의 발걸음이 무수히 이어졌다. 슬픔과 분노, 통감과 기억의 연대체가 구성된 장에서 여성들은 스스로 성폭력 경험을 말하기 시작했다. 이후 한국 사회는 쓰나미처럼 몰려오는 페미니즘 '리부트' 현상을 목도했다. '#○○계_내_성폭력', 소라넷 폐쇄 운동, 메갈리아 논쟁, 성 대결 혹은 남성혐오 논란, 촛불집회와 탄핵의 현장에 등장한 페미 광장과 여성혐오 타임라인, 그리고 '촛불혁명' 이후 미투 운동, 낙태죄 폐지 운동, 불법 촬영·편파 수사 반대 시위(일명 '혜화역 시위'), '#탈코르셋' 운동, '#스쿨미투' 등 어떤 사회, 어느 시기보다 강렬하고 이례적인 페미니즘의 열기로 뜨거웠다.

　이 과정에서 많은 사람이 그간 당연시된 남성 중심적 관행을 직시하고 문제를 제기했다. 일상의 성적 대상화, 성희롱, 성폭력, 성매매 등은 너무나 보편적이어서, 여성에 관한 인식하지 못한 편견·무시·경멸·비하·배제에 기반을 둔다. 쓰다 버리

4

는 값싼 산업예비군 취급, 성별 직종 분리, 임금 격차, 유리 천장 등 노동 시장에서 여성이 겪는 부정의를 생산하고 정당화한다. 채용 차별을 겪으며 천신만고 끝에 '여성의 일'이라 여겨지는 자리에 배치되는 그 여자는 일터에서조차 동등한 노동자가 아니다. '여성스럽기-여성스럽지 않기'를 모순적으로 강요당하거나, 노동자/여성 간극 사이에서 분열되거나, 희롱의 대상이 되다 마침내 '먹히는' 대상이 된다. 공사 영역을 넘나드는 여성의 이중 노동 또한 이러한 두 가지 영역의 차별이 연결된 전형적인 현상이다. 단지 남자의 아이를 낳거나 기르는 도구, 성적 욕망을 받아주는 그릇, 남자의 사회적 위치를 빛내는 액세서리, 부차적 존재라는 식의 여성을 향한 고정관념은 성차별적 구조를 촘촘히 직조해 내는 마중물이다. 젠더는 그저 남성성과 여성성 간의 평면적 차이 혹은 다르게 부여된 역할이 아니다. 불평등한 분배와 참여, 인정이 얽혀 재생산되는 가장 뿌리 깊은 차별 구조에서 발생하며 차별을 다시 공고화한다. 이를 자각한 여성들은 다시는 이전으로 돌아갈 수 없다고 선언하며 새로운 세상에 대한 상상을 현실화하고 있다. '비혼·비출산 탄탄대로'(일명 '비비탄')를 외치며 독립적인 인간 사이의 평등한 관계를 꿈꾸고 실천하고 있다.

　　반면, 가부장제의 전통적 권력 구조에 익숙한 남성들은 기존 질서에 의구심을 품는 여성에게 집단적인 반감을 드러낸다. 성차별의 존재 자체를 부인하며, 역차별을 외치거나 개인적인 억울함을 호소한다. 여성에게 가해진 각종 폭력 범죄를 불운으로 우연히 발생한 개인적인 비극이라고 치부하며, '특수한' 가해자와 스스로를 분리하기도 한다. 심지어 문제를 제기하는 여성을 '드센 여자', '메갈', '과격분자', '남혐론자', '페미나치' 등으로 낙인찍고 조롱한다. 오랜 세월 공공연하게 자행된 여성 배제와 차별의 역사를 '펜스 룰'이란 용어로 '물타기' 하기도 한다. 여성에 관한 각종 혐오 발화는 SNS와 유튜브에 넘쳐 나고, 혁명의후과로 재구성된 남성 권력층은 남성 달래기에 여념이 없는 반면, 여성이 일상에서 당하는 사회적·실존적 죽음은 외면하고 있다. 남성 간 교류와 소통, 연대와 비즈니스를 위해 여성은 여전히 교환되고 거래되고 폭력에 노출되고 사라지고 있다. 당연시되던 남성 놀이 문화는 불법 촬영과 웹하드, 포르노와 음란 사이트, 성매매로 이어지는 거대 산업이 되었다. 여전히 여성은어느 장소, 어떤 시간에도 결코 안전하지 않다. 여성들은 죽어갔고 죽으며 죽을 것이다.

그렇다면 왜 강남역 살인 사건은 '여성혐오' 논쟁을 불러왔으며, 페미니즘의 '리부트' 현상을 가져왔는가. 젠더폭력과 여성혐오는 무슨 의미이며, 젠더 불평등과 어떤 연관성을 지니는가. '여성살해'라고 명명되는 페미사이드와는 또 무슨 관련성이있는가. 미투 운동은 여성혐오의 현실 및 다른 여성 운동과 맥락적으로 어떻게 연결되는가. 여성은 구체적으로 무엇에 분노하며 어떻게 세상을 바꾸고자 하는가. 저항의 형식과 내용은 무엇인가. 이 기획은 이상과 같은 질문에 착목하며 출발했다. 각자의 위치에서 페미니즘 이론과 운동에 참여해 온 필자들은 연달아 일어난 각종 해시태그 운동과 각계에 번진 미투 운동을 탐색하면서, 성차별적 구조와 이에 저항하려는 페미니즘의 자리를 되묻고자 한다.

　이 책은 총 3부 11장의 글로 이루어져 있다. 1부는 여성살해의 현장에서 출발한다. '강남역 10번 출구'를 통해 제기된 다양한 문제에 주목하면서, 우선 강남역 살인 사건을 여성혐오에 기인한 페미사이드로 봐야 하는 이유를 밝힌다. 이어서 여성혐오(미소지니)와 젠더폭력의 개념을 정의하며 그 양상을 분석한다. 이 과정에서 기존의 명명 방식인 '묻지 마 범죄'의 의미와 젠더폭력의 문제를 따지고 다른 '혐오범죄'와의 차별성을 드러내고자 했다.

　2부에서는 여성살해가 묵인되고 재생산되는 문화적 기제에 주목한다. 한국 영화 속에서 여성이 절멸되어 온 과정을 추적하거나 강남역 살인 사건의 언론 보도 양태를 탐구하며, 소셜 네트워크에서 끊임없이 확산되고 강화되는 여성혐오 현상의 메커니즘을 제시함으로써 시민의 비판적 해독과 대항적 실천을 촉구한다. 남성의 저항과 반격 저변에 흐르는 감정과 '남자 만들기' 문화의 문제점을 밝혀 남성 스스로 성찰적 자세를 지녀야 한다는 요청도 하고자 했다.

　3부에서는 여성살해에 맞서 온 여성 운동의 역사를 통해 페미니즘 열풍의 의미를 재고하고자 한다. 여성은 그저 무기력한 피해자나 수동적 대상에 머물지 않는다. 우선 성폭력 문화에 맞선 한국 여성의 역사를 따라가며, 성폭력과 피해자다움의 의미에 저항하고 법과 제도는 물론 성 문화 자체를 바꾸어 온 역사를 환기한다. 이로써 강남역 10번 출구라는 현장을 다양한 여성 운동의 자장 속에서 의미화하고자 했다. 마지막으로 2018년 한국을 흔든 '미투' 운동과 '#스쿨미투' 운동의 내용, 이에 대한 반격과 반동의 움직임을 분석함으로써 페미니즘 운동을 한국 사회 전반을 변혁시키고자 하는, 끝나지 않은 혁명의 과정 안에 위치시킨다. 결국 오늘날 분연히 일어난 여성의 분노와 집합적 저항을, 어느 날 갑자기 돌출된 기이한 현상이 아니라 관습과 문화란 이름으로 정당화되어 온 성차별 구조에 지속적으로 의문을 던지며 저항하고 시대를 거스른 여성의 역사 속에 자리매 김하고자 했다. 여성들은 죽어 갔지만, 앞으로는 죽어 가지 않을 것임을 천명하고자 했다.

　　이 책이 페미니즘에 대한 전반적인 한국 사회의 오해 또한 불식시키길 기대한다. 누구나 할 수 있는 것 혹은 과격한 일부 여성의 과도한 권리 주장, 여성 편향적 학문, 남성과 관계없는 '여성 문제'만을 다루는 운동, 단순한 의식이나 이념의 문제라는 오해를 걷어 내고자 한다. 개인적 의식의 변화에서 출발해 실천으로 삶을 바꾸는 여성들의 역사, 포괄적 사회 정의를 지향하는 집합적 운동이자 거대한 사상 체계로서 페미니즘의 계보를 기록하고 기억하고자 한다. '역사 없음'은 결국 기억조차 불균등하게 분배되는 성차별 사회의 산물이자 우리 스스로 페미니즘을 무시하고 배제한 실천의 산물임을, 이 글을 읽는 독자 모두가 이해하길 간절히 바란다.

　　끝으로 2018년 초봄, 아직 쌀쌀한 바람이 창문을 두드리던 시기에 뜬금없는 전화 한 통을 받고 기꺼이 기획 의도에 공감하고 귀한 원고를 투고해 준 필진에게 진심으로 감사드린다. 페미니스트 연대가 무엇인지 절실히 체감하며, 책임감 있는 공동체 만들기의 무게를 다시 느끼는 순간이었다. 무엇보다 기획 단계부터 이 책이 나오기까지 필진의 문제의식에 귀 기울이고, 바쁜 필자들을 독려하며 끈기 있게 기다려 준 돌베개 편집자 김서연 님에게 무한한 감사를 드린다. 내용상 겹치거나 다소 충돌하는 부분이 있고 기술 방식의 차이가 있음에도, 연구자들의 독립성이 최대한 존중되는 선에서 좋은 결과물이 나온 것은 전적으로 편집자의 능력 덕분이다. 집필 과정에서 격렬하게 확산된 미투 운동은 사실 예상치 못한 일이었지만, 그 내용까지 담을 수 있도록 애써 주신 데도 고마움을 표한다.

　　많은 한계에도 불구하고, 이 책을 세상에 내놓는 이유는, 지금 '우리'가 언젠가 사라지더라도 다음에 올 또 다른 '우리'가 그 한계를 극복하며 페미니즘 운동과 이론의 역사를 계속 써 나갈 것임을 믿어 의심치 않기 때문이다. 세상은 그렇게 변화해 왔고, 또 변화할 것이다.

2019년 9월

흑석동 연구실에서 필자들을 대신해, 이나영

차례

2부 여성살해를 **묵인**하다

문화와 재현

3부 여성살해에 **맞**서다

현장과 운동

여성살해를

목격

하다_____

1부

이론과 현실

여성혐오와
페미사이드[1]

성차별에 저항하는 페미니스트 운동
'강남역 10번 출구'

1장

이나영

이나영

중앙대학교 사회학과 교수. 포스트 식민 페미니즘의 관점에서 이론과 실천을 고민
하면서, 일본군 성노예제·미군 기지촌 '위안부'·성매매·섹슈얼리티와 관련된 주제
에 천착하고 있다. 함께 쓴 책으로 『여성주의 역사쓰기』, 『다시 보는 미디어와 젠더』,
『젠더와 사회』, 『2015 '위안부' 합의 이대로는 안 된다』 등이 있다.

'살아남은' 여성들의 목소리

2016년 5월 17일 새벽, 20대 여성이 강남역 부근 건물의 남녀 공용 화장실에서 한 남성이 휘두른 칼에 무참히 살해되었다. 가해자의 살해 동기는 "평소 여자들이 자신을 무시해서"였다고 한다. 놀라운 것은, 이 일을 경찰과 대다수 언론이 "조현병 환자에 의한 '묻지 마 살인' 사건"으로 정의한 반면, 상당수 여성 시민은 "여성혐오에 기반을 둔 살인 사건"이라고 명명했다는 점이다.

사건 직후부터 페이스북과 트위터 등 SNS 메시지로 "강남역 10번 출구, 국화꽃 한 송이와 쪽지 한 장", "살女주세요, 살아男았다" 등 몇 가지 문구가 급격히 번지기 시작했다. 이에 응답하듯 지하철 강남역 10번 출구는 꽃과 인형, 각종 추모 물품, 그리고 벽을 온통 뒤덮은 수많은 포스트잇으로 장관을 이루었다(〈도1〉 참고).

"잘못된 시간, 잘못된 장소에 있었기 때문이 아니다. 대한민국 여성으로 태어난 잘못이다. 페미사이드를 멈춰 주세요."

"Stop Misogyny."

"이젠 더 이상 '물 흐르듯' 넘기지 않겠습니다."

"나는 오늘도 운 좋게 살아남았습니다."

포스트잇 한 장 한 장에 또박또박 새긴 추모의 언어가 노란 나비 떼처럼 물결치는 거리에서 여성들은 자신의 성폭력 경험을 릴레이식으로 고백(일명 '성폭력 필리버스터filibuster')했고, 이를 지켜보고 공감하는 시민들이 빼곡히 거리를 메웠다.

이에 대응하는 사건도 연이어 발생했다. 강남역 살인 사건의 피해자 추모가 '남성혐오'로 변질되었다고 주장하는 일부 남성은 SNS에서 강남역 살인 사건을 "조현병 환자가 저지른 특수한 사건"이라 규정하고, "우리를 잠재적 가해자로 몰지 말라"라며 여성을 비난하고 공격하기 시작했다. 살인 사건 발생 3일 뒤인 5월 20일, 핑크 코끼리 복장을 한 사람이 "범죄를 저지르는 동물"이 나쁘지 "육식 동물" 자체가 나쁜 것은 아니라는 피켓을 들고 현장에 등장하기도 했다. 남성을 성적 주체로, 여성을 성적 대상으로 치환한 '육식 동물'이라는 용어는 현장에 있던 수많은 추모객의 격분을 자아냈고, '핑크 코끼리'는 결국 몰매를 맞고 현장에서 도피했다. 며칠 뒤 서울 시청 앞에는 '양성평등연대' 회원들이 등장해 추모 현장이 남성혐오적이라고 말하며, 사건의 재발을 막으려면 서로에 대한 혐오를 멈추고 '남녀 화합'을 이루어야 한다고 주장하기도 했다.

그렇다면 강남역 살인 사건을 계기로 여성이 제기한 '여

도1　　　강남역 10번 출구 추모 현장

성혐오'의 근거는 무엇인가? '강남역 10번 출구' 현상은 잠재된
'남녀 갈등'이 표출된 것인가? 이 장에서는 '여성혐오', '젠더폭
력', '페미사이드'의 정의를 하나씩 살펴본 후 '강남역 10번 출구'
의 의미를 구체적으로 파악해 보려 한다. 이를 통해 낙태죄 폐
지 운동, '#미투McToo' 운동, '혜화역 시위' 등을 거치면서 심화·
확대되고 있는 페미니즘의 열기와 여기에 대항하는 역풍 현상
을 이해하는 단초를 마련하고자 한다. 또한 성차별적 사회 구조
를 본질적으로 개혁하고자 하는 여성의 열망을 포착함으로써,
한국 사회에 뿌리 깊은 여성혐오 현상과 구조적 불평등의 문제
를 환기하고자 한다.

　　　　　　　　　　　여성혐오와 페미사이드

혐오嫌惡의 사전적 정의는 "어떤 대상을 미워하고 싫어함"이다. 감정적·비인지적·무의식적 요소가 강조되므로 구조의 기저일 가능성을 열어 두지만, 문자 그대로 받아들일 경우 상당한 반발의 빌미를 제공한다. 많은 남성이 잠재적 가해자 위치를 거부하면서 꺼내는 카드인 "나는 여자를 싫어하지 않아"라는 언설, 강신명 경찰청장의 "혐오는 의지적 요소가 늘어가야 한다"라는 주장은 이에 기인한다. 그러나 한국어 '혐오'로 번역될 수 있는 영어 단어로는 단순히 '좋아하지 않음'에서 '불쾌감', '증오'(dislike, hate, disgust, loathing, revulsion, aversion) 등 다양한 어휘가 존재한다. 그러나 실제 강남역에서 호출된 여성혐오는 '미소지니'misogyny를 지칭한다.

페미니즘 이론에서 미소지니는 '여성에 대한 뿌리 깊은 편견', '여성이라는 이유만으로 낙인찍거나 남성보다 열등한 존재로 여기는 모든 생각'을 의미하며 성차별 사회와 구조의 원천으로 이해되어 왔다. 영국의 언어철학자이자 저널리스트인 홀랜드Jack Holland[2]는 세상에서 가장 오래되고 심오한 편견이자 비이성적인 믿음으로서 미소지니가 종교, 신화, 문학, 학문, 법, 교육 체계 등을 통해 끊임없이 유사 판본으로 변형되어 서사화되고 실행되어 왔다고 주장한다. 스위스 의학자 비처Johannes Bitzer[3]는 현대적 판본으로서 미소지니의 근간을 구성하는 큰 요소로 두 가지를 든다. 첫째는 가치나 존엄 면에서 여성이 본질적으로 남성보다 열등하다는 믿음이며, 둘째는 여성의 섹슈얼리티

sexuality가 지닌 파괴적 능력에 대한 믿음이다. 이로 인해 여성에 대한 배제와 억압, 성적 통제는 물론이고 여성 내 분리—이분화—가 정당화된다. 미소지니는 여성을 한편으로는 숭배하거나 찬양하고, 다른 한편으로는 멸시하고 천대하고 악마화하도록 작용하며, 성적 대상화·비인간화라는 결과를 야기한다.[4] '모던 걸', '음부탕자'淫婦蕩子, '풍기문란 집단', '하녀', '유한부인', '여성 스파이단', '아프레 걸'après-girl, '양색시', '양공주', '직업여성', '공순이', '식모', '창녀', '갈보', 최근에는 '된장녀', '김치녀' 등에 이르기까지 '비난받아야 마땅한' 여성 유형화의 한국 판본은 각 시대별로 다양하되 중심 원리는 거의 유사하다. 이들은 늘 조신한 '현모양처', '효부', '천사 같은 아내', '정숙한 어머니', '여신', '개념녀' 등과 분리·비교되어 멸시의 대상이 되어 왔다.

따라서 영어에서 미소지니는 성차별sexism과 같은 색인 체계에 놓이지만 동일한 어법을 갖는 것은 아니다. 미소지니는 존재being 자체에 대한 인식이며, 성차별적 행동으로 표현될 때 비로소 가시화된다. 페미니스트 철학자 윤지영[5]은 성차별은 제도적이고 법제적인 측면에서 여성이라는 젠더gender가 겪는 불합리성에 방점을 두는 것이기에 국가의 개입에 따른 의식적 개화와 인식 개선, 입법화로 극복이 가능하다고 본다. 반면 여성혐오는 공적 영역은 물론 사적 영역을 아우르는 것이자, 국가와 정의의 토대마저 관통하는 의식적·무의식적 차원의 감정 기제이자 인식 원리라고 설명한다. 정상성과 문명에 내재한 여성에 관한 중층적 예속화 원리로, 복합적인 권력의 테크놀로지로 강화된다. 유사하게 "성차별이라는 가시적이고 명시적인 '연못'에 미소지니가 넘치고 넘친다"라는 페미니스트 저널리스트 굽타 Monobina Gupta[6]의 흥미로운 표현 또한 미소지니가 성차별적 사회 구조의 문화적 원천이자 심층적 감정 구조이며, 핵심 원리로 작동함을 암시한다.

　　미소지니는 젠더 간 비대칭적 권력 구조 속에서, 남성 간의 내적 동일시와 여성 멸시를 통해 '남자다움'(남성성)을 획득하는 현실과도 연관된다. 오랫동안 남성성의 무의식적 구조를 추적해 온 페미니스트 정신분석학자 낸시 초도로Nancy J. Chodorow[7]는 '생득적으로 남성은 폭력적인가'라는 도전적인 질문을 던지면서, 호르몬에 따른 생물학적 공격성 면에서는 남녀 간 큰 차이가 없다고 주장한다. 공격성은 개인의 타고난 자연적 기질이 아니라 자아 구성 과정과 연관된 사회적·문화적·정치적 투쟁의 장과 관련한다는 것이다.[8] 그는 증오의 감정 또한 생래적인 것이 아니라 구성되는 것이라 보고, 남성이 느끼는 증오hate와 굴욕감humiliation은 미소지니와의 관계 속에서 역동적으로 구성된다고 주장한다. '무시당했다'라는 굴욕감이 증오로, 다시 폭력적 행위로 나타나는 과정에서 미소지니에 기반을 둔 남성성의 구성 방식이 개입된다. 초도로는 건강한 주체는 좋은 것과 나쁜 것을 자아와 대상self/other에 함께 가지고 있다고 설명한다. 그러나 성차별·젠더 위계 사회에서 남성은 자아와 대상 간 분리로 남성성을 구성하는데, 헤게모니 남성성과의 동일시를 통해 자아를 구성해야 하는 남성은 주체 안의 더러움, 나약함 등 남성적이지 않은 것이라 이해되는 '나쁜 것'은 모두 '여성성'이라 여기며 대상에 투사하고 분리한다. '남자다움'은 여성성을 부인하는 것이나 '여성스럽지 않은 것'으로 구성된다는 뜻이다. 그래야 사회적으로 인정받고 살아남을 수 있기 때문이다. 그러므로 성인 남성은 굴욕감이나 수치심을 느꼈을 때 자아의 한 요소인 남성다움에 대해 도전이나 공격을 받았다고 여기고 이를 방어하고자 폭력적인 방식으로 대응한다. 반면 여성은 남성이 원하는 이미지―像―와 동일시하며 여성스러움을 구성하고 자아를 확립하므로 남성다움을 적대시하지 않는다. 오히려 남성이 욕망하는 상에 끊임없이 자신을 맞추려 하고, 이에 부합하지 않는 스스로를 비하하고 혐오하게 된다. 여성혐오는 존재하되 남성혐오가 성립할 수 없는 이유다.

남성에게는 여성 멸시 및 차별과 공격으로, 여성에게는 자기 비하로 발현되는 미소지니는 남성 우월주의 사회에서 대다수 성원이 자연스럽게 체화하는 관습이자 문화이며 다양한 형태로 발현된다. 관습·문화이기에 의도나 동기조차 필요 없을 경우가 많지만, 때로는 개인이나 집단의 상대적 우월감을 드러내고자 의지적으로 행해지기도 한다. 그러기에 혐오의 대상이 되는 자는 불안하고 불편하고 분노하며, 공포감을 느끼고 사회적·실존적 죽임을 당하기까지 하나, 상대편은 이러한 상황에 공감조차 하기 어렵다.

혐오 문화는 상대적 약자가 저항을 시작해야만 비로소 수면 위로 떠올라 논의 대상이 된다는 특징이 있다. 예를 들어, 인종차별이 심했던 백인 중심의 미국 사회에서 흑인의 민권 운동이 없었다면 흑인혐오 현상이 사회적으로 인식될 수 있었을까? 성소수자 탄압에 항거하는 퀴어 퍼레이드가 시작되지 않았다면 이성애 중심 사회이자 성소수자 혐오 문화가 퍼진 우리 현실을 인지할 수 있었을까? 약자의 항거가 있기 전까지 상대적 강자는 자신이 약자를 억압하거나 구조적으로 차별한다고 인식조차 하지 못한다. 언어 또한 인지를 통해 비로소 만들어진다. 특권은 공기 같은 것이기 때문이다.

문제는 미소지니가 현실에서 다양한 형태로 구현되며, 여성에게 실질적인 피해를 입히고 있다는 사실이다. 성차에 따른 행위 규범을 강조하는 교묘한 선입견과 편견을 드러내는 관행에서부터, 노골적인 조롱, 멸시, 비하, 비인간화, 성적 대상화, 배제, 위협, 유리 천장, 성별 노동 분업 등 제도화된 차별이 체계화되기도 하고, 성추행, 성폭력, 음란물, 데이트강간, 아내 구타, 학대, 영아 낙태, 성매매와 인신매매, 집단 강간, 연쇄살인 등 다양한 젠더폭력과 페미사이드, 제노사이드가 결과로 나타나기도 한다.

이때 '젠더폭력'gender-based violence이란 원론적으로는 여성에게만 집중되는, 여성이기에 겪는 폭력을 의미하며, 사사롭거나 예외적인 사건이 아니라 정치적·사회적 이슈임을 강조하는 용어다. 최근에는 생물학적 여성에 대한 폭력의 의미를 넘어 위계적 젠더 질서에서 "남성(성)의 권력을 확인하고 강화하는 기제가 되는 폭력"men's power over women으로 의미가 확대되었다.[9] 젠더폭력은 남성(성)의 소유물로 비인간화되는 약자, 남성(성)의 욕망과 폭력의 대상으로서 성적 대상화되는 약자, 남성(성)간 거래 대상으로서 약자의 위치를 구성하므로 성차별적 문화와 구조를 매개하며 기존의 불평등과 차별을 확증하고 재생산하는 역할을 한다. 상대적으로 높은 가해자의 사회적·정치적·경제적 지위가 맞물려 약자를 향한 폭력이 생산되고 용인되고 지지되며, 이를 통해 강자의 위치 또한 확증되고 재구성되기 때문이다. 무시당했다는 굴욕감을 폭력적 행위로 돌려주고자 하는 대상은 누구인가. 가해자는 상대적 약자를 살해하는 행위로 남성성의 권력을 확증하므로, 살해된 대상은 결과적으로 여성이 '된다'. 그러기에 젠더폭력의 피해자는 여성일 수도 있지만, 생물학적 남성일 수도 있다.

　　미소지니 문화에서 발생하는 젠더폭력의 극단적 형태 중 하나가 바로 '페미사이드'femicide/feminicide다. 미국의 페미니스트 다이애나 러셀Diana Russel과 질 래드퍼드Jill Radford가 "여성에 대한 남성의 혐오적 살해"misogynous killing of women by men라 정의한 이래,[10] 페미사이드는 남성 중심 사회에서 빈번하게 일어나는 여성살해 현상을 지칭하는 용어로 사용되어 왔다. 이후 러셀[11]은 "여성이라는 이유로 살해하는 남성의 범죄"라고 분명히 못 박는다. 성희롱, 각종 물리적·정신적 폭력, 성 착취, 강간, 성 노예 등을 포괄하는 여성을 향한 테러의 연속선상에서 가장 극단적 형태로 나타나는 것이다. 가부장적인 사회에서는 직접적인 여성 억압뿐 아니라 간접적인 공포와 불안이 여성을 지배·통제하는 오랜 도구 가운데 하나였으므로, 커다란 의도조차 필요 없는 범죄다. 그러기에 페미니스트 학자이자 문화연구자인 카푸티Jane Caputi[12]는 페미사이드는 해석 불가능한 정신이상자, 일탈자deviant의 행위 결과가 아니라 가부장적 역할·가치·욕구·힘의 규칙을 따르는 일련의 남성 지배 과정에서 일어나는 '필연적' 결과라고 주장한다. 물론 남성 중심적인 학계에서 페미사이드라는 용어는 오랫동안 터부시되었고 대개는 상대적으로 성 중립적이라 여겨지는 용어로 대체되곤 했다. 이러한 경향은 페미니스트 학자 조시Kaye Josie[13]가 적절히 지적하듯, 터부시되어 온 여성살해의 속성이나 남성이 인정하기 어려운/인정할 수 없는 폭력의 현실을 여성 스스로 명명하거나 저항하고자 할 때, 남성 지배 구조가 이를 침묵시키려 하는 현실을 역설적으로 보여 준다.

이상의 논의를 고려할 때, '강남역 살인 사건'이 여성혐오(미소지니)에 기반한 페미사이드로 명명되는 것은 사실 합당한 일이다. 가해자는 단지 여성으로부터 무시당했다고 생각하는 '남성'이었고, 그가 기다림을 불사하고 반드시 죽여야 할 존재는 '여성'이었기 때문이다. "평소 여자들이 자신을 무시"했다는 발화의 의미를 들여다보자. 무시했다는 말은 단순한 표현이 아니라 남성이라는 우월적·사회적 위치의 수행을 암시한다. 조현병에 시달린 피의자는 어쩌면 평소 수많은 '남성'으로부터 더 많은 무시를 당했을지도 모른다. 모욕감과 수치심도 느꼈을 것이다. 비가시적이거나 구조적인 차별에 많은 피해를 입었을지 모른다. 그럼에도 불구하고 사회적으로 약자인 피의자가 "평소 여자들이 자신을 무시해서" '살해했다'라고 주장한 것은, '내(남성)가 무시해 마땅한 너(여성)마저', '감히 나(남성)를 무시해!', '여성인 너는 남성을 무시하면 안 된다!', '그러니 내(남성)가 너(여성)를 징벌하는 것은 당연하다'라는 생각의 표현이다. 표현은 우월적 지위의 상징이자 지위를 재생산하는 도구다. 표현의 수행성을 통해 남성에게 모든 여성은 상대적 약자로 재확인되고 재구성된다. 발화 행위는 상호 정체성 구성의 역동 속에 상징적 위계질서를 고정시키기 때문이다. 그가 청와대나 국회 앞에 가지 않고, 화장실에서 여성이 오기만을 기다린 이유가 바로 여기에 있다. '여성혐오라는 동기에 기인하는 살해'라는 명명 방식에 일부 남성이 극렬하게 저항하는 현상 또한, 성차별 사회에서 여성을 일상적으로 무시해 온, 무시해야 마땅하다고 생각하는 남성의 무의식적 반응이라 할 수 있다.

강남역 사건에서 일부 남성이 보인 반응(소위 핑크 코끼리 사태, 일베의 시위, 티셔츠 사건, "남성은 잠정적 가해자가 아니다"와 "혐오에 혐오로 대응하지 마라" 등의 구호) 자체가 성차별 사회의 징후라는 해석이 가능한 이유도 여기에 있다. 이들이 보인 행태는 남성(성) 권력의 스펙터클 속에서 헤게모니 남성성과의 동일시를 통한 (과잉) 방어적 자아 유지 전략이며, 허구적 남성 연대를 향한 열렬한 희구다. 남성 위계 사회에서 우월적 지위를 지닌 남성으로부터 인정받아야 살 수 있는 슬픈 처지를 역설적으로 보여 주는 것이기도 하다. 안타까운 사실은 자신의 '어려운 처지'를 야기한 근본적인 불평등 구조를 보지 못하거나 보지 않으려는 무지함과 비겁함이 결국 자신이 속한 하층 구조를 공고히 한다는 점이다. 결국 그들이 보호하고자 하는 것, 지키고자 하는 것은 스스로 결코 도달할 수 없는 (어쩌면 망상일 수도 있는) 헤게모니 남성성이자 위계적 권력 구조의 최상 계층 남성이며, 남성차별적 구조이기 때문이다. 단 하나 남았다고 여겨지는 특권, 즉 젠더 위계질서를 지키려는 이들의 과잉 자기방어적 행동이

여성혐오와 페미사이드

결국 자아의 내파內破를 초래하기에 더욱 처참하다. 자기방어를 위해 극단적 자아 분열 혹은 자기 파괴로 가야만 하는 슬픈 남성성의 현실을 극복하려면, 젠더차별의 현실을 직시하고 비대칭적 젠더 질서에서 형성된 젠더 규범(남성성/여성성)을 스스로 해체해야만 한다.[14]

물론 '여성혐오 범죄'라 명명했을 때 야기되는 한계 또한 존재한다. 여성혐오 범죄라는 용어는 범죄성을 강조하기에 단기간에 사회적 환기를 불러일으킨다는 장점이 있다. 그러나 관련 법 제정과 강력한 처벌 규정이 요구됨은 물론, 법적 프레임 안에서 동기와 결과를 중심으로 범죄성을 다투게 되므로 비의지적·무의식적 혐오를 포착하기 어렵다. 결국 판단의 책임은 다시 경찰·검찰·법원이라는 지배적 남성 집단의 손에 넘겨진다. 구조적·문화적 원인을 찾고 근본적인 변화를 꾀하는 어떠한 시도도 시간과 재정을 낭비하는 비효율적인 것으로 치부될 수 있다. 그럼에도 불구하고, 아니, 그러기에 필자는 강남역 살인 사건을 '여성혐오에 기반을 둔 살인'이라고 정의하면서, 박탈된 발화 위치를 되찾기 시작한 시민의 등장 및 이들 간의 연대와 조직화에 더 주목해야 한다고 보는 것이다.

'강남역 10번 출구'의 의미,
차별적 공간에서 대항적 공간으로

그렇다면 서구에서는 1960년대 후반 제2물결Second Wave 페미니즘 시기부터, 한국 여성 운동의 역사에서는 이미 1980년대 중·후반 이후부터 의제화되어 온 여성폭력과 살인에 관한 사안이 왜 지금 '새삼' 대중적 이슈가 되고 있는가?

'강남역 10번 출구'가 사회적 파장을 일으킨 배경은 크게 세 가지가 있다. 우선 공간의 특수성이다. 젊은 여성 상당수가 "어제도 갔던, 내일도 갈 그 공간", "늘 걷던 그 거리"인 강남역 인근에서 살인 사건이 발생했다. 강남역은 단순히 수많은 지하철 역 중 하나가 아니다. 강남대로를 중심으로 8km가량 조성된 거리는 대한민국의 대표적 소비·유흥 공간이다. 유동 인구가 가장 많은 곳 중 하나로 밤낮없이 불야성을 이루어 상대적으로 안전하다 여겨지기도 한다. 바로 이곳에서 여성살해 사건이 발생했다는 사실은 여전히 도시 공간이 젠더화되어 있고, 안전 또한 불균등하게 분배된다는 사실을 새삼 증명한 것이었다.

페미니스트 지리학자들은 도시의 공적 공간이 누구에게나 평등하게 열려 있는 곳이 아니라 차등적으로 허용되는 차별적 공간이라고 오랫동안 지적해 왔다.[15] 공적 공간의 이용에서 배제되는 집단은 크게 두 부류로 나뉜다. 하나는 규칙을 어기거나 스스로 권리를 거부하는 집단이고, 다른 하나는 위험한 공적 공간으로부터 보호받을 필요가 있는 집단이다. 어떤 사람들은

도2　　　애도와 추모의 언어를 담은 강남역 10번 출구 포스트잇

도3　　　여성혐오를 멈추라는 시민의 메시지

공적 공간에서 신변의 위협을 감수해야 하거나, 특정 공간으로의 접근을 원천적으로 차단당하기도 한다. 이들은 전통적으로 여성, 유색인, 이주민, 성소수자, 반문화 집단 등이었다. 특히 전형적 공간 분할 개념에서 사적 영역은 여성의 장, 공적 영역은 남성의 장으로 여겨졌다. 자유로운 도시의 산책자는 남성으로 간주되었고 이들의 성적 탐색은 권장되어 왔다. 반면, 여성에게 도시는 제약과 통제의 장소다. 공적 영역에서 여성의 주체적인 성적 탐색은 불온하거나 위협적인 것으로 여겨진다. 공/사 경계를 넘는 여성에 대한 처벌은 개별적 비난과 낙인화를 넘어 실질적인 폭력과 살인으로 이어진다. '창녀'이거나 강간당해도 마땅한 자로 여기기 때문이다. 도시의 자유로움과 쾌락은 남성에게, 위험과 불안은 여성에게 할당되면서 여성은 다시금 도시 경계밖으로 밀려나 안전하다고 간주하는 가정으로 속박된다. 공/사, 낮/밤, 일/가정, 성聖/속俗을 넘나드는 탈경계의 장소로서 도시는 결국 남성에게만 유용하고, 여성은 늘 다층적 경계 사이에서 선택을 강요받는 것이다.

그러므로 여성들이 강남역 10번 출구에서 집단적 추모 행사를 하고 성폭력 필리버스터를 감행하며 연이어 '밤거리 되찾기 운동'을 시도하는 것은, 도시의 일상적 공간이 여성에게는 위험과 불안의 장임을 알리는 작업이자 공적 공간을 독점해 온 남성 권리에 대한 도전이요, 경계를 해체하고 재점유하려는 시도다.

둘째, 가부장 사회 속 여성 경험의 공통성이다. 강남역 살인 사건을 통해 여성의 일상에 잠재한 불안과 공포를 환기하고 자신의 경험을 돌아보았으며, 그 불안정한 느낌이 실제 폭력의 체험으로 이어졌음을 무의식으로부터 끄집어냈다. 그리고 그것은 개인의 잘못이 아니라 사회 구조의 문제다. 개인적인 것이 아니라 정치적인 것이다.

여성의 이러한 지적(〈도2〉, 〈도3〉 참고)은 과잉 반응이 아니다. 실제 국내 가용한 통계 자료를 종합해 보면, 성폭력 건수는 매해 증가하는 추세다. 또한 살인, 강도, 성폭력, 방화 등 소위 '강력(흉악)범죄' 피해자 80% 이상이 여성이다.[16] 강력범죄로 사망에 이른 피해자의 성별 비율도 여성 52%, 남성 48%로 여성이 더 많다.[17] 살인 미수·음모를 모두 포함한 범죄 가해자의 남녀 비율은 84대 16이다.[18] 이러한 현실 속에서 여성 두 명 중 한 명은 우리 사회가 안전하지 않다고 느낀다.[19] 서울시 통계에 따르면 모든 연령대에서 여성이 남성보다 불안감을 훨씬 많이 느끼며, 특히 20~30대 여성의 불안감이 가장 높았고(20대 63%, 30대 59.2%), 범죄 피해에 대한 불안감은 20대 79.5%, 30대 75.7%에 달한다.

그러므로 강남역 10번 출구는 '여자인 내 몸' 곳곳에 새겨진 고통스러운 기억을 상기하는 장이자, '폭력을 통해 여성이 되는 경험'을 집합적으로 공유하는 상징적 장소다. 침묵하던 피해자에서 공감된 청중으로 거듭난 이들이 타인의 아픔과 경험을 자신의 삶과 연결시키며 목소리를 내기 시작했다. '여성'이기 때문에 무시당하고, 멸시당하고, 조롱당하고, 평가받고, 배제당하고, 차별받으며, 성희롱의 대상이 되고 강간당하고 죽어 왔지만, 표현하지 못한 '나–그녀들'의 경험을 집단적으로 소환한다. "나는 우연히 살아남았다"라는 표현은 사실 "나도 당할 수 있다", 아니, "사실은 나도 피해자다"라는 고백이다. 이들은 타인의 죽음을 애도하면서 '나의 생존 불/가능성'을 심문하고 있었다.

따라서 강남역 10번 출구는 과거에 이름 없이 죽어 간 여성뿐 아니라, 성차별적 사회에서 사라지고 추방되는 현재의 여성, 언젠가는 닥칠 미래 여성의 죽음을 스스로 애도하는 장소다. 강남역 10번 출구는 불평등한 한국 사회에 약자의 사회적 타살과 실존적 죽음에 대한 책임이라는 의제를 다시 던지고, 어떻게 스스로 정치적 삶을 재구성할 것인지 고민하는 장이 되었다.

셋째, 이러한 모든 움직임은 새로운 하위 주체의 등장과 연관된다. 강남역 추모 시위를 주도한 이들은 집단적으로 몇 가지 특징을 공유한다. 우선, 온라인과 SNS 담론을 주도해 온 디지털 네이티브digital native 세대다. 디지털 네이티브 세대란 디지털 시대를 본격적으로 연 집단으로, 주로 베이비 부머baby boomer 세대의 자녀이자 1980년대 후반에서 1990년대 출생을 의미한다.[20] 소위 민주화 운동을 이끈 세대의 자녀이기도 하며, 진보적 여성 운동의 성과로 가꾸어진 토양 위에서 성장한 집단이기도 하다. 이들은 본격화된 신자유주의 광풍과 미완의 복지 국가 시스템으로 인해 여전히 자녀가 가족 계급 재생산의 도구로 여겨지는 핵가족 체제에서 나고 자랐기에, 이전 세대에 비해 가족 내 성차별을 비교적 겪지 않은 세대이기도 하다. 그러나 여성은 허구적 역차별 담론과 성평등이 달성되었다는 신화 이면에 여전히 존재하는 일상적이며 구조적인 성차별을 경험한다. '김치녀', '된장녀', '○○녀' 등 각종 비하와 멸시, 조롱, 불법 촬영물 공유 등 온라인 공간의 다층적 성적 대상화의 실질적 피해자이자 목격자인 이들은, 학교생활에서, 취업 시장에서, 직장에서, 결혼 관계 속에서, 아이를 출산하고 양육하는 과정에서 지속되는 차별의 협곡을 만난다. 2019년도에도 한국은 유리 천장 지수glass-ceiling index▲에서 100점 만점에 20점을 겨우 넘기며 OECD경제 협력 개발 기구 29개 회원국 중 꼴찌를 차지한 바 있다. 2005년에 이미 대학 진학률이 남성보다 높아졌음에도, 여성의 임금 수준은 남성의 67.2%(2017년 OECD 기준)이고, 남성 비정규직 비율은 줄었지만, 15~24세 청년 여성 비정규직 비율은 36.4%에서 47.1%로 대폭 상승(2003년 대비 2016년)했다. 대학 졸업 후 2년 이내 초기 노동 시장에서 여성 소득은 남성보다 19.8% 적으며, 심지어 상위권 대학 출신의 여성은 2년제나 하위권 4년제 대학 출신 남성, 혹은 동일 대학 동일 학과를 졸업한 남성에 비해 더 큰 소득 불이익을 경험하고 있다고 한다.[21]

이들은 학교나 학과, 특정 '운동 집단'을 통해서가 아니라 SNS로 의식을 확장한다. 다양한 사람과 접속하고 다층적 문제를 일상적으로 공유하면서 집단지성의 힘을 익히고 부당함을 인지하는 시각을 넓힌다. 각종 집회와 시위를 주도하며 사적인 체험을 통한 공감과 상호 지지를 경험하고, 기존의 연줄 문화가 아닌 수평적이고 유연한 연대의 가능성도 확인한다. 이 새로

▲ 유리 천장 지수는 여성의 노동 환경을 종합적으로 평가해 매긴 점수다. 교육, 경제 활동 참여, 임금, 관리직 진출과 임원 승진, 의원 비율, 유급 육아 휴가 등에 대한 OECD 통계 따위를 토대로 산출한다. 결과는 영국 시사 주간지《이코노미스트》The Economist가 매년 발표한다.

운 디지털 주체는 공/사, 온라인/오프라인의 경계를 허물고 차가운 현실로 나와 공적 공간을 바꿀 준비가 '이미' 되어 있는 것이다.[22]

한편 이들은 다양한 사회적 죽음을 목격했으되 충분히 애도하지 못한 '세월호 세대'이기도 하다. 이명박·박근혜 치하에서 무고한 이들의 죽음을 책임져야 하는 자들은 끝내 제대로 심문받지 않았고, 애도하고자 하는 이들에 대한 억압과 조롱은 지속되었다. 그럼에도 불구하고 애도의 열망과 책임을 묻고자/기꺼이 지고자 하는 감정은 오랫동안 생생히 남아 있었다.[23] 상실감과 애도의 욕망이 광장과 극장을 통해 되새김질되며 사람들 내면에서 소진되지 않은 채 '여전히' 살아 있었던 것이다. 이들은 '강남역 10번 출구'에서 그간의 부당한 죽음을 애도하고자 했으며, 우리 사회를 근본적으로 재조직화하려는 집합적 열망이 있음을 확인했다.

그러기에 이들은 사회적 약자 혹은 여성으로서 한국 사회를 살아가며 겪는 처절한 체험을 공유하는 차원을 넘어, 제도화된 언어의 영역에서는 이름조차 없던 부정의를 명명하는 대안적 어휘—여성혐오—를 창조하고, 정의에 관한 새로운 프레이밍framing을 주도하며, 마침내 '강남역 10번 출구'라는 대항적 하위 공론장을 구성해 냈다. 페미니스트 정치철학자 낸시 프레이저Nancy Fraser[24]가 적절히 지적했듯, 하위 주체의 공적 대항공간subaltern counterpublics이란 주변화된 집단이 주류 사회가 특정 공공장소에 부여한 본연의 기능에 저항해 필요에 맞게 전유하는 공적 공간을 지칭한다. 미국 사회의 경제 불안과 자본주의 부조리에 항의하는 월 스트리트 점령 시위, 젠더와 섹슈얼리티의 지배적 가치 전도를 시도하는 퀴어 퍼레이드 등이 대표적 사례다. 이런 점에서 공적 공간이야말로 하위 주체에게 중요한 전략적 지점이 된다. '공공'을 구성하는 다양성이 가장 극명하게 드러나는 공간인 동시에 이상화된 공공의 이해에 도전할 수 있는 상징적 공간이기 때문이다.[25]

이들이 창출해 낸 대항적 공간에서 많은 사람이 느끼는 불편함은 역설적으로 젠더폭력과 여성살해가 예외적인 것이 아니라 보편적인 것이며, 이를 가능하게 하는 구조가 너무도 당연하게 받아들여져 왔다는 사실을 폭로한다. 일반적 시민운동이 그러하듯, 이들의 운동이 만약 공적으로 명명 가능한 부정의의 범위를 확장시키는 데 진정 성공한다면 이성과 합리성, 공정함, 민주주의와 인권 등에 관한 우리 사회의 공적 프로토콜protocol은 변화할 것이다. 우리가 관습적으로 사고하고 실천한 불편부당성·객관성·당연함에 관한 이해 또한 변할 것이다.

사회정의 프로젝트로서 페미니스트 운동을 향해

페미니즘은 성차별적 구조를 인식하고, 저항하며 변혁하고자 하는 인식론이자 이론이며, 운동이다. 개별적 여성 임금 차별 현상이 가부장제의 징후이듯, 강남역 살인 사건은 오랜 여성혐오의 징후적 현상이자 페미니즘의 새로운 확장으로 독해되어야 한다. 징후가 보이면 진단하고 적절한 치료를 해야 한다.

잘못된 진단은 또 다른 질병을 야기하고 종내는 목숨을 앗아간다. 특정 개인의 단순한 일시적·극단적 감정에 기인한 것이 아니라, 성차별적 사회 속 남성의 상징적·물리적·우월적 지위를 확증하는 제도화된 부정의로서 여성혐오가 진단되어야 적절한 치료도 가능할 것이다.

　수많은 공식적 지표가 증명하듯, 한국 사회에서 남녀는 동등하지 않다. 정치, 경제, 사회, 문화 모든 면에서 오랫동안 여성은 상대적 약자였고, 여전히 약자다. 최근에야 여성은 아주 약간의 권리를 보장받았을 뿐이며, 사회적 가시성을 확보하는 중이다. 우월적 위치의 남성이 그간 누린 특권에 대해, 이로 인해 유발되는 심오하고도 실질적인 피해에 관해, 상대적 약자인 여성이 집단적으로 발화하고 저항하기 시작했을 뿐이다. 남성이 만약 '여성혐오'라는 단어에 불편함을 느낀다면, 이것은 그들이 평소 인지하지 못한 특권과 여기에 기반을 둔 가해의 언어와 행동에 대한 인정 불/가능성을 동시적으로 방증한다. 이것이 바로 의식과 무의식에 깊게 각인된 여성혐오의 증거 아닌가.

　강남역 10번 출구에서 일어난 사건을 '여성혐오'에 기인한 '여성살해'로 명명한 여성들은 여성이 일상에서 당하는 직접적이고 가시적인 물리적 폭력이 비가시적인 거대한 구조적·상징적 폭력과 연결되어 있다는 사실을 적시하며, 이 둘 간의 상호관계로 지탱되고 재생산되는 불평등한 젠더 질서에 대한 대중적 인지를 요청한다. 최소한의 인간적 존엄성조차 보장되지 않는 사회, 누군가에게는 삶이 불가능한 사회, 안전마저도 불공평하게 배분되는 사회, 사회적 타자를 향한 애도마저 힘든 사

　　　　　여성혐오와 페미사이드

회 속에서 여성이 요구하는 것은 공존을 위한 포괄적인 인식과 문화, 사회 구조의 변화다. 여성은 신자유주의의 역습으로 이미 쪼그라들고 있는 가부장제의 잔여물을 붙들고 있는 남성에게도 거대한 부정의에 맞서 투쟁에 동참할 것을 권유한다. 그러므로 상징적 공간으로서 '강남역 10번 출구'는 특정 가해자 가중 처벌을 요구하거나, 남성 개개인에게 혐오를 표출하는 장이 아니다. 포스트잇을 빼곡히 메운 이야기들은 성별에 바탕을 둔 편견, 비인간화, (성적) 대상화, 제도화된 배제와 차별, 성폭력과 살인 등 여성이 겪는 차가운 현실에 대한 고발이자 사회 전반의 변화를 촉구하는 '대국민 호소문'이다.

물론 지난할 것이다. 일상의 불편함 및 불안과 마주하지 않아도 되는 자들이 공기처럼 누린, 보이지 않은 특권을 조각내어 해체하는 프로젝트이기 때문이다. 그럼에도 불구하고 젠더 차별에 대한 깊은 이해와 근본적 도전이라는 페미니스트 사회정의 프로젝트로서 '강남역 10번 출구'는 더 깊이 의미화되고 더욱 너르게 확장되리라 믿는다. 그들이 보내는 시그널을 정확히 읽어 내야 할 의무는 이제 '우리' 모두에게 넘겨졌다.

여성에 대한 폭력은
혐오범죄인가

젠더폭력과 혐오 논쟁

2장

허민숙

허민숙

미국 오하이오주립대학교에서 여성학 박사 학위를 받고, 서울대학교 여성연구소에서 선임 연구원으로 일했으며, 이화여자대학교 한국여성연구소에서 연구 교수를 지냈다. 현재는 국회입법조사처 입법조사관으로 재직하고 있다. 주요 관심 분야는 여성에 대한 폭력으로,「Women's Movement and the Politics of Framing」,「Challenges and Opportunities for a Human Rights Frame in South Korea」등 다수의 논문을 썼다. 최근에는「너 같은 피해자를 본 적이 없다」,「성폭력 피해자를 처벌하다」등 성폭력 무고를 연구하고 글을 썼다.

여성혐오, 범죄를 일으키다

　한국 사회에서 여성혐오에 관한 논쟁은 2016년 5월 17일 발생한 '강남역 살인 사건'으로 격화되었다. 피해자와 가해자는 서로 전혀 모르는 사이로, 사건 발생 이전에 갈등 상황은커녕 어떠한 접촉도 없었으나 살인이라는 참혹한 결과가 초래되었다. 이 사건을 두고 주로 젊은 여성 사이에서 여성혐오에 의한 살인 사건이라는 불안과 분노가 터져 나왔다. 그러나 공식적으로는 조현병에 의한 망상이 이 범죄의 원인으로 판단되어 '묻지마 살인'이라는 진단이 내려졌다. 이 사회의 오래되고도 뿌리 깊은 여성혐오를 드러내고 고발하려는 저항에 맞서, 남성혐오를 경계하고 우려하는 움직임이 궤를 같이하기도 했다.

　어떤 반사회적 행동을 혐오에 기반을 둔 범죄 행위로 판단하는 까닭은 단일 사건을 일회적으로 문제 삼기보다는 그 범죄가 오래된 지배-종속 관계에서 비롯한 사건임을 분명히 하기 위해서다. 이런 의미에서 여성을 향한 폭력이 남녀 간 순간적이고 일시적인 갈등과 긴장, 다툼과 관련한 것이 아닌, 여성에 대한 편견과 차별 또는 젠더 문제에서 비롯한 폭력임을 탐색하고 인정하는 일은 매우 중요하다. 만일 한 사회가 편견과 차별에 원인을 둔 범죄 행위를 인정하고 자각한다면, 그 범죄에 대한 대응 조치에도 변화를 가져올 수 있다. 그러므로 이 글에서는 젠더폭력의 어떤 점이 혐오범죄의 여러 요건을 충족시키는지, 나아가 젠더폭력이 혐오범죄로 수용되고 명명될 때 얻을 수 있는 사회적 효용과 실현할 수 있는 정의가 무엇인지 말하고자 한다.

혐오범죄의 사회적 해악

　　젠더폭력이 혐오범죄의 범주에 속하는지, 또한 혐오범죄가 초래하는 효과와 결과를 공유하는지를 판단하기 위해서는 혐오범죄가 초래하는 해악을 살펴볼 필요가 있다. 혐오범죄가 초래하는 사회적 해악은 다음 세 가지로 분류된다. 첫째는 범죄로 인해 개인이 입는 피해, 둘째는 피해자가 속한 그룹 구성원에게 영향을 주는 간접적인 피해, 셋째는 전체 사회에 끼치는 해로운 결과다.[1]

　　혐오범죄는 일반범죄에 비해 훨씬 더 잔혹하다는 특징이 있다. 범행 동기가 피해자를 증오하고 혐오하는 데 있다는 점을 고려하면, 왜 이 범죄의 결과가 참혹할 수밖에 없는지 어렵지 않게 설명된다. 혐오범죄는 역사적으로 차별받고 억압받은 집단에게 무분별하게 가해진 편견과 오명을 개인 피해자에게 부과하는 것으로, 굴욕·모욕·고립·자기 증오의 감정적 피해를 수반한다.[2] 또 어느 한 개인이 자기 존중과 자신감을 갖고 동등한 구성원으로 사회에 참여하는 것을 좌절시키고 방해한다. 나아가 이 범죄는 개인에게 비극적 결과를 초래하는 데 그치지 않고, 피해자가 속한 그룹 전체에 해로운 영향을 끼친다. 우선 혐오범죄의 목표물로 지목된 그룹 구성원은 언제든지 유사한 피해를 입을 수 있다는 점에서 공포의 희생자가 된다. 폭력 피해를 입을 수 있다는 공포가 여성의 행동반경을 제약하고 삶과 관련된 여러 결정에 영향을 미치는 것은 혐오범죄가 특정 그룹에 가하는 사회적 통제라고 할 수 있다. 무엇보다 혐오범죄의 특성상 범죄를 예방하기 위한 조치가 매우 제한적이라는 점은 공포를 가중시킨다. 예를 들어, 여성 대상 범죄를 피하기 위해 여성이 아닌 채로 외출하는 것이 가능하지 않기 때문에 피해 예방에 대해 무력감을 느끼는 것은 여성이 경험하는 특수한 형태의 공포라고 할 수 있다. 그 결과 혐오범죄는 광범위한 규모의 피해 집단을 생성해 낸다. 대개 혐오범죄의 가해자는 피해자가 속한 집단보다 사회적·정치적으로 우월함을 과시하는 그룹에 속해 있기에, 이 과정에서 피해 집단과 가해 집단 간의 사회적 위계가 재확인되고 재강화된다. 즉 혐오범죄는 역사적으로 고통받고 억압받은 집단의 구성원에게 '이 일은 너에게도 일어날 수 있어'라는 메시지로 공포심을 불러일으키고, 이러한 유형의 공포심을 통해 피해 집단의 종속적 역할과 지위를 유지시키는 사회적 효과를 산출한다. 혐오범죄가 전체 사회에 초래하는 사회적 해악은 바로 이 지점에서 설명된다. 한 사회 내에 존재하는 집단 간 갈등과 긴장을 고조시킨다는 점에서 공동체 통합을 훼손하고 방해한다. 혐오범죄의 결과는 차별을 극복하고자 한 그간의 사회적 노력을 무력화하고, 평등을 좌절시킨다는 점에서 사회 전체를 과거로 회귀시킨다.

혐오범죄를 둘러싼 젠더 논쟁

젠더폭력이 혐오범죄인 증거는 과연 없는가

혐오와 편견이라는 범행 동기가 매우 불순하므로 사회적 제재가 필요하다는 주장에 동의한다 할지라도, 어떻게 증오를 측정하여 혐오범죄 여부를 판단할 것인지는 논쟁적이다. 일반적으로 혐오범죄 여부는 가해자와 피해자가 서로 다른 사회적 위치에 속할 때 적용되기 때문이다. 예컨대 백인 가해자와 흑인 피해자일 때, 이성애자 가해자와 비이성애자 피해자일 때 혐오범죄가 성립한다. 이런 기준에서 성폭력 피해 여성은 가해자가 다른 인종, 종교, 국적, 성적지향 등에 대한 혐오로 범죄를 저질렀음을 입증해야 혐오범죄의 피해자임을 인정받을 수 있다.[3]

인구의 절반을 혐오범죄의 잠재적 피해 그룹으로 전제하는 데 난감함을 표하며 젠더폭력의 원인을 여성을 향한 편견 내지 혐오와 연결시키지 못하는 인식은 여성에 대한 차별과 혐오가 권력 위계에 의거한 것임을 인정하지 않으려는 태도다. 젠더에 관한 편견은 일상적일 만큼 익숙하기에 역사적 억압이나 당면한 사회 문제로 여겨지기 어려울 수 있다.[4]

그러나 혐오범죄를 촉발하는 요인으로 젠더를 인정하지 않는 것에 반발하는 입장은 다른 종류의 혐오범죄에서도 범행

동기를 증명하기는 쉽지 않다고 지적하며, 유독 젠더만이 증명하기 어려운 범주로 일컬어지는 것에 이의를 제기한다. 나아가 젠더는 사건과 관련한 중요 요인으로 판정되어 왔음을 강조한다. 예를 들어 미국연방법인 고용차별금지법은 젠더 편견으로 고용에 차별이 발생할 수 있음을 인정하고 있으므로, 젠더 편견 및 차별을 증명하기 어렵다는 것은 납득할 수 없다고 주장한다. 또한 미국은 편견에 의한 범죄를 식별하는 요인들, 예컨대 사용된 언어, 피해의 심각성, 원인 제공의 결여, 범행 경력, 동기의 부재 등을 이미 혐오 판단의 준거로 삼고 있다는 점에서 젠더 편견 역시 이러한 기준에 포함될 수 있다고 본다. 무엇보다, 뚜렷한 동기를 찾을 수 없는 것 그 자체가 혐오범죄의 증거라는 의견도 있다. 즉 공격할 만한 뚜렷한 이유가 부재한 상황, 이유 없이 여성을 잔인한 방식으로 공격하는 경우, 이것은 맹목적인 혐오 외에는 설명이 불가능하다고 보는 것이다.[5]

여성은 누구든지 피해자가 될 수 있다

피해자 대체가능성은 혐오범죄 판정에 있어 중요한 요건이다. 혐오와 증오의 대상이 되는 집단에 속한다는 이유만으로 여성이라면 누구든지 피해자가 될 수 있음을 의미하기 때문이다.[6] 젠더폭력이 혐오범죄로 분류되기 어렵다는 입장은 이 같은 대체가능성이 잘 설명되지 않는다는 점을 지적한다. 여성이 피해자가 되는 폭력범죄의 특징 중 하나는 가해자와 피해자가 서로 아는 사이라는 것인데, 이러한 경우에는 피해자가 특정되었기에 피해자 대체가능성을 요건으로 하는 혐오범죄에 해당하지

여성에 대한 폭력은 혐오범죄인가

않는다고 보는 것이다. 피해자 대체가능성이 낮다는 것은 곧 이 일이 개인적인 사안이라는 뜻이고, 만일 사적인 일에 해당된다면 그 범죄가 공동체 전체에 끼치는 영향도 다르기 때문에, 젠더폭력은 여타의 혐오범죄와는 구별되어야 한다.[7] 이에 반박하는 연구들은 젠더가 아닌 다른 이유로 추동된 혐오범죄에서도 평소 알고 지내는 이웃이나 직장 동료 등이 가해자가 되는 경우가 적지 않다는 점에서 서로 전혀 모르는 사이라는 사실이 혐오범죄를 구성하는 필수 요건이 아님을 주장한다. 미국 법무부 통계 자료에 따르면 혐오범죄의 절반가량(52%)만을 낯선 사람이 저지른다.[8] 특히 여성주의자들은 젠더폭력의 특수성을 면밀히 분석하면서, 남성 중심적 독선과 오만에 기반을 둔 해석이 어떻게 젠더폭력을 개인 문제로 환원하며 혐오범죄에서 제외시켜 왔는지를 비판한다. 강간을 혐오범죄로 진단하는 입장은 여성이 강간의 피해자로 '선별'되며, 전체 집단으로서 여성이 그럴 만한 상대로 여겨진다는 점에 주목한다. 강간은 특정 여성이 우연히 겪는 일이라기보다는 남성이 여성의 몸을 소비·소유하고 지배할 권리를 가지고 있다고 여기는, 성차별적 이성애 규범이 정상화된 사회 내에서 저질러지는 범죄라는 말이다.[9] 강간범에 대한 연구 조사는 이런 진단을 뒷받침한다. 강간범은 여성을 규제하고 지배할 권리가 자신에게 있다고 믿으며, 자신을 화나게 한 여성을 처벌하는 방식으로, 또 자신의 권력을 전시 내지는 과시하는 방법으로 강간을 선택했다고 진술한다.[10] "강간에 대한 공포는 여성 의식의 일상적인 부분이기 때문에 사회의 모든 여성은 실제 피해자든 아니든 모두 강간의 피해자"라는 수잔 그

46

리핀의 주장[11]은 강간이 초래하는 위협과 공포가 혐오범죄의 그것과 매우 유사함을 보여 준다. 즉 강간 사건의 대다수 피해자가 여성이므로 여성은 피해자가 될지 모른다는 두려움과 긴장, 그리고 공포에 시달린다. 집단으로서 느끼는 취약성이 대체가능성의 본질이라 할 때, 유독 강간 사건만이 혐오범죄로부터 배제되어야 할 논리 및 근거의 합리성을 찾기 어렵다.[12]

가정폭력, 친밀한 관계에서의 폭력을 혐오범죄로 보는 이유는 이 폭력의 의도와 효과가 여성 종속에 있기 때문이다. 가정폭력의 주된 동기는 피해자가 가해자의 의도대로 행동하지 않았다는 데서 비롯한 분노이며, 남성 지배를 유지·지속시키려고 폭력을 사용한다.[13] 여성을 통제할 권리가 자신에게 있고, 여성은 그에 순응해야 한다는 젠더 편견, 그리고 남성의 명령에 따르지 않을 때 폭력으로 처벌해야 한다는 성차별적 인식과 실천이 혐오범죄와 맥락적 유사성을 공유하고 있다.[14]

강간 사건이나 가정폭력 사건에서 피해자가 우연히 선별되지 않고 가해자와 특정 관계에 놓여 있다고 할지라도, 적대감을 표출할 대상으로 여겨진다는 점에서 특정 피해 여성은 대체가능한 집단의 일원으로 간주될 수 있다. 또한 젠더폭력의 가해자는 특정 피해 여성뿐 아니라 자신과 친밀한 관계를 맺는 모든 여성에게 언제든지 비슷한 유형의 폭력을 행사할 가능성이 매우 높기 때문에, 이때의 피해 여성은 특정 인물이 아닌 대체가능한 불특정 다수다.[15]

여성에 대한 폭력은 혐오범죄인가

단지 '남성'이라는 이유로 주어지는 것

젠더폭력의 특징 중 하나는 뚜렷한 동기가 없는데도 과도한 폭력이 사용된다는 것이다. 의도가 불분명하고 극단적 폭력이 가해지는 혐오범죄 성향이 젠더폭력에 존재한다.[16] 그러나 여성이 압도적 피해자가 되는 젠더폭력에 대해서는 유사성보다는 차별성을 부각하며 이를 혐오범죄와는 다른 것으로 분류하려는 사회적 기류가 강하다. 인종, 성적지향, 국적, 종교 등에 근거한 혐오는 문제시하면서도 여성혐오는 차별로 인지하지 못하는데, 이는 무의식적 동기에 연유할 가능성이 크다. 따라서 여성혐오의 원인을 찾고 젠더폭력의 혐오범죄적 특징을 이해하려면, 이 부분을 잘 살펴야 한다.

한 사회 내에는 "그룹 간의 위계적이고 불평등한 관계를 정당화하는 믿음 체계"인 '체제 정당화 신념'system-justifying beliefs이 존재한다. 이 신념 체계로 인해 한 사회 내에서 어떤 그룹은 다른 그룹에 비해 돈, 음식, 의료 서비스와 같은 물질적 재화뿐 아니라 권위, 권력, 존경 등 사회적 지위를 더 많이 누린다. 성별에 따른 임금 격차, 일반적으로 여성보다 남성의 말을 더 신뢰하는 것 등이 이에 해당하며 그룹 지위로 인해 이러한 현상이 발생한다.[17] 즉 그룹 지위는 단지 '누구라는 이유로' 더 많은 보상과 대우를 받을 자격이 있다는 믿음, 무언가를 더 누려도 마땅하다는 믿음의 원인이자 결과다.

젠더는 가장 보편적인 그룹 지위로서 여성과 남성이 서로를, 그리고 자기 자신을 인식하는 데 영향을 미친다. 성별 고정관념이 강하여 여성의 사회적 지위와 가치가 저평가된 사회에서 남성은 여성에 비해 자신이 더 자격이 있다는 감각을 익히며, 반대로 여성은 자신이 받는 불공정한 대우를 인지하지 못하게 된다. "모순된 만족"은 성차별적 사회에서 여성이 자신이 받는 불이익에 관해 분노하거나 협상하려 하지 않고 만족하는 상태를 말하는데, 이러한 사회일수록 불평등을 향한 도전은 축소되고 사회 불평등은 유지·지속된다.[18]

체제 정당화 신념 이론에 따르면, 그룹 지위가 높은 곳에 속한 개인은 자신이 속한 그룹에 비추어 자신을 평가한다. 예컨대 자신이 이상적인 사회적·경제적 지위에 크게 미치지 못하는 사람이더라도, 백인이거나 남성이면 백인이 아니거나 남성이 아닌 사람들보다 자신에게 더 많은 가치와 자격이 있다고 판단한다. 그러므로 이들은 자기가 속한 그룹의 사람이 응당 누려야할 것, 즉 지위가 높은 남성이 누리고 있는 것들이 같은 남성인 자신에게도 예정되어 있다고 믿는다. 따라서 남성의 그룹 지위가 높은 사회일수록 여성을 향한 폄하와 무시가 일상화되고, 개인 남성이 가지는 권한과 자격에 대한 믿음은 견고해진다. 또한 이를 여성 소유와 통제, 남성에 대한 순종과 존경으로 확인하려는 경향도 강해진다. 여성의 거절과 무관심을 분노와 격분으로 대응하는 반응 역시 이러한 사고 체계 때문에 발생한다. 자신의 문제에 관해 누구를 원망해야 하는지, 누구를 향해 비난과 분노를 폭발시켜야 하는지 사회화 과정에서 배우고 익혔기 때문이다. 여성을 마음대로 통제할 수 있는 대상으로 여기거나, 자신이 무언가를 성취하지 못한 이유가 마치 역차별 때문인 양 분노하는 것, 그럼으로써 여성에 대한 폭력을 정당화하는 일은 바로

여성에 대한 폭력은 혐오범죄인가

이러한 사회적 배경과 관련이 있다.[19]

강남역 살인 사건, 피해자는 선별되었다

　　지난 2016년 한국 사회는 일명 '강남역 살인 사건'을 겪었다. 피해자가 현장에서 사망에 이를 정도로 잔인한 결과가 초래되었고, 가해자 스스로 진술한 "여자들이 무시해서"라는 범행 동기가 이 폭력이 여성혐오 범죄임을 드러냈다. 혐오범죄인지 아닌지를 논의하는 데 있어서 핵심은 '피해자를 선별했는가'에 있다. 특히 선별 이유가 피해자가 속한 집단에 근거하느냐가 단순범죄인지 혐오범죄인지를 구분하는 기준이 된다. 공격이라는 행동은 동일하지만 그 범의mens rea, 즉 범죄를 행한 의도로 혐오범죄 여부를 판단하는 것이다. 혐오범죄와 관련한 범의는 '피해자는 벌 받아 마땅하다'라는 믿음인데, 이 믿음은 피해자가 저지른 어떤 위법적 행동이 아니라 피해자가 속한 집단 전체에 대한 편견과 분노에 기인한다.

　　여성혐오 살인 사건으로 접근해야 한다는 빗발치는 여론에도 불구하고, 강남역 살인 사건은 "범행 동기 부재", "피해자와의 관계에서 직접적인 범죄 촉발 요인 부재"를 이유로 정신질환자의 난동에 의한 '묻지 마 살인'으로 명명되었다.[20] 역설적인 것은 경찰이 지목한 바로 그 부분, '범행 동기를 찾기 어렵고 피해자가 범죄를 유발하지 않았다는 점'은 혐오범죄 판단의 구성 요건이라는 사실이다.[21] 동기조차 뚜렷하지 않은데도 폭력의 수준이 극단적이었다는 점에서 강남역 살인 사건은 혐오범죄의 정황을 갖추고 있다.[22] 따라서 공식적인 경찰 발표 외에도, 자신보다 약한 상대를 범행 대상으로 고르는 것은 지극히 정상적이고 합리적인 판단이기 때문에 '여성이기 때문에 죽게 되었다'라는 주장은 무리한 비약이라는 냉소도 있었다. 여성이 아닌, 비교적 힘이 약한 아동이나 노인이 우연찮게 이번 사건의 희생자가 되었다면 '아동혐오' 혹은 '노인혐오'로 부르는 것이 타당한지도 물었다.

여성혐오라기보다 그저 범행 목적을 쉽게 달성하고자 '자신보다 약한 상대를 정확히 선별한 합리성'이 가해자의 전략적 선택이었다는 주장은, 일단 가해자가 판단 능력을 상실한 정신질환자라는 결론을 부정한다. 즉 여성이 신체적으로 취약하다고 논리적으로 판단한 가해자 때문에 우연히 피해자가 되었다는 주장은 망상에 시달리는 정신질환자의 분별없는 행동이 이 범죄의 본질이라는 경찰 발표와 완전히 배치된다. 또한, 여성이 약하기 때문에 피해자가 되었다는 주장은 '힘이 약한 여성'의 사회적 의미, 곧 '만만하고도 우스운 상대', '해를 가해도 별다른 대가를 치르지 않아도 되는 대상'으로 여겨지는 여성의 사회적 지위와 위치에 대한 논의를 이끌며, 이 범죄가 왜 차별과 혐오에 관한 것인지를 더욱 명료히 한다. "하필이면 그 조현병의 망상이 왜 '여성'을 대상으로 삼은 페미사이드였는지"[23]가 논의의 출발점이어야 한다는 지적은 옳다. 여성이 피해자인 경우 빈번하게 발생하는 피해자에 대한 비난과 조롱이 아동 및 노인이 피해자일 때도 똑같이 등장하는지를 판단한다면, 단순히 여성

여성에 대한 폭력은 혐오범죄인가

이 피해자라서 여성혐오 범죄라 명명하는 것이 아님이 분명해
진다.

　　강남역 살인 사건은 사회적 원인의 차원에서도 분석되었
다. 주로 남성의 위기와 좌절이 이 사건의 배경이라고 진단되었
다.[24] 신자유주의 시대의 무한 경쟁 속에서 남성이 느낀 탈락과
좌절에 대한 분노와 공포가 사회적 약자인 여성을 향했다고 보
는 것이다. 이러한 설명은 새롭지 않은데, 왜냐하면 여성에 대
한 혐오와 여성을 향한 분노는 인류가 최근에 겪은 일이 아니기
때문이다. "여성이 점차로 독립성을 얻어 가자, 사회생활에서
그들의 모습이 더 자주 드러나고 기록되기 시작"한 일, "여성의
새로운 독립성에 대한 반응으로서 여성혐오적 반발이 나타"난
일은 13세기 무렵에도 관찰되었다.[25] "남성들에게 여성들의 힘
에 대해 공포를 느껴야 한다고 가르침으로써",[26] "남성들이 자신
의 불행을 (…) 마녀의 탓으로 돌리게 만들"며 피지배 계급 전체
를 효과적으로 억압한 오래된 역사의 지속적인 재연은 이제 더
본질적인 논의를 필요로 한다.[27]

　　여성에 대한 폭력과 혐오는 관련 연구자 사이에서도 일
견 모순적인, 그러나 필연적인 현상으로 평가된다. 왜냐하면 젠
더폭력은 차별의 원인이자 결과이며, 동시에 성평등의 효과일
수도 있기 때문이다. 오랜 시간 축적된 불평등한 사회 구조가
성별 위계 구조에 영향을 미친다고 할 때, 여성이 폭력에 취약
한 것은 성불평등의 결과다. 그러나 한편으로는, 평등해지는 시
점에서 젠더폭력이 심화되기도 한다. "구조가 평등해질수록 남
성의 위기의식이 커질 것이고 폭력으로 분출"되기 때문이다.[28]

사회가 경쟁적일수록, 성공의 기준이 획일적일수록, 공정하지 못한 사회일수록 구성원의 불행은 깊어지고 분노는 커진다. 자신이 느낀 좌절과 절망, 고통을 해소하고자 누군가를 증오하고 공격하며 상처 입히는 일도 빈번해질 수 있다. 이럴 때 왜 여성이 압도적인 비난과 폭력의 대상이 되는지 별다른 설명이 필요하지 않다는 의견도 있다. 홀랜드는 여성혐오를 너무 보편적이어서 "인지하기 힘든 편견"[29]이라고 정의하며 그 어떤 편견도 여성혐오처럼 "이렇게 끈질기지도, 이렇게 전 지구적으로" 맹위를 떨치지도 못했다고 질타한다.[30] 그러므로 우리의 질문은 왜 여성이 압도적인 피해자가 되는지, 비난의 대상이 되는지 묻는 것을 넘어 무엇이 여성혐오와 그로 인한 폭력을 유지시키는지, 왜 그 누구도 책임지려 하지 않는지를 따지는 것이어야 한다. 암울한 상황에 처해 내적 좌절감을 견뎌 낼 수 없는, 낙담하고 실망한 모든 이가 범죄적 행동을 하지는 않는다. 다시 말해, 남성이라고 해서 모두 불만을 품거나 마음 속 분노를 행동으로 옮기는 것은 아니다. 여기에 근거해 젠더폭력의 원인을 특정 개인의 일탈과 불운을 한탄하는 것에 의존해 왔고, 이는 문제를 해석하는 가장 손쉬운 방법이었다. 특히 남성에게 자신은 연루되지 않았음, 즉 남성의 결백을 보장하는 방식이어서 가장 많은 지지를 받았다. 강남역 살인 사건 역시 이러한 수순을 따랐다. 여성혐오 범죄라는 주장에 맞서서 '남성은 잠재적 가해자가 아니다', '개인 남성의 범죄를 일반화하지 말라', '남성혐오를 조장하지 말라'라고 항변한 것은 어떤 불운하고도 우연적인 사고로 이 사건을 규정하고자 하는 단정적 태도라 할 수 있다.

그러나 이처럼 개인적 이유와 사회적 원인을 이분법적으로 바라보는 시각은 재검토되어야 한다. 정치학자 아이리스 영Iris Young은 사회 구조를 "많은 개인의 행동 융합"[31]으로 정의한다. 따라서 사회적 제약이란 "이미 주어진 구체적 조건하에서 움직이는 개인의 행위가 결합을 통해"[32] 발생하고, 이에 따라 사람들 삶의 이익과 불이익이 결정된다고 설명한다. 그렇기에 암묵적으로 강요되는 사회적 규칙에 따른 "일상적이거나 습관적"[33]인 행동의 반복과 축적이 다른 이의 사회직 위치와 "행위 조건에 영향을 미치"[34]며 그들의 취약성을 심화시킬 수 있다. 남성 측의 주장처럼, 대다수 남성은 피해자를 직접 물색하거나 물리적으로 공격하지 않았을 수 있다. 그러나 여성을 동등한 자격을 지닌 인간이 아니라 폄하와 비하의 대상으로 여기는 것, 여성에게 남성의 요구와 욕구를 충족시키는 여성다운 여성이 될 것을 요구하면서 이에 따르지 않을 때 비난하는 것, 다른 이들의 여성혐오 행위에 동조하고 참여하는 것, 이 모두가 여성을 사회적 비난의 대상으로 위치시키는 데 일조하거나 공모하는 일이라 할 수 있다.[35] 이러한 과정에서 여성은 비난과 분노의 대상이 되며, 남성이 여성을 향한 폭력으로 분노를 해소하는 것에 정당성이 수립된다. 또한 폭력 유발의 책임을 또 다시 피해 여성에게 전가시킴으로써 여성의 불리한 사회적 위치는 고착화되기에 이른다. 그러므로 '자신의 행동을 제외하는 방식'으로 여성혐오를 정의하거나, 어느 한 개인의 독특한 행동으로 범죄 원인을 단순화하지 않았는지를 고민하는 일이 남성혐오에 대한 불만 제기보다 선행되어야 한다.

여성혐오에 관한 여성의 진지한 문제 제기를 차단하고 방해하며, 나아가 공포심을 조장하는 일련의 사태 자체가 여성 혐오 현상이라는 데에는 이론의 여지가 적다. 여성혐오 현상을 부정하는 태도는 무엇이 혐오범죄인지를 규정하는 자가 그 폭력을 감당해 내는 여성이 아니라 남성이어야 한다는 것을, 혐오 범죄를 정할 자격이 남성에게 있다는 것을 위협적으로 재확인 시키려는 의도를 내포하기 때문이다.

'혐오범죄'라고 부를 수 있어야 하는 이유

여성을 향한 폭력이 젠더에 의해 동기화된 범죄라는 주장이 논란이 된 이유는 실제 그 사안이 모호해서라기보다는 "사실을 발견하는 자"가 누구여야 하는지에 관한 논쟁이었기 때문이다.[36] 즉 혐오범죄에서 젠더가 소홀히 다루어지는 이유는 범죄적 행동을 규정하는 권력을 남성이 독점하고 있기 때문이며, 권력 독점은 젠더 권력과 성차별적 젠더 질서를 재강화하는 데 기여해 왔다.[37] 이는 여성주의자들이 젠더폭력에 본격적으로 대항하기에 앞서 "누가 증오범죄의 표적이 될 수 있는지를 정의하는 자"들과 다투어야 하는 권력 불균형의 현실을 보여 준다.[38]

혐오 내지 증오를 단순히 누군가를 싫어하고 미워하는 협소한 개념으로만 인식하면, 젠더폭력은 혐오범죄로 인식되기 어렵다. 젠더와 관련된 혐오범죄는 여성이 가해자가 원하는 방식으로 행동하거나 생각하지 않을 때, 남성의 요구가 수용되지

여성에 대한 폭력은 혐오범죄인가

않을 때 발생하는 경우가 많은데, 이것이 전통적인 의미의 혐오범죄와 차이가 있는 듯 보이기 때문이다. 젠더폭력이 권력과 통제의 문제라면 어떻게 혐오범죄일 수 있느냐는 질문이 그에 해당한다.[39] 그러나 백인이 특정 소수 그룹인 유색 인종에 대한 권력을 성취하고 유지하려 하는 것과 마찬가지로, 남성이 여성을 지배하려는 욕구로 젠더폭력을 저지른다는 점에서 혐오범죄와 유사성을 공유한다. 여성이 자신에게 허락된 자리를 말없이 지킬 때, 여성의 역할에 만족하고 순응할 때 비로소 안전할 수 있음을 주지시키는 것은 혐오범죄의 궁극적 목적인 "장기적인 사회적 위계화"[40]로의 귀결을 도모하기 때문이다.

앞서 살폈듯이, 혐오범죄는 개인이 겪는 혼란과 좌절을 취약 집단에게 분풀이하듯 쏟아 낸다는 점에서 '희생양 현상'으로 일컬어진다. 역사적으로 남성이 주도해 온 영역에 여성이 진입하는 현실 변화를 남성은 자신이 차지해야 할 지분이 감소한다는 위협 내지는 침범으로 받아들이고, 이를 빌미로 여성에 대한 적대감을 확산해 왔다. 여성의 지위 상승을 인정하지 않으려는 태도는 남성이 자신의 몫을 나눠야 하는 것에 대한 불만 제기부터 여성의 독립성 증가와 의존성 감소, 그에 따른 권력관계 균열을 남성성의 위기로 여기는 현상에 이르기까지 폭넓게 나타난다. 권위적이고 우월한 가부장적 남성성을 상실하는 데 대한 두려움, 수치심, 굴욕, 분노는 폭력으로 표현된다. 따라서 폭력의 목표가 단순히 분풀이에 그치지 않고 기존 위계질서를 되돌리고 평등으로의 변화를 좌절시키는 것이라 할 때, 젠더폭력의 혐오범죄적 특징과 혐의는 더욱 뚜렷해진다.

그러나 젠더폭력이 혐오범죄로 조명되지 못하는 동안, 피해 여성은 혐오유발자로 지목되었고 젠더폭력이 범죄라는 인식은 오히려 불분명해졌으며, 가해자의 분노와 격분이 합당하다는 사회적 공감대는 확산되었다.[41] 가해자를 옹호하며 그들의 앞날을 걱정하고, 가해자 처벌을 망설이고 주저하는 차별적 태도가 젠더폭력이 범죄라는 인식을 방해해 왔다면, 이제 이를 변화시킬 다른 방안이 강구되어야 한다. 젠더폭력을 혐오범죄의 관점에서 되짚는 일은 그 대안 중 하나가 될 수 있다.

여성을 향한 폭력이 혐오범죄로 재정의 되면, 범죄 발생을 최소화하는 데 있어, 그리고 우리 사회가 이 범죄를 다루는 데 있어 가장 중요한 문제를 해결할 수 있다. 우선 여성을 상대로 권력을 부리려는 동기, 그래도 된다는 믿음, 통제 성향 발현의 성별 격차와 이유, 이 모든 것의 기저에 깔린 여성에 대한 편견과 차별을 면밀히 관찰할 수 있다. 그리하면 폭력 피해자인 여성을 비난하거나 범죄 동기를 여성이 제공했을지 모른다며 피해자에게서 원인을 찾는 등의 불필요하고도 어리석은 일을 철회시킬 수 있다. 피해자에 대한 검열과 비난에서 벗어나면 가해자의 행동에 초점을 둘 수 있기 때문이다. 가해자의 범행 동기와 범죄가 초래한 결과에 집중할수록 피해자와 가해자 관계에 연연하면서 문제를 축소시키는 불합리한 관행에서 벗어날 수 있다.[42]

젠더폭력을 우연적이고 불운한 개인의 비극이 아닌 심각한 사회적 범죄로 신중히 여길 때 피해자 보호와 권리는 그만큼 확대되며, 가해자가 낯선 이든 친밀한 관계에 있는 이든 범

여성에 대한 폭력은 혐오범죄인가

죄를 판단하고 해석하는 데 크게 영향을 미치지 않게 된다. 무엇보다, 여성에 대한 폭력을 혐오범죄로 다루면 그간 이 폭력을 마치 자연적인 본성 내지는 본질적인 성별 특성처럼 여긴 오류를 바로잡을 수 있다.[43] 여성이 성폭력과 가정폭력을 스스로 불러일으켰다는 비난을 받을 필요가 없고, 가해자가 여성의 유혹에 취약한 남성의 성적 본능을 변명의 여지로 삼을 수도 없다. 관계의 친밀성 여부를 더는 범죄 구성 요건으로 여기지 않는다면, '개인적이고도 사적인 일'이라는 낡고도 오래된 수렁도 제거될 수 있다.[44] 가해자를 병리화하며 책임을 면제해 주거나, 피해자 스스로 자책하게 하거나, 피해자에게 오히려 수치심과 죄책감을 들게 하는, 이 부당한 일들도 중단될 수 있다.

'묻지 마 범죄'는
없다[1]

'묻지 마 범죄 지식'과
'묻지 마 범죄자'의 여성혐오 묻기

3장

김민정

김민정

서울대학교 여성학 협동과정 박사 과정을 수료했다. 심리학, 범죄심리학, 범죄학을 거쳐 여성학에 정착했다. 사이코패스, 정신질환, '묻지 마 범죄' 등을 연구했다. 사회학적 관점과 심리학적 관점을 연결하여 폭력과 젠더의 교차 지점을 설명하고 싶어 한다.

'묻지 마 범죄'는 무엇을 말하는가

'묻지 마 범죄'인가, '여성혐오 범죄'인가? 2016년 강남역 살인 사건 직후 한참 동안 거센 논쟁을 불러일으킨 주제다. 당시 '여성혐오'에 기인한 폭력으로 이 사건을 규정한 많은 '일반인' 여성의 주장을 반박하며, 형사 사법 기관과 범죄학을 중심으로 한 지식 권력은 이를 정신질환자에 의한 '묻지 마 범죄'라고 선언했다. 공권력과 지식 계층의 권위 있는 선언으로 인해 '묻지 마 범죄'는 객관적이고 합리적인 지식으로 간주되었고, 사회적으로 구조화된 젠더폭력에 대한 여성의 문제 제기는 그 정당성에 타격을 입으며 공식적으로 기각되었다.

그로부터 3년 후 진주시의 한 아파트에서 방화로 열여덟 명의 사상자를 낸 조현병 가해자는 유독 여성 다섯 명에게만 직접 흉기를 휘둘러 목숨을 앗아 갔다. 이 사건은 「진주 '묻지 마 칼부림'」(《연합뉴스》, 2019년 4월 17일), 「진주 묻지 마 살인」(《중앙일보》, 2019년 4월 17일), 「경남 진주시 '묻지 마 방화·살인 사건'」(《뉴시스》, 2019년 4월 17일) 등의 제목으로 언론에 보도되었고, 또다시 정신질환자에 의한 범죄 사건을 다룬 기사가 쏟아져 나왔다. 기사에는 하나같이 범죄학 관련 지식인의 코멘트가 포함되어 있고, 지식의 권위가 부여된 수많은 '묻지 마 범죄' 소식은 범죄와 범죄자, 피해자를 바라보는 우리의 인식을 테두리 짓는다.

우리는 '묻지 마 범죄'가 무엇인지 제대로 알고 소비하고 있는가? 형사 사법 권력과 전문가에 의해 반복적으로 선언되고 강조된 '정신질환자에 의한 묻지 마 범죄'는 마치 확고히 정립된 범죄 유형 혹은 경험적으로 타당성을 확보한 지식으로 보인다. 이 때문에 여성학계와 여성 인권 활동가들조차 '여성혐오'가 무엇이며, 여성의 폭력 피해에 어떻게 영향을 미치는지 설명하려 노력했지, '묻지 마 범죄'가 무엇인지 묻지 않았다. 이들조차 '묻지 마 범죄'를 전문성을 획득한 지식 체계의 산물로 받아들였기 때문이다. '묻지 마 범죄'는 어떻게 정의되었는가? '묻지 마 범죄'는 무엇인가? 과연 '묻지 마 범죄'의 실체는 존재하는가?

이 글은 크게 두 가지 표면적 질문으로 '묻지 마 범죄'를 파헤친다. 첫째, '묻지 마 범죄'는 어떻게 '지식'이 되었는가? 둘째, 강남역 살인 사건을 포함한 여성을 대상으로 하는 낯선 이에 의한 길거리 폭력은 '묻지 마 범죄'인가, 젠더 기반 폭력인가? 검증의 대상은 '묻지 마 범죄'이지만, 이 질문들이 가지는 함의는 비단 '묻지 마 범죄'에 한정되지 않는다. 첫 번째 질문은 여성을 대상으로 하는 폭력이 지식과 권력에 의해 어떻게 체계적으로 비가시화되는가에 대한 한 가지 답이 될 것이며, 두 번째 질문은 범죄를 규정하고 명명하는 권력은 누구에게 있는지에 관한 도전이 될 것이다.

그동안 여성이 단지 여성이라는 이유로 피해자가 된 범죄 사건은 많았지만,▲ 흩어져 있던 여성 개개인이 자발적으로 네트워크를 형성하여 여성을 향한 폭력의 실상을 폭로하고 사회적으로 공론화한 사례는 흔치 않았다. 그러나 강남역 살인 사건 직후 실제적·잠재적 여성폭력의 피해자인 여성이 스스로 주축이 되어 범죄 원인을 지목하고 문제의 본질을 '감히' 규정하기 시작했다. 그들은 이 사건의 핵심이 '여성혐오'를 내재화한 사회이며, 이를 묵인하는 사회가 여성에 대한 남성의 폭력을 용인하고 있음을 지적했다. 그리고 "살아남은" 여성이 "피해자보다 약간 운이 좋았을 뿐"이라며 문제를 제기했다.

여성혐오misogyny는 '싫어하다'라는 의미의 그리스어 'misein'과 여성을 의미하는 'gyne'이 결합한 복합어로 주체로서의 여성을 현실에서 소외시키는 모든 태도와 방법, 의식을 뜻한다. 객체화/도구화된 여성을 대상으로 행해지는 차별·폭력·괴롭힘·비하·멸시·조롱뿐 아니라 보호나 숭배도 포함될 수 있다. 이는 여성에 대한 폭력·차별과 같은 억압적 행위가 보호나 숭배를 받을 만한 여성과 그렇지 않은 여성을 구분 짓는 사고와 깊은 연관이 있기 때문이다. 보호/숭배를 받을 만한 여성을 나누는

▲   여성에 반하는 폭력violence against women의 스펙트럼은 살인, 강도, 강간, 폭력부터 협박, 성추행, 성희롱, 도촬, 바바리맨까지 매우 넓다. 피해 대상 여성 또한 아내, 연인, 딸부터 생면부지의 여성에 이르기까지 다양하다.

기준은 그 자체로 현실의 여성에 부합하지 않을뿐더러 그 기준끼리 상충하는 부분도 많다(예뻐야 하지만 도도하면 안 된다거나, 똑똑해야 하지만 자기주장이 강해서는 안 된다는 등). 따라서 "여성은 이러이러해야 한다"라거나 "이러한 여성은 맞아도 싸" 같은 말의 핵심은 남성과 사회로부터 보호받을 만한 가치가 있는 여성을 선별하고 이에 못 미치는 여성에 대한 억압은 "어쩔 수 없다" 내지는 "당연하다"라고 받아들이는 인식과 연결되며, 사회문화 안에 뿌리박힌 여성혐오에 기인한다. 이러한 사고는 모든 실재하는 여성을 겨냥하는 동시에 남성에게는 적용되지 않는다.

여성들이 강남역 살인 사건을 뿌리 깊은 젠더차별 구조가 만들어 낸 '여성혐오'로 인한 범죄라고 주장한 데 대해 형사 사법 기관과 범죄학계는 해당 사건이 '묻지 마 범죄'라고 황급히 공표했고, 이를 여성에 대한 '혐오 동기의 범죄'hate crime로 볼 수 있는지 여부의 문제로 응답했다. 이후 형사 사법 공권력과 지식 계층에 의해 논의의 초점은, 이 사건이 국내 범죄학계 혹은 법학계의 '혐오범죄' 논의에서 지배적인 준거로 삼는 미국연방법에 근거한 '혐오범죄'냐, 아니라면 단지 그 동기를 알 수 없는 '묻지 마 범죄'냐 하는 문제로 빗겨 나갔다.▲

그러는 동안 전문가와 공권력의 '권위 있는 지식'에 순종한 많은 국민이 여성의 살아 있는 경험으로부터 우러나온 생생

▲   FBI는 혐오범죄를 "인종·종교·장애·섹슈얼리티 정체성·민족·젠더·젠더 정체성에 기반을 둔 가해자의 편향이 전체적 혹은 부분적 동기로 작용한, 사람 혹은 사물에 대한 범행"이라고 정의한다.

한 목소리는 남성혐오 및 성적 대결 구도를 양산하는, 사회적으로 온당치 못한 피해의식의 발현으로 취급하기도 했다. 조현병 증상 때문에 '여성혐오'조차 할 수 없는 가해자가 범행 대상으로서 여성을 '선택'한 것이 아니라 '사회적 약자'▸를 '선택'한 것이라며, 조현병 가해자의 합리성을 강조하는 모순적인 주장도 제기되었다. 대다수 미디어는 강남역을 중심으로 결집한 여성의 목소리보다는 범죄학계와 공권력의 권위를 그대로 수용하여 강남역 '묻지 마 범죄' 사건을 다루었다.

그리고 2016년 10월 14일 서울중앙지방법원은 가해자가 여성을 혐오했다기보다 "남성을 무서워하는 성격으로 받은 피해의식 탓에 상대적으로 약자인 여성을 범행 대상으로 삼았다"라며 사건을 정리했다. 이후 서울고등법원에서의 항소심, 대법원에서의 상고심도 같은 결론으로 마무리되었다. 여섯 명의 남성을 보내고 처음 들어온 여성을 살해한 사건의 정황, 평소 여성에게 무시당했다는 가해자의 진술, 다른 남성으로 인해 발현한 피해의식이 여성을 향했다는 프로파일은 여성들이 지금껏 말해 온 '여성혐오'의 내용과 일치한다. 그러나 일련의 과정에서

▸ 사회적 약자는 보통 소수자 정체성으로 인해 제도적으로 불공평하게 차별받는 집단을 의미한다. 그러므로 강남역 살인 사건을 '혐오범죄'가 아니라 '묻지 마 범죄'라고 주장하면서도 그 이유로는 여성이라서가 아니라 사회적으로 차별받는 집단이기 때문에 폭력의 대상으로 선택되었다고 말하는 것은, 외려 이 사건이 '혐오범죄'임을 논증하기에 문맥상 앞뒤가 맞지 않는다. 하지만 강남역 살인 사건을 정의하며 많은 전문가·검경·법원·대중이 사회적 약자를 신체적 약자를 대신하는 의미로 사용했는데, 이는 "신체적 약자=사회적 약자, 신체적 강자=사회적 강자"라는 한국 사회의 비장애 성인 남성 중심의 사고방식을 그대로 드러낸다.

강남역 살인 사건의 성격을 정의 내리고자 노력한 다수의 범죄 전문가·경찰·검찰·법원·미디어는 범죄 원인이 가해자 개인의 혐오 정서가 아니라는 점을 강조하면서도, 그 논거로 가해자가 사회 구조적 층위에서 차별의 기제로 작동하는 '여성혐오'를 지니고 있었다는 점을 지적하여 이들이 여성의 '여성혐오' 발화 맥락을 이해하지 못하고 있음을 증명했다.

'묻지 마 범죄'는 어떻게 '지식'이 되었는가

'묻지 마'와 '범죄'의 결합

사회 현상을 묘사하는 데 '묻지 마'란 용어가 언론으로 처음 보도된 것은 1990년대 후반이다. '묻지 마 관광'을 필두로 '묻지 마 유학', '묻지 마 윤락', '묻지 마 판매' 등의 용어가 우후죽순으로 생성되었다. '묻지 마 관광'은 관광을 빌미로 불륜과 탈선을 일삼는 중장년층, 특히 자녀의 끼니를 챙기지 않고 밖으로 나와 성적 유희를 즐기려는 주부들을 비판했다(〈MBC 뉴스데스크〉, 1997년 5월 11일). '묻지 마 투자'에 관한 기사는 "아줌마 부대가 대거 증시로 몰려들며 종목 불문하고 사자 주문을 내 '묻지 마 투자'라는 신조어까지 생겼다"라며, 소액 개인 투자자, 그중에서 특히 '아줌마' 소액 투자자가 지식이나 경험 없이 주식에 뛰어드는 현상을 조롱했고(《연합뉴스》, 1998년 12월 24일), '묻지 마 유학'은 "어린 학생들을 불법 체류자로 전락시킨"(《한국경제》, 2004년 12월 5일) 엄마의 비뚤어진 교육열을 비꼬았다.

이렇게 '묻지 마'라는 단어는 특정 행위를 지칭하는 단어와 결합해 계열화되면서 비판받아 마땅한 무분별한 행태를 지칭하는 새로운 사회 현상을 명명하는 도구였다. 이 용어의 사용은 다분히 부정적인 맥락에서 그것이 덧붙은 행위 주체를 조롱하는 데 목적이 있다고 할 수 있다. 다양한 '묻지 마' 용어에서 '아줌마'나 '엄마'가 무분별한 행위의 주체로 자주 등장한 점은 '된장녀'나 '김치녀' 이전부터 만연한 여성 멸시를 보여 준다.

한편 2000년 4월 26일《한국일보》에「'묻지 마 살인' 광풍」이란 제목으로 '묻지 마'와 '범죄'가 결합한 기사가 등장하면서, 해당 용어가 쓰이는 맥락이 변화한다. 행위 주체를 탓하거나 사회의 새로운 풍조를 비판하는 것이 아니라, 잠재적 피해자의 두려움을 극대화하는 효과를 드러낸 것이다. 행위자의 '비상식적' 행위가 극단의 폭력으로서 강력범죄와 결합되어 표현된 결과, 가해자의 범행 동기나 해당 범죄가 발현된 사회적 맥락에 관해서는 '묻지' 않은 채, 범죄 대상인 피해자가 아무런 잘못 없이, 예상할 수 없는 시기에, 어디서나 피해를 당할 수 있다는 사실만이 부각되었다. 이후 미디어는 원한이나 치정 관계에서의 범죄 혹은 경제적 이익 등 도구적 목적의 범죄처럼 사람들이 흔히 접하는 범죄 통념에 부합하지 않는 강력범죄를 손쉽게 "묻지 마 살인", "묻지 마 폭행", "묻지 마 방화" 등으로 부르며 조명했다.

'묻지 마 범죄' 진단에 앞선 결론, 방지보다는 처벌

2012년 8월 18일, 8월 22일 공공장소에서 불특정 다수에게 상해를 가한 '묻지 마 범죄' 2건이 연달아 발생하면서[2] '묻지 마 범죄'는 미디어의 보도를 넘어 지식과 형사 정책의 언어로서 자리매김한다.

당시 언론은 연일 '묻지 마 범죄' 보도로 들썩였고,[3] 대중은 누구나 아무런 잘못 없이 피해자가 될 수 있음에 두려워했다. 그리고 '묻지 마 범죄'가 연이어 발생했다는 보도가 나오자, 사건의 중대성을 인식하지 못한 채 초기 대응과 대책 마련에 미흡했던 수사 기관과 정부에 국민이 분노를 표출하기에 이르렀다(《매일경제》, 2012년 8월 23일). '묻지 마 범죄'의 잇따른 출현에 입법부 또한 혼란스러웠다. 당시 새누리당 원내 대표는 '묻지 마 범죄'가 국민을 분열시킨 야당의 책임이라 비판했고, 정부 차원의 대책 마련을 촉구하는 자리가 마련되었다. 이에 따라, 두 번째 '묻지 마 범죄' 사건이 발생한 지 6일 만에 대검찰청은 검찰총장과 부장검사들만 참여하는 3시간 30분간의 회의로 조속히 마련된 '묻지 마 범죄' 대응책을 언론 보도자료를 통해 발표(대검찰청 보도자료, 2012년 8월 18일)한다.

이 대응책은 '묻지 마 범죄자'에 대한 구속 수사 및 중형 선고 유도, 치료 감호 대상자 확대 및 제도 강화가 골자를 이룬다. 그리고 "향후 계획"으로 '묻지 마 범죄' 동향을 파악하고 적절한 대책을 수립하겠다고 했다. '묻지 마 범죄' 방지보다는 '묻지 마 범죄자' 처벌에 중점을 두고 있음을 알 수 있으며, 또한 치료 감호가 정신질환을 가진 범죄자를 대상으로 한다는 점을 감안할 때 '묻지 마 범죄자'를 '정신질환자'로 상정하고 있음을 파악할 수 있다. 중요한 점은 정신질환 범죄자에 대한 엄중 처벌이라는 구체적인 내용을 우선 확정한 후, 정작 '묻지 마 범죄'가 무엇이며 어떻게 정의할 것인지 가늠할 수 있는 실태 조사와 동향 파악을 "향후 계획"으로 내놓는, 다소 일의 선후가 맞지 않는 계획을 수립했다는 것이다. 이 배경에는 범죄에 대한 국민의 고조된 두려움과 사법 체계 불신, 대책 마련을 촉구하는 정부와 국회의 요구를 시급히 해결하려는 의도가 있었음을 짐작할 수 있다.

검찰은 이후 몇 번의 '묻지 마 범죄' 대책 세미나를 개최했고, 2013년 4월 '묻지 마 범죄' 대책 TF팀을 구성했다. 또한 자체적으로 2012년 한 해 동안 발생한 55건의 '묻지 마 범죄'를 분석하여 그 결과를 담은 책자 13만 7천 권을 관공서에 배포했다. 그리고 2013년 6월 '묻지 마 범죄' 정책 연구 용역을 발주하기에 이른다. 이 연구는 모두 심리학자에게 발주되었으며, 정신질환자, 묻지 마 범죄자, 진화심리학을 주제로 한다(대검찰청 보도자료, 2013년 12월 16일). 범죄를 통제하는 가장 쉽고 빠른 대응책은 '묻지 마 범죄자' 개인을 정신병자, 사이코패스로 규정하여 괴물 같은 범죄자를 규제하는 것이었고, 이를 위해 필요한 연구는 '묻지 마 범죄'가 아닌 '묻지 마 범죄자'에 관한 것이었다. 이러한 분위기 속에서 '묻지 마 범죄' 발생의 사회 구조적 원인, 폭력 발현의 맥락, 공동체적 책임에 대한 논의는 필요치 않았다.

'묻지 마 범죄자' 편향적으로 솎아 내기

당시 학계에서 '묻지 마 범죄'라는 용어의 사용은 지양되었으며, 모르는 사람을 대상으로 하고 동기를 쉽게 알 수 없는 길거리 강력범죄를 더 명확히 개념화할 수 있는 다른 용어를 탐색하고 있었다. 해당 용어로는 '충동범죄', '이상범죄', '분노범죄', '절망범죄', '증오범죄',▲ '무동기 범죄',[4] '불특정 다수를 향한 범죄',[5] '한국형 증오범죄',[6] '무차별 범죄'[7] 등이 논의되었다.

2012년 대검찰청이 자체적으로 연구를 시행해 발간한 「묻지 마 범죄 분석」은 가해자 개인의 정신적 특성을 '묻지 마 범죄'의 요건으로서 상정하는 지식 생산의 시발점이 되었다.[8] 이 보고서는 2012년 1년간 발생한 '55건'의 '묻지 마 범죄' 수사 및 재판 기록 조사를 바탕으로 가해자의 특성을 분석한 것인데, 당시에는 '묻지 마 범죄'가 개념화되어 있지 않았기 때문에 해당 기간 발생한 모든 강력 사건 2,504,238건[9] 중 '묻지 마 범죄'로 '추린' 55건이 분석 대상이었다. 보고서는 '불특정인을 대상으로 하며, 흉기를 소지하고, 살인·상해·폭행·협박·방화·손괴 어느 하나에 해당하는 죄'로 이 범죄를 정의했고, '재범의 개연성으로서 정신질환 혹은 마약, 알콜 남용 등의 명정 상태'가 '묻지 마 범죄'를 구성하는 요건이라고 덧붙였다.

이 분석은 연구의 방향과 결과에 중대한 영향을 미치는 개념 정의definition 단계에서부터 치명적인 편향을 내포하고 있다. 해당 범죄에 대해 치료 감호 강화라는 결론을 내린 상태에서 정신질환 혹은 마약·알콜 남용 여부를 이 범죄를 구성하는

▲　이 시기 '증오범죄'와 '묻지 마 범죄'는 대체 가능한 개념이었다. 경찰과 범죄 전문가가 강남역 살인 사건을 '혐오범죄 혹은 증오범죄'가 아닌, '묻지 마 범죄'라고 단정 지은 모습과 대비된다.

요건으로 상정함으로써 가족의 보호를 받지 못하고 경제적으로 소외되어 적절한 치료가 이루어지지 않은 정신질환 범죄자가 길거리 폭력의 가해자로서 선택적으로 선정된 것이다. 참고로 '묻지 마 범죄'와 비슷한 해외 개념 및 사건으로 '랜덤범죄'random crime,[10] '혐오범죄',[11] 일본의 '도리마'通 リ魔 사건('거리의 악마' 사건),[12] 대량 살인[13] 등이 있는데, 모두 낯선 이에 의한 길거리 폭력을 설명하지만, 범죄 원인, 발생 경향, 학술적 혹은 정책적 함의점이 상이하다. 같은 범죄라도 어떻게 개념을 정의하는지에 따라 학술적 설명으로 그치기도 하고(랜덤범죄), 사회적 차별에 대한 가중 처벌 요건으로 적용되기도 하며(혐오범죄), 길거리 '다수' 살인이라는 가장 좁은 범위의 폭력에 대한 대책(도리마 사건)이 강구되기도 하는 것이다. 그러나 한국은 그것을 '낯선 이에 의한 길거리 (다수) 폭력'이 아닌, '정신질환자에 의한 폭력' 범죄로 프레이밍했다. 이러한 정의를 바탕으로 한 '묻지 마 범죄' 연구는 '정신질환자 범죄'에 대한 일반인의 두려움을 강화하고 정신질환에 관한 낙인을 생산하는 데 그쳤다. 이후 검찰과 경찰이 연이어 수행한 '묻지 마 범죄' 혹은 '이상동기 범죄' 연구 역시 정신질환자가 저지른 범죄에 대한 명명 혹은 낙인의 관점에서 벗어나지 못했다.

더구나 수집된 55건의 사례는 이 연구가 규정한 '묻지 마 범죄'의 개념 정의에 잘 맞아떨어지지도 않는다. 범행 직전 가해자-피해자 간 갈등이라는 명확한 범죄 동기가 있음에도 불구하고, 가해자가 정신질환이라는 특성을 가졌거나 노숙자인 경우 '묻지 마 범죄'에 포함되기도 했다.[14] 그리고 주취 폭력이 15건 포함되어 있는데, 술에 취한 후 모르는 이에게 공공장소에서 위해를 가하는 사건이 1년에 15건밖에 되지 않는다는 점은 자료 수집 과정을 신뢰할 수 없게 한다. 이 가운데 1건을 제외한 14건 모두 가해자는 일용 노동자 혹은 무직자였다. 위험한 도구의 사용을 요건으로 명시하면서도 범행 도구가 "주먹"인 경우도 9건이나 있었다. "주먹"이 포함될 수 있다면, 공공장소에서 모르는 이에 의한 폭력범죄 상당수는 과소 표집된 셈이다. 범죄의 개념 정의와 분석에 포함된 사례의 성격이 상당 부분 불일치하는 점을 고려하면, 사례 수집 이전에 '묻지 마 범죄'가 무엇인지 명확한 지침이 제공되지 않았음을 확인할 수 있다. 결국 '묻지 마 범죄'의 특성과 동향을 파악하고자 한 연구는 알코올 중독을 포함한 정신질환이 '의심'되는 사례를 중심으로 '묻지 마 범죄자'를 추출하는 방식으로 이루어졌다고 볼 수 있으며, 구체적 사례는 자료를 수집한 인력 개개인의 정신의학 관련 지식, 계급/젠더 편향, 직무 태도 등에 따라 비일관적으로 솎아졌을 가능성이 크다.

이렇게 수집된 55건의 '묻지 마 범죄'는 알콜 의존, 우울증 등을 포함한 정신질환 100%,[15] 무직·일용 노동자 87%, 전과자 75%로 구성된다. 각 범주가 서로 교차함을 고려하면, 연구에 포함된 대부분의 '묻지 마 범죄자'는 가족 및 지인과 단절되고 일정한 직업이 없으며 범죄 전과가 있는 정신질환자로, 사회적 고립으로 인해 병을 진단받아본 적이 없거나 치료가 중단된 지 오래되었다는 특징을 지닌다. 전과자가 많다는 사실은 이들의 범죄 행위가 그동안 반복되고 발전했다는 뜻이며, 본 범행으로 '묻지 마 범죄자'로 낙인찍혀 형사 사법의 엄중 처벌 대상이 되기 이전 치료 관점의 복지적 접근이 가능했음을 의미한다.

이후 학계의 연구 역시 이 사례들을 이용하여 '묻지 마 범죄' 분석이 이루어졌다. 정신질환이 '묻지 마 범죄'의 구성 요건이므로 정신질환자로만 이루어진 사례를 굳이 세 유형("정신장애", "외톨이형·현실불만형", "반사회적·만성분노형")으로 분류[16]한 후, '묻지 마 범죄'는 대부분 정신질환자 혹은 전과자라는 식의 동어 반복의 결론을 도출한다. 정신질환자로만 구성된 사례에서 "정신장애" 유형이 나올 수 있는 이유는 망상 등 중증 정신장애를 가진 경우만이 "정신장애" 유형으로 분류되고, 불안·우울·불면증처럼 망상이나 환청을 동반하지 않는 정신질환은 "현실 불만·외톨이" 유형, 사이코패스 등으로 통용되는 반사회적 성격장애는 "반사회적·만성분노" 유형으로 분류되었기 때문이다. 형사 사법 권력이 연구 주제를 처음부터 묻지 마 '범죄자'의 개인적 문제 분석으로 한정했고, 사례 수의 차이는 있지만 편향된 조사 표본을 동일하게 이용했으며, 이 표본에 맞추어 '묻지 마 범죄' 개념을 정의했고, 연구 방향 역시 가해자 엄중 처벌로 정해져 있었다는 점을 고려할 때, 어쩌면 당연한 연구 결과다.

'묻지 마 범죄'에서 여성혐오 삭제하기

또 다른 중대한 문제로 강간이 '묻지 마 범죄'에 포함될 수 있는 범죄의 유형에서 처음부터 제외되었다는 점을 눈여겨 보아야 한다. 강간은 흉기를 소지한 낯선 이에 의해 발생하는 강력범죄의 주요 카테고리이자 젠더 기반 폭력의 전형 중 하나다. 그러나 여성이 피해자인 경우가 90% 이상인 강간이 명확한 이유 제시 없이 '묻지 마 범죄' 분석에서 삭제되었다. 강간은 범행의 이유를 묻지 않아도 이해 가능한 것인가?

　　사례 수집에서 강간이 제외된 경위를 가늠하자면 두 가지 가능성을 들 수 있다. 첫째는 기존 범죄학 관련 지식과 권력이 가해자의 '성욕'을 강간의 주된 이유로 사고하여, 이를 도구적 혹은 합리적 범죄로 보아 '묻지 마 범죄'에 속하지 않는다고 판단했을 가능성이다. 강간이 힘과 권력, 지배를 확인하려는 행위이자 여성 전체에게 두려움과 공포를 심어주는 테러라는 사실은 1970년대부터 강조되어 온 사실이다.[17] 그러나 강간이 여성 개인과 집단 전체를 통제하는 기능을 가지며, 그 효과가 상당하다는 주장은 형사 사법 체계에 의해 역사적으로 오랫동안 무시되었다. 형사 사법 체계는 강간을 집안의 가장 혹은 공동체의 소유물인 여성의 처녀성을 훔친 재산상 범죄 혹은 가해자의 성욕, 짓궂은 장난, 어리석은 실수에 따른 우발적 사고로 다루어 왔다. 형사 사법 체계 지식인과 공권력의 이러한 사고가 강간을 배제한 '묻지 마 범죄'를 무비판적으로 수용했을 가능성은 얼마든지 존재한다.

　　두 번째는 강간 행위의 피해자가 여성이 될 확률이 압도적으로 높기에, 아무나 피해 대상이 되어야 하는 '묻지 마 범죄'에 해당하지 않는다고 판단했을 가능성이다. 그러나 이 같은 논리는 형사 사법 권력과 지식인이 가해자가 '여자를 기다렸다'라는 진술이 확인된 강남역 살인 사건을 '묻지 마 범죄'라고 주장한 순간 타당성을 완전히 잃게 되었다. 그 이유가 무엇이든지,

낯선 이를 향한 길거리 폭력을 개념화하는 '묻지 마 범죄'에서 강간을 제외했다는 점은 형사 사법 체계와 범죄학 지식인이 지닌 성폭력에 대한 관용적 시각을 반영한다. 결과적으로 성폭력을 제외함으로써 이미 성별화되어 있는 '묻지 마 범죄'의 여성 피해를 절삭했고, 마치 '묻지 마 범죄' 피해는 성별과 관계없이 모든 이에게 동일한 확률로 발생한다고 생각하게끔 테두리 지었다.

강간이 제외된 채 연구되었음에도 불구하고, 검찰과 학계의 분석에 포함된 '묻지 마 범죄' 중에는 여성혐오의 사례가 종종 목격된다. 하필 그 피해자가 범행이 대상이 된 이유로 여자면 누구든 상관없이 범행의 대상이었다는 가해자 진술이 확인되는 것이다. 그러나 형사 사법 지식과 권력은 피해자의 성별성과 피해의 사회 구조적 조건을 간과하여 젠더 권력 구조로서의 여성혐오를 읽어 내지 못했다.

좀 더 구체적으로 이 사례들을 살펴보면, "여성이 싫다"라는 진술에서부터 남성을 그냥 보내고 "처음 본 혼자 있는 여자"를 범행 대상으로 삼았다는 진술까지, 여성혐오의 다층적 양상을 확인할 수 있다. 즉 '여자이기 때문에 맞아야/죽어야 한다'에서부터 '여자이기 때문에 맞아도/죽어도 싸다' 내지는 '맞아도/죽어도 별수 없다'라는 일련의 여성혐오 스펙트럼이 확인된다. 다음의 예시는 2013년·2014년·2015년 학계와 검찰·경찰이 분석한 '묻지 마 범죄' 실제 사례다.

공익근무요원이던 이 씨(남, 21)는 서울의 한 빌라 현관

입구에서 20대 여성의 얼굴을 흉기로 찌르고 벽돌로 수차례 내리쳐 숨지게 했다. 그의 집에서는 회칼, 손도끼, 쇠파이프가 발견되었으며, '행동 수칙'이라는 제목의 메모에는 "4. 계집년들은 사회의 암적인 존재다", "7. 살해 순위는 애새끼들, 계집년, 노인, 나를 화나게 하는 순이다"라고 적혀 있었다.[18]

위의 사례는 여성을 "사회의 암적인 존재"로 명명하며, 여자이기 때문에 죽어야만 하는 존재로 규정한다. 다른 사례를 살펴보면, 못이 박힌 대걸레 자루로 두 명의 여성을 내리친 가해자 남성은 전과 14범으로서, 그의 범행은 대부분 여성을 대상으로 했다. 그는 경찰 조사에서 돈이 없어 자신과 살 여자가 없고, 그렇기 때문에 "여자들이 다 싫다"라며, 본인의 여성혐오 감정을 드러낸다.[19] 또 다른 사례로, 길거리에서 귀가하던 여고생 두 명을 둔기 등으로 내리친 16세 남성 가해자는 "평소 여자에 대하여 좋지 않은 감정을 가지고 있었다"라며 여고생을 범죄 대상으로 고른 이유를 밝혔다.[20] 이 사례의 가해자는 범행 대상을 선택한 주요 이유로 여성을 싫어하는 자신의 감정을 명시한다. 이는 범죄 지식과 권력에 의해 부정된 '혐오범죄'에 정확히 부합한다.

앞선 사례들과 여성혐오의 결이 다른 사례를 살펴보자. 20~30대 여성 다섯 명을 소주병과 돌로 내리친 남성 가해자는 젊은 여성을 범행 대상으로 삼은 이유에 관해 "내가 내성적인 성격이라 노인들은 다칠 수 있다는 점이 죄송스러워서 범행 대상에서 제외했고 남자는 겁이 나서 제외하였으며, 약해 보이는 여성을 상대로 범행을 저질렀다"라고 말했다.[21] 또 다른 사례로, 누군가를 죽여야겠다고 생각한 후 남성 세 명은 그냥 지나쳐 보내고 마침 걸어오는 한 여성을 살해한 남성 가해자가 "남자이니 죽일 생각을 하지 못한 것도 있습니다. 누군가를 죽여야겠다는 생각이 있던 차에 처음 본, 혼자 있는 여자여서 그런 생각이 든 것 같습니다"라고 진술했다.[22] 이런 사례의 가해자들은 '여성이 싫다'라는 개인적인 혐오 감정을 언급하지는 않는다. 그러나 여성에 대한 폭력을 용인하는 사회의 성인 남성 중심적 사고방식을 체화하여 사회적 혹은 신체적 취약 계층을 공격 대상으로 바라보고 있으며, 그중에서도 유독 여성을 '죽거나 맞아도 되는' 존재로 쉽게 인식하고 있음을 보여 준다.

'묻지 마 범죄'인가, 젠더 기반 폭력인가

정신질환자의 범죄는 묻지 않아야 하는가

범죄를 정의하고 사례를 수집하는 과정에서부터 심각한 수준의 젠더/계급/정신질환에 대한 편향을 내포한 '묻지 마 범죄'였지만, 이렇게 수집된 사례들을 보더라도 무엇이 문제이고, 어떻게 개선해야 할지 그 실마리를 암시하는 징후는 발견할 수 있다. '묻지 마 범죄자'의 불우한 삶, 어려운 경제적 처지, 언어적/물리적 폭력 피해 노출, 자/타의에 의한 치료 중단 등에 관한 기술은 '묻지 마 범죄'로 명명된 대부분의 사례에서 쉽게 발견되기 때문이다. 그러나 '묻지 마 범죄'로 프레이밍함으로써, 사회에서 주변으로 내몰린 정신질환자의 범행 이유, 피해 대상, 폭력 표출 시점 등은 묻지 않게 되었다. 이러한 특성은 이들이 괴물화된 범죄자가 된 배경 정도로 취급될 뿐이다.

모든 범죄에는 (그것이 가해자의 계산된 행위이든, 실수든, 착각이든, 망상이든 간에) 범행의 이유가 있다. 그리고 형사 사법 체계는 행위의 이유가 무엇이든지 사회적으로 용납되지 않는 것을 범죄라고 규정하고 판단한다. 평생을 매 맞고 살아 온 아내의 남편 살해, 자신을 강간한 남성을 향한 복수 행위, 어린 시절 학대당한 자녀의 부모 방임 등 가해자에 대한 대중의 감정적 이해가 어느 정도 가능한 사건에서조차 법은 (사정은 이해할 만하나 그럼에도 불구하고) "가장 소중한 가치인 생명을 앗아 간", "정당한 대안을 찾지 않고 폭력이라는 극단적 행위를 선택한" 것으로 판단하며, 어떤 경우에도 폭력이 정당화될 수 없음을 반복적으로 천명한다. '묻지 마 범죄'뿐 아니라, 모든 범죄에서 특정한 피해자를 대상으로 그 행위를 한 이유는 합당하지 않으며, 모든 범죄는 '사회상규'상 사회적으로 유해하다고 여겨지기에 장난이나 실수가 아닌 '범죄'로 명명되는 것이다.

그러나 유독 '묻지 마 범죄'는 범행 원인이 '돈', '치정', '홧김' 등 '정상인'이 '이해할 만한' 사유가 아니라는 이유로, 더더욱 사회적으로 위해한 것으로 사유된다. 한 연구에 따르면, 대중은 범죄자의 약 4분의 1이 정신질환자일 것이라고 추정한다고 한다.[23] 실제로는 경찰이 검거한 인원 중 정신질환자는 0.4~0.5%에 머문다. 정신질환자에 의한 범죄를 현실보다 60배가량 많게 인식하는 것이다. 이는 대중뿐 아니라 형사 사법 체계 종사자에게도 확인되는 사정이다. 경찰이 사건을 검찰에 송치하며 기소 의견을 제출한 경우는 58.8%인데, 정신질환 피의자의 경우 그 비율이 92.6%에 달한다.[24]

반면 잔소리하는 부인을 때려죽인 남편, 관계를 끝내려는 여자 친구를 죽인 남성, 술 취한 여성을 강간한 동료 남성의 폭력은 '치정', '우발적', '술김', '홧김'이라는 용어로 치환되며, '묻지 마 범죄'와는 다르게 '이해할 만한' 수준으로 고려된다. 이러한 범죄들은 꽤 '흔하게' 발생하여, 특별히 이목을 끄는 기삿거리가 되지도 못한다. 이 범죄들은 정말로 '이해 가능'한 것인가? 누구의 입장에서 그러한가? 우리 사회는 아는 관계, 친밀한 관계에서의 젠더폭력에 대해 너무 쉽게 가해자의 사정을 '이해'하며, 여성이 맞거나 죽어야 하는 까닭을 더 깊이 묻지 않는다. 그리고 정신질환 가해자의 폭력은 그들의 망상을 '이해할 수 없다'라는 이유로 여성이 왜 피해를 입었는지 더 깊이 알려고 하지 않는다.

이에 더해 형사 사법 권력과 학계는 정신질환에 대한 그들의 편향과 대중의 공포심에 편승하여, 해당 범죄를 '위험하지만 통제 가능한' 범죄로 만듦으로써 형사 사법의 권위를 유지한다. 형사 사법 권력과 지식은 공공장소에서 모르는 사람을 대상으로 흉기를 사용해 행해지는 수많은 범죄 중 가해자가 물질 중독, 망상 등 정신질환을 가진 경우를 특정했고, 정신질환이 있다는 이유만으로 이 범죄는 더더욱 이해할 필요가 없는 것으로 고착되었다.

가해자의 정신질환은 해당 사건의 특성일 뿐, 범행의 이유가 되지 못한다. 그러나 '묻지 마 범죄'에서는 사회로부터 소외된 동시에 폭력적 성향을 가진 범죄자에게 왜 하필 그 피해자였으며, 왜 그 같은 행위를 했는지 묻지 않는다. 이들이 어떻게 피해 대상을 선정했고, 왜 그 행위를 했는지 말을 해도 수사나 판결 단계에서 주요하게 받아들여지지 않는다. 이는 '여성이면 누구든 상관없이 범행 대상이었다' 혹은 '여성을 기다렸다'라는 가해자 진술이 있는 경우에도 마찬가지였다. 형사 사법 체계에서 정신질환자는 '혐오'의 감정조차 가지지 못하고 사회 전반의 담론과 정서를 흡수하지 못할 만큼 사회적 존재로서의 인간성이 부족하지만, 범행의 성공을 위해서 '여성'이 아닌 '약자'를 선택할 수 있을 만큼 합리적이며 본능적으로 냉철한 범죄자다.

소외 계층의 범죄는 왜 여성을 향하는가

소외 계층의 범죄가 여성을 대상으로 하는지 답하기에 앞서, 여성을 대상으로 하는 폭력과 사회 계층 간에 상관관계가 있는지 확인할 필요가 있다. 많은 범죄학 이론이 사회적·경제적 지위가 낮은 계층에서 범죄가 더 많이 발생한다는 통계적 사실에 기초하여, 그 인과관계를 설명하고자 만들어졌다. 그러나 이 같은 사실은 검거율, 기소율, 유죄 판결률 등과 같은 형사 사법 체계의 레이더에 '걸린' 공식 통계에 따른 것이며, 사회 주류와 공권력이 하위 계층에 보내는 차별적 시선이 이미 반영된 결과라는 비판이 이루어졌다. 이후 범죄학 분야에서 설문 조사 기법이 발달하면서 실제 범죄 발생률과 근접한 수치가 생산되었고, 범죄가 하위 계층만의 문제는 아님을 밝히는 연구와 이론이 생겨났다. 이 이론들은 현대 사회 구조에서 사회적·경제적 자본이 부족하다는 점이 한정된 인간관계, 차별 경험, 그로 인한 부정적 정서의 누적 등을 매개로 하여 폭력 표출의 가능성을 높이는 경향은 있지만, 그 자체가 폭력의 원인이 되지는 않는다는 점을 강조한다. 하위 계층의 경우 범죄 행위를 무마하거나 처벌을 최소화할 만한 다른 방안이 없기 때문에 이들의 폭력이 눈에 더 잘 띄는 것도 사실이다.

그러나 범죄와 계층 간 상관관계에 관한 이러한 특성은 가정폭력, 성폭력, 데이트폭력 등 주로 여성을 대상으로 하는 범죄에서는 유독 명확하지 않다. 가정폭력이나 성폭력 역시 다른 범죄 유형과 마찬가지로 공식 통계상으로는 사회적·경제적 지위가 낮은 계층에서 상대적으로 더 많이 발생한다. 그러나 많은 연구 결과가 각기 다르다. 예를 들어, 아내 구타의 경우 남편 학력이 낮을수록 많이 발생한다는 보고도 있고,[25] 이와 완전히 반대로 남편 학력이 높을수록 많이 발생한다는 보고도 있다.[26] 또 직업의 유형이나 유무와 가정폭력 사이에는 아무런 상관이 없다는 결과[27]가 발표되기도 한다. 비교적 정교화된 설문이나 인터뷰 등을 사용한 최근의 연구는 대체로 교육 수준이나 직업과 상관없이 다양한 계층의 여성이 다양한 계층의 남성에게 폭력 피해를 당했다고 보고한다. 사회적·경제적 권력 투쟁에서 밀려난 남성만이 여성을 때리거나 함부로 대하는 것이 아니라 권력 우위를 점한 남성에게서도 이 같은 현상이 나타난다는 점은 폭력의 표출에 있어 경제적 계급뿐 아니라 젠더 계급이 매우 중

'묻지 마 범죄'는 없다

요한 사회 계급의 축으로 작용하고 있음을 드러낸다.

그렇다면 교육 수준 및 경제적 지위뿐 아니라 의지가 될 만한 가족이나 가까운 지인의 존재, 정신적·신체적 질환의 유무, 치료 경험 등을 포함했을 때 사회적으로 더더욱 주변화되었다고 할 수 있는 경우는 어떠할까? 다시 말해, '묻지 마 범죄자' 혹은 '정신질환 범죄자'는 주로 여성을 대상으로 폭력을 행사할까? 이에 대한 답을 구하기 전에, 앞서 말했듯이 '묻지 마 범죄' 정의의 불명확성, 사례 수집 절차의 불투명성과 더불어 공공장소에서 모르는 이에 의해 발생하는 성폭력이 제외된 채 분석되어 여성 피해가 현저히 과소평가되어 있다는 점을 유념해야 한다. 어쨌거나 검찰이 '솎아 낸' '묻지 마 범죄' 사례에서 여성 피해자는 50~60%를 차지한다. 이들이 여성만을 대상으로 하지는 않는다는 것이다.

여기서 짚어 봐야 할 점은 여성 피해자가 남성보다 월등히 많지 않다는 점 혹은 남성 가해자가 90%를 상회한다는 점이 아니다. 핵심은 '묻지 마 범죄자'로 숨은 이들 중 범행의 정황과 이유에 관해 '남자를 기다렸다'라거나 '남자가 싫다'라고 말한 이가 단 한 명도 없는 반면, '여자를 기다렸다', '여자라면 누구든 상관없다'라고 진술하거나 여성만을 대상으로 재범을 저지른 이들이 상당하다는 점이다. 그렇다면 우리의 질문은 '묻지 마 범죄자'가 여성을 대상으로 범죄를 저지르는지가 아니라, 이들은 왜 피해 대상이 '여성이라서' 때리거나 죽였다고 진술하는 경우가 다른 계층의 남성과 비교하여 상대적으로 많은지로 바뀌어야 한다.

여성에게 공격 성향을 분출하는 '묻지 마 범죄자'의 행위와 진술은 누가 이 사회에서 폭력을 휘두를 자격을 가지고 있고 누가 그 자격을 갖고 있지 않은지, 그것이 어떻게 결정되는지 적나라하게 보여 준다. 남성 위계에서 최하위를 차지하지만 남성으로서 젠더화되어 성별 계급에서 우위를 차지하는 이들은 자기 우월성, 자기 정당성을 확인하는 수단으로서 여성을 손쉽게 활용한다. 범행 대상이 되는 여성은 특별하지 않다. 여자는 못생겨서, 예뻐서, 나빠서, 착해서, 멍청해서, 똑똑해서, 순종해서, 반항해서, 가까운 사람이라서, 모르는 사람이라서, 그냥 여자라는 이유로 살인·강간·상해·폭력·위협·추행·괴롭힘을 당한다.

　　이는 '묻지 마 범죄'에서만 드러나는 특성이 아니다. 가까운 관계에서 발생하는 가정폭력이나 성폭력, 데이트 폭력 가해자가 말하는 '너무 사랑해서', '맘에 들어서', '나를 거절해서', '홧김에', '술김에' 등등의 범행 이유는 너무 자주 들어 진부할 정도다. 이런 클리셰는 법정에서 꽤 잘 수용되는 범행 사유인데, 판결에서 '치정'이나 '우발적'이라는 용어로 치환되면서 가해자의 순간적 감정만 중요시되고, 가해자−피해자 간의 일방적인 권력관계는 지워진다. 개인적 관계에서 누가 권력을 가진 이인지 구분하는 것은 어렵지 않다. 상대방의 눈치를 보지 않고 자신의 감정을 드러낼 수 있는 사람, 어떤 행위가 맞을 짓인지를 결정하는 사람이 권력을 가진 자다. 가까운 관계에서 젠더 기반 폭력을 저지른 가해자와 모르는 여성에게 여성이라는 이유로 폭력을 휘두른 '묻지 마 범죄자'의 차이는 '묻지 마 범죄자'의 경우

화풀이할 수 있을 만한 가까운 관계의 여성이 없었다는 사실뿐이다.

　　여성이라는 집단에 속한 이들을 손쉽게 마음대로 다뤄도 된다는 믿음, 이와 같은 이유로 여성을 괴롭히거나 때리거나 죽일 수 있다는 태도는 남성 사회로부터 소외된 남성 계층이 자신을 소외시킨 그 사회로부터 인정받고 지지받은, 하나 남은 권력이자 권리에서 비롯한다. 여성을 대상으로 하는 길거리 폭력은 정신질환의 문제가 아니라 사회 구조적 층위에서 깊고 넓게 뿌리내려 이 사회를 살아가는 모든 개개인이 체화한 여성혐오를 날 것 그대로 표출한 것이다. 소외된 남성이 특히 더 여성혐오적인 것이 아니라, 여성혐오를 적나라하게 표출하는 것이 권위 있는 남성·우월적 남성의 규범에 벗어난다는 점을 남성 권력 체계에서 밀려난 이들이 잘 알지 못하는 것이다. 여성을 괴롭히거나 때리거나 죽여서 검거된 중상위 계층의 남성은 '치정'이나 '우발적'인 감정으로 여성혐오를 교묘히 감추고 로맨틱한 이성애 남성으로 자신을 표상한다. 이 계층의 남성과 같은 언어를 쓰는 형사 사법 체계는 이를 쉽게 받아들인다. '묻지 마 범죄자'만 이를 모른 채, 여성을 죽인 이유를 '여성이라서'라고 진술한다.

'누가' 묻지 마 범죄라고 부르는가

　　강력범죄 사건에서 여성이 여성이라는 이유로 피해자가 되는 경우는 드문 현상이 아니다. 형사 사법 체계 실무자와 연구자는 여성에 대한 폭력을 '자연스러운' 현상 혹은 범행 성공을 위한 가해자의 '합리적' 선택으로 여기는 경향이 만연하다.[28] 이는 범죄학의 발달 역사와도 맥을 같이하는데, 전 세계적으로 범죄 가해자, 연구자, 형사 사법 실무자 대부분이 남성이었고 여성은 전통적으로 범행 '대상'이나 '객체'로서만 취급받아 왔다.[29] 그렇기에 "여자여서 죽였다", "여자를 기다렸다" 등 가해자의 명확한 진술이 있음에도 불구하고 형사 사법의 전문가들은 "여성이 손쉽게 피해 대상이 되는 것은 사실"이라는 정도의 문제의식에 그치는 경우가 많다.

사회의 주류 문화를 내재화한 개인으로서의 연구자·실무가는 여성폭력의 원인과 관련하여 여성을 타자화·비가시화하고 성적 대상화하는 사회의 젠더 체계를 문제 삼지 않거나, 문제 삼지 못한다. 이들은 범죄를 설명하고 통제함으로써 사회문화의 질서 유지를 위한 법 체계를 옹호하지만, 유독 여성에 대한 폭력범죄는 물리적 힘의 자연적 표출에 따른 약육강식의 결과로 인식하고 뿌리 깊은 여성폭력 현상을 문제라고 규정하지 않는다. 남성 중심적 범죄학 담론에서 여성이 아무런 잘못없이 폭력 피해자가 되는 현상은 설명되어야 할 무엇으로 고려하지 못해 왔다. 그리고 가해를 '괴물', '사이코패스', '정신질환자'의 문제로 치환하며 한편으로는 선량한 시민으로서 '우리'와 '구별 짓기' 하고, 또 다른 한편으로는 젠더의 문제를 탈각시킨다.

같은 방식으로, '묻지 마 범죄' 지식 담론은 소외 계층에 의한 길거리 폭력의 성별성을 덮어 본질적으로 '선량한 정상인'으로부터 정신질환자를 꼬리 자르기 하며 생산되었다. 2016년 5월 강남역 살인 사건 이후 '여성혐오' 여론을 잠재우고자 화려하게 다시 등장한 '묻지 마 범죄'는 효과적으로 그 목적을 달성하는 듯했다. 이 사건이 여성 "혐오범죄"가 아니라 "묻지 마 범죄"라는 경찰·검찰·주류 범죄학계의 주장은 즉각적이었고, 확신에 차 있었다. 2012년 8월, '묻지 마 범죄'에 들끓는 여론을 경험한 이후 나름의 조사 연구로 관련 지식과 대책을 구축해 둔 터였기 때문이다. 비면식인을 대상으로 한, 도구를 사용한, 정신질환자에 의한 살인범죄는 그들이 임의적으로 정의 내리고, 몇 년에 걸친 편향적 연구 생산물을 통해 확인한 '묻지 마 범죄'의 전형이었다.

그동안 수많은 젠더 기반 폭력에 침묵하던 여성의 목소리가 강남역 살인 사건을 계기로 표출된 것은 '여성혐오'에 기반을 둔 사회와 이를 내재화한 개인, 그리고 형사 사법 체계에서 피해자/여성의 목소리가 지속적으로 폄하되고 삭제되어 온 불합리성에 대한 공식적 문제 제기였다. 그러나 형사 사법 체계는 여성의 목소리에 담긴 의미를 파악하지 못했다. 범죄의 개인화, 가해자 중심주의에 초점이 맞추어진 형사 사법 체계 내 주류 권력과 지식에 강남역 살인 사건 이후 등장한 여성의 목소리는 낯설었다. 가해자가 아닌 피해자의 이야기라는 점에서 그러했고, 개인의 특성을 문제 삼는 것이 아니라 가해자가 체화한 젠더 권력의 문제, 사회문화의 문제에 대한 지적이기에 더더욱 그러했다.

가해자 개인의 문제로 범죄 원인을 설명해 온 이들에게 범죄 동기가 사회적으로 구조화된 '여성혐오'라는 점을 인정하는 것은 남성 중심적인 주류 문화에 길든 모든 이를 잠재적 범죄자로 취급해야 하는, 혹은 이를 상상해야 하는 불편함을 가져오기에 여성의 목소리는 '위험한' 여론몰이로 일축되었다. 이 때문에 가해자 개인의 특성으로서 조현병이 범행에 영향을 미친 동시에 우리 사회에 만연한 여성혐오가 폭력으로 발현되었다는 사실이 양립할 수 있다는 단순한 결론을 받아들이기는 결코 쉽지 않았을 것이다. 이는 '묻지 마 범죄'에 대한 지식 체계가 구축되기 시작한 2012년 8월 이후의 노력과 성과를 스스로 부정하는 것일 수 있기 때문이다. 지식 권력의 '묻지 마 범죄' 담론은 강남역 10번 출구에서 들려오는 '여성혐오' 발화를 덮어, 이들이 말하는 '여성혐오'가 무엇인지 더는 묻지 않게 하는 기제로 작동했다.

　　당시 형사 사법 지식과 권력은 FBI의 혐오범죄 요건을 인용해서 미국의 '혐오범죄'와 같은지 '아니면' 한국식 '묻지 마 범죄'인지 논의하여 범죄 원인을 끊임없이 정신질환의 문제로 프레이밍했다. "정신질환이므로 여성혐오가 아니다", "조현병이므로 '혐오범죄'를 할 수 없다"라는 지식 권력의 권위 있는 발화는 즉각적으로 대중에게 파고들어, 문제 진단의 프레임을 변화시켰다. 서울시여성가족재단이 소셜 미디어 키워드 기록을 추적한 결과에 따르면 사건 직후인 2016년 5월 18일에는 "강남역 살인 사건", "10번 출구", "추모", "살해", "여성혐오"가 상위 5위권을 차지하고 "묻지 마"가 11위였으나, 전문가 집단의 인터뷰와 경찰의 수사 경과 발표 직후인 5월 26일 키워드 순위에서는 1위 "강남역 살인 사건"에 이어 이제까지 한 번도 노출되지 않았던 "조현병"이 2위를 차지했다.[30] '묻지 마 범죄' 지식 담론의 형성 과정 자체가 범죄 발생의 맥락을 탈젠더화한 채 정신질환자에 관한 편견·혐오를 내포하여 통제 대상을 한정했고, 그렇게 생산된 지식 담론이 정신질환에 대한 대중의 두려움을 극대화하고 사건의 프레임을 정신질환 여부로 변화시키는 데 주요한 역할을 했다. 이와 같은 경향은 이후로도 지속·강화되었다. 조현병(혹은 정신분열)과 범죄를 키워드로 강남역 살인 사건 발생일 전후의 뉴스 기사를 검색한 결과, 1년 후인 2017년 5월 16일까지 이와 관련한 기사는 3,042건에 이르렀다. 1년 전 같은 기간에 범죄와 조현병이 함께 논의된 기사가 536건, 그 1년 전에는 337건에 머무른 것과 대조적이다.[31]

여성폭력을 우리 사회의 문제가 아닌, 일부 '괴물'의 문제로 축소하고자 하는 학계의 주류적 시각과 형사 정책은 변화하지 않았고, 결과적으로 여성혐오에 바탕을 둔 젠더폭력은 사그라지지 않고 있다. 더불어 젠더폭력의 잠재적·실제적 피해자로서 여성의 두려움 역시 지속되고 있다. 반면, 지식 권력이 '묻지 마 범죄' 지식화 과정을 통해 공고히 구축한 정신질환자에 대한 사회적 배제는 그 효과를 발휘하여 이들을 향한 대중의 혐오는 확산되었다. 결과적으로 사회적으로 만연한 '여성혐오'는 그대로 유지되고, 형사 사법 권력과 지식이 우려하던 온라인상 '남혐' 대 '여혐' 갈등은 확산되고 있으며, 정신질환자 혐오 정서는 강화되었다.

'묻지 마 범죄'는 어떻게 정의되었는가? 그것은 어떠한 방식으로 우리 사회에서 지식으로서 인정받게 되었는가? 왜 하필 그와 같은 명명이 필요했는가? 그 지식은 평등하고 객관적인 관점에서 타당성을 확보하고 있는가? 그 사건이 젠더폭력인지, '묻지 마 범죄'인지 정의할 권력은 누구에게 있나? '묻지 마 범죄' 앞에, 그 범죄가 '묻지 마 범죄'라고 명명한 권력 앞에 물어야 할 질문들이다.

페미사이드, '여자라서' 죽은 이들에 관하여

'사적' 처벌과 '공적' 처벌

4장

추지현

추지현

사회학을 전공하고 서울대학교 사회학과에서 '성과 사회', '페미니스트 범죄학', '시큐리티와 젠더' 등을 강의하고 있다. 젠더의 관점에서 법과 범죄, 국가를 둘러싼 지식을 재구성하고, 시큐리티 기술과 장치가 여성의 삶과 결합되는 양상을 좇아가고자 한다.

'죽은 자'를 기억하는 법,
사회적 사실로서 페미사이드

    2016년 5월, 강남역 10번 출구 앞에서 '우연히' 살아남았음을 이야기하는 여성들 사이로 핑크 코끼리 분장을 한 사람이 피켓을 들고 나타났다. '강남역 살인 사건'은 가해자 개인의 특수한 문제에서 야기된 것일 뿐이므로 여성혐오를 운운하며 남녀 사이 갈등 구도를 만들지 말 것, 그리하여 안전한 대한민국을 '함께' 만들어 가자는 주장이 담긴 피켓이었다. 여성의 죽음을 우발적인 사건으로 일축하는 이러한 관점이 새로운 것은 아니다. 역사적으로 언제나 존재해 온, 그러나 흔치 않은 누군가의 죽음은 뉴스나 영화, 드라마의 흥밋거리로 소비되는 데 그칠 뿐 사회적 관계와 힘을 반영하는 현상으로 고려되지 못했다. 물론 주한 미군이나 연쇄살인범에 의한 여성의 죽음과 같이 사회적 공분이 들끓어 사회 운동과 정책 변화를 추동하는 경우도 있었다. 하지만 이때도 분단의 현실과 '국력'의 취약함을 둘러싼 민족주의 담론, 가해자가 사이코패스라는 문제 진단 속에서 '죽

인 자'만 남고 '죽은 자'는 체계적으로 망각되었다.[1]

이러한 이유로 하필 여성이 피해자가 될 수밖에 없었던 현실을 환기하려면, 나아가 그 죽음이 개인의 불운이 아니라 '사회적인 것'이라는 점을 문제화하려면, 그저 살인이 아니라 다른 명명이 필요했다. 페미니스트 러셀은 가부장제와 여성혐오 문화에서 발생하는,[2] 혹은 여성혐오와 성차별에 기반을 둔,[3] 남성의 여성살해killing를 페미사이드로 정의했다. '강남역 살인 사건'을 페미사이드로 정의하기를 거부한 사람들의 주장처럼, 폭력이 가져온 죽음violent death이 갈등으로 점철된 인간사에서 불가피하고 우연적인 현상일 뿐이라면 왜 어떤 사회, 어떠한 관계에서는 그것이 더욱 많이 발생하는가? 왜 '무차별적'이라는 총기 난사조차 유독 여성을 더 많이 죽음으로 내모는 '차별적' 결과를 가져오는가? 병리적 개인의 일탈 행위로 간주되던 자살과 마찬가지로 페미사이드 역시 사회적 사실로서 받아들여지고 있다. 사람들의 행동, 사고, 감정 등을 특정한 양식으로 이끌고 구성하는 힘이 '사회적인 것'이라면, 여성을 학대와 폭력, 나아가 죽음으로 내모는 과정에 작동하는 '사회적인 것'은 구체적으로 무엇인가? 무엇이 그것을 가능하게, 보이지 않게, 그리고 지속되게 만드는가?

'여자라서' 죽은 사람들

유엔 마약범죄사무소United Nations Office on Drugs and

Crime(이하 UNODC)는 매년 국가별 살인homicide 통계를 보고받아 그 결과를 발표한다. 가장 최근 조사에 근거한 보고서인 「글로벌 스터디 온 호미사이드」Global study on Homicide(2013)에서는 살인 현상의 두 가지 특징을 지적하고 있다. 첫째는 살인 피해의 지역별 양극화로 미국, 남미 등 아메리카 대륙 국가들의 인구 대비 살인 발생 건수가 아시아 및 유럽 국가의 5배에 이를 정도로 많다는 것이다. 둘째는 성별 양극화로 여성의 살인 피해 대다수가 부부, 연인 등 친밀한 관계에서 발생한다는 점이다. 이 보고서에 따르면 '세계 치안 1위 대한민국'이라는 핑크 코끼리의 주장을 지지하듯 한국을 비롯한 일본, 중국, 홍콩 등 동아시아 국가의 인구 대비 살인 발생률은 세계적으로 낮은 수준이다. 하지만 한국은 살인 피해자 중 여성 비율이 높기로도 세계 1위를 넘보고 있다. 한국은 살인 피해자의 52.5%가 여성이었고, 이 비율은 일본·홍콩의 52.9% 다음이며, 통계 자료를 내놓은 193개국 평균인 21%를 훨씬 상회한다. 또한 한국을 포함한 아시아 국가는 가족 및 연인이나 헤어진 남편 등 친밀한 관계에서 살해당한 여성 비율이 가장 높다. 여성 살인 피해의 대부분이 '데이트폭력', '가정폭력'이라는 사실은 2017년 UN의 '범죄 예방과 형사 사법 위원회'Commission on Crime Prevention and Criminal Justice(이하 CCPCJ)가 '페미사이드 감시 플랫폼'을 출범시킨 계기가 되었다.[4]

여성이 남성보다 더 많이 살해당하는지 여부가 불평등한 젠더 관계의 효과이자 원인으로서 페미사이드를 논하는 데 있어 필요조건이 되지는 않는다. 모든 여성의 죽음이 여성혐오의 산물이라 볼 수 없을 뿐만 아니라, 결별을 요구하는 연인이나 아내를 살해하려던 남성을 제지하는 과정에서 남성 역시 죽음에 이르기도 한다. 여성의 아버지, 남동생, 친구는 물론 우연히 현장에 함께 있었던 남성조차 여기서 자유롭지 않다. 이들이 남자라는 이유로 피해 대상이 되는 것은 아니지만 말이다. '함께' 안전 국가를 만들고자 한다면 여성만큼 남성도 죽는다는 주장을 반복할 것이 아니라 과연 누가 왜 죽어 갔는지, 그 현실은 어디에 기인하는지, 누군가의 죽음을 사소화하면서 누가 어떠한 권력을 누리는지 살펴야 한다.

하지만 페미사이드에 관한 구체적 분석과 문제 진단, 그리고 젠더평등을 위한 대책 수립에 기초가 될 통계조차 충분히 구축되어 있지 않다. 누군가의 죽음이 여성혐오에 의한 것인지는 가해자의 동기, 전력, 평소 태도, 행위 전후 그가 보인 행동, 말과 그 의미 등에 대한 형사 사법 기관의 평가에 의존하며, 그 정보가 통계로서 구축된다. 하지만 무엇이 범행의 핵심적인 동기인지, 무엇이 여성혐오인지는 통상 경찰, 검찰과 판사, 전문가 집단 등이 기대고 있는 남성 중심적 지식과 그 권위에 따라 정의된다. 그리고 여성혐오가 자연스러운 젠더 질서로 자리하고 있는 만큼, 가해자는 물론 이를 해석하는 행위자들 역시 그것을 인정하길 거부하거나 방기한다. 즉, 통계는 현실이 특정한 방식으로 재현된 지식의 하나일 뿐이다. 바로 이러한 한계는 법 해석과 통계의 생산 과정에 젠더 관점의 개입이 필요한 이유이기도 하다. 같은 문제의식에서 CCPCJ의 '페미사이드 감시 플랫폼'은 페미사이드를 구체적으로 어떻게 측정할지 연구하고 그 실

태를 분석해 정책 방안을 제안하는 것을 목표로 삼는다.[5]

제한적이지만 한국의 통계를 살펴보자. 기실 여성의 죽음에 국한하지 않더라도 살인 사건 대다수는 아는 사이에서 발생한다. 대검찰청의 「2018 범죄 분석」에 따르면 살인 가해자와 피해자의 관계는 친족인 경우가 27.6%, 이웃이나 지인 17.2%, 애인 10.4%다. 친족 또는 애인인 경우가 전체의 38%를 차지한다. 이런 까닭으로, 저명한 살인 연구자인 볼프강M. E. Wolfgang은 '살인은 가족범죄'라고 평가하기도 했다.[6] 그런데 이때의 '가족'은 젠더와 무관한 것일까? 한국에서는 피해자와 가해자의 관계를 성별과 교차하여 보여 주는 통계가 공표되지 않기 때문에 그 양상을 사건 기록을 통해 확인할 수밖에 없다. 살인으로 실형을 선고받고 교도소에 복역 중인 510명의 기록을 조사한 한 연구에서는 현재 혹은 과거의 배우자나 애인인 여성을 살해한 경우가 전체의 47.5%였다. 또한 '한국여성의전화'가 2016년 1년간 언론에 보도된 남성에 의한 여성 살인 사건을 분석한 결과에 따르면 현재 혹은 과거의 배우자나 애인으로부터 살해당한 여성의 비율은 전체 피해 여성의 76%를 넘는다.[7] 즉, 볼프강은 가족 혹은 연인 관계에서 하필 여성들이 죽어 가고 있음을 읽어 내지는 않은 셈이다.

그런데 앞서 살펴본 UNODC의 살인 통계는 폭력에 의한 죽음 중 자살, 전쟁이나 무력 분쟁, 자기방어, 경찰의 체포 등 형사 사법 절차에 의해 사망한 경우를 제외하고 살인의 고의를 가진 행위intentional homicide만을 포함하고 있다. UNODC에 한국이 제출하는 살인 통계 역시 살인, 존속살해, 영아살해 등 형법

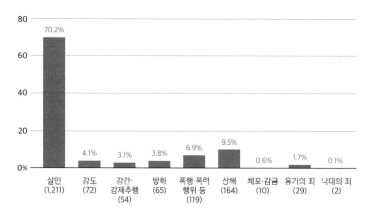

표1   죄명별 여성 사망 피해(2011~2016년)[8]

상 '살인의 죄'에 해당하거나 특정 범죄 가중 처벌 등에 관한 법률 제5조의 9, 즉 보복범죄로 사람을 살해한 경우에 한한다. 그러나 여성이 폭력으로 인해 죽음에 이르는 경우는 고의에 의한 살인에 그치지 않는다. 〈표1〉은 교통사고나 실화, 과실치사를 제외하고, 2011년부터 2016년까지 6년간 신체적·물리적 폭력이나 방임으로 사망에 이른 여성의 숫자를 나타낸다. 이 경찰 통계에 따르면 살인 이외에도 강도나 강간 과정에서, 폭행 및 상해, 방화의 결과로, 감금이나 방치된 상황에서 죽음에 이른 여성은 총 1,211명, 연평균 200여 명 안팎이다. 이런 이유로, 살인의 고의가 인정되는 경우에 국한해서 페미사이드를 살피면 여성을 죽음에 이르게 한 폭력의 여하한 형태를 포괄하지 못한다는 비판이 제기되는 것이다.[9]

그렇다면 살인뿐만 아니라 폭행 등의 고의 또는 과실로 여성을 죽음으로 내몬 행위를 페미사이드를 통해 포착하면 충분할까? 이러한 정의에 따른다 하더라도 남편의 지속적인 폭력, 성매매 업소나 직장, 그 밖의 관계에서의 성적·금전적 착취, 홀로 생계를 유지하거나 자녀를 양육하는 것의 곤란 등으로 결국 자살에 이른 여성의 죽음은 문제화되지 못한다. 남성 중심적 안전 기준을 기초로 생산된 약품이나 의료 기술, 사업장의 노동 환경으로 인해 사망한 경우도 제외된다. 이러한 현실이 가해자의 범행 동기로 환원할 수 없는, 체계화된 성차별의 산물이라는 것을 부정할 수는 없다. '여자라서'의 의미를 가해자의 범행 동기나 죽음과의 인과 관계를 통해 제한적으로 판단해야 하는 것인지, 죽음에 이를 수밖에 없었던 피해자의 위치와 그 조건을 기초로 검토해야 할 것인지는 결국 '페미사이드'라는 명명으로 무엇을 할 것이냐 하는 문제와 결부되어 있다. 법적 판단과 가해자 처벌을 넘어 '여자라서'의 의미와 젠더 작동 방식을 가시화하고 변화를 구상하기 위한 정치적 기획으로서 이 글은 후자의 접근을 취한다.

'사적' 폭력, '사적' 처벌, '공적' 처벌

실패한 사랑?

통계의 숫자들이 충분히 설명하지 못하는 '사회적인 것', 즉 여성혐오의 작동 방식을 구체적인 사건들과 이것에 의미를 부여하는 법 언어, 두 차원에서 살펴보자. 2012년 울산에서 한 남성이 결별을 통보한 여성의 집에 침입하여 그 자매를 살해했다. 가해 남성은 헤어지자는 피해자의 요구에도 불구하고 '너 포기 못 하겠다', '널 많이 사랑하나 봐' 같은 문자를 지속적으로 보냈고 거절당하자 '모욕감'을 느끼고 범행에 이른 것이라 진술했다. 1심 법원은 가해자가 구애를 거절당한 '모욕감'이 큰 상태에서 피해 여성을 보자 분노가 겹쳐 '홧김에' 살해했으며, 이별 통보를 받은 '배신감'은 정상 참작의 사유가 될 수 있다고 보았다. 그럼에도 불구하고 그에게 사형이 선고된 까닭은 그녀의 여동생까지 살해한 것은 이해할 수 없기 때문이었다.[10] 법원은 결별을 요구하는 아내나 여자 친구에 대한 살인을 '관계를 회복시켜 볼 생각', '피해자의 마음을 돌리고자' 이뤄진 행위, '미련을 버리지 못해' 발생한 사건 등으로 판단하곤 한다. 심지어 피해 여성이 만남에 대한 거부 의사를 지속적으로 밝혀 왔음에도 불구하고 '피해자가 명백한 이별 의사를 표현하지 않아서' 가해자를 격분시킨 것으로 보거나 '한때나마 피해자와 매우 친밀하게 교제한 점'을 양형의 감경 사유로서 고려하기도 한다.

가족, 연인 등의 관계에서 남성의 폭력이 초래한 여성의 죽음은 흔히 실패한 사랑의 나쁜 결말, '치정'의 결과로 진단되곤 한다. 대표적으로 범죄학자 루켄빌D. F. Luckenbill은 살인의 이유는 그와 같이 '사소한 것'이 대부분이라고 주장하기도 했다.[11] 하지만 루켄빌은 이 '사소한' 것이 어떤 남성에게는 자신의 주체성을 근원적으로 위협할 정도의 것으로 여겨진다는 점을 보지 못했다. 폭력의 하위문화를 연구해 온 학자들은 남성들이 공격성과 폭력을 표출하는 주된 동기는, 남성으로서의 지위를 확인하려는 데 있다는 것, 그리하여 자신의 '남자다움'이 불안정하다고 느낄수록 사소한 불쾌감과 모욕도 위협으로 간주하고 즉각적인 폭력으로 대응한다고 설명해 왔다.[12] 남성성 연구자인 메서슈미트J. W. Messerschmidt는 남성들이 폭력을 통해 확인하고자 하는 것이 남성으로서의 정체성이라는 점을 분명히 한다. 나아가 많은 남성에게 범죄가 젠더 행하기의 자원을 제공한다고 주장한다.[13] 즉 이 사건 가해자가 느낀 '모욕감'은 자신의 지위가 부인되었다는 것에 대한 분노이자 불안이며, 이를 부인하고 자신을 거스른 여성을 향한 폭력은 곧 사적 처벌 행위다. 위 사건에서 법원이 인정한 사실에 따르면 가해자는 계획한 범행에 앞서 두 군데의 불법 안마 시술소를 들러 성매수를 했다. 여성에 대한 성적 지배를 통해 자신의 불안이나 긴장을 해소하려는 것 역시 그의 불안이 어디에 기인하고 있는지를 보여 준다.

　이와 같이 남성의 폭력 행사는 신체적·생물학적 특성에 기인한 공격성의 발현이 아니라 여성을 자신의 지배하에 둠으로써 남성으로서의 지위를 확인하는 수단이다. 남성 중심적 사회는 이와 같은 남성의 폭력 행사를 자연스러운 남성성의 일부로 간주하며 이 사적 처벌 행위에 우호적인 조건을 제공한다. 그리하여 그것이 여성의 죽음을 초래했다 할지라도 '우발적으로', '홧김에', '격분하여' 이뤄진 결과로 평가된다.

　여성에 대한 지배가 핵심인 만큼, 여성이 자신의 통제하에 있기를 거부할 때 남성의 폭력은 더욱 강화된다. 남성의 폭력이 시작되거나, 간헐적이던 폭력이 집요한 협박이나 스토킹의 형태로 전환되는 때, 혹은 지속적인 아내 폭력이 살인이라는 극단적인 형태로 나타나는 시기는 대개 여성이 이혼이나 별거, 이별을 통보한 직후다.[14] 여성이 지속되는 폭력으로부터 탈출하고자 피해 사실을 수사 기관에 신고한 때에도 마찬가지다. 2012년과 2013년 2년간 보복범죄, 즉 형사 사건의 수사나 재판이 이루어지도록 고소하거나 단서를 제공한 것에 대한 보복 목적의 폭력범죄로 기소된 363건을 분석한 결과에 따르면, 경찰에 신고한 사건이 가정폭력이나 스토킹이었을 경우 보복범죄가 지속되는 비율이 가장 높게 나타났다.[15] 가해 남성은 수사가 개시된 후에는 물론이고 재판이 종료되거나 심지어 출소한 이후에도 여성의 신고 사실을 빌미로 '난 인생 끝났다, 혼자 죽기는 억울하다', '너랑 못 살 바에야 너를 죽이고 들어가 살겠다'라며 또다시 폭행을 하다 살인에 이르기도 한다. 보복에 대한 두려움 때문에 어떤 여성은 마지못해 신고를 철회하거나 수사 기관에서 한 진술을 번복하고 가해자와의 혼인신고나 재결합을 선택하기도 한다. 하지만 법원은 여성이 이러한 선택에 이른 배경을 고려하기보다는 개인 간의 자유로운 분쟁 해결, 즉 '합의'에 주목하며 형을 감경하기도 한다. 한 여성은 일방적으로 교제를 요구하며 자신을 강간·폭행한 남성을 고소했다. 그러자 그는 여성의 집에 침입하여 그녀를 살해하려다 미수에 그쳤다. 결국 이 여성은 가해자와 합의하고 고소를 취소했다. 그리고 그는 집행유예를 선고받았다.[16]

여성은 반복된 피해와 신고, 신고 철회 및 합의 이후 결국 죽음을 맞기도 하지만, 자신을 방어하는 최후의 수단으로 가해 남성을 살해하기도 한다. 배우자나 애인을 살해하는 과정에서 나타나는 뚜렷한 성차는 바로 이와 같은 가해자의 살해 동기다.[17] 하지만 지속된 폭력에 대한 방어로 이뤄진 여성의 남편 살해는 정당방위로 인정되지 않는다. 또한 남성의 폭력 행사처럼 우발적인 사건으로 고려되지 못하기에 그 비난 가능성이 더해지기도 한다. 물론 반복적이고 극단적인 폭력 피해가 인정되는 한에 있어서는 여성에게 형량이 감경되기도 한다. 가족 내 살해의 유형별 양형을 비교한 한 연구에 따르면 남편이 아내를 살해한 경우보다 그 반대의 경우 양형은 더 높게 나타났다.[18] 해외 연구 역시 남성이 아내, 여자 친구를 살해한 경우에는 여타 관계에서 살인이 이뤄진 경우보다 대체로 관대한 처벌을 받는다고 보고하고 있다.[19] 남성이 폭력으로 여성에게 행하는 '사적' 처벌과 형사 사법 제도를 통한 '공적' 처벌이 공생적 관계에 있다는 주장이 제기되는 이유다.[20]

여성에 대한 폭력으로 남성이 자신의 지위를 확인하고 권력을 재강화하는 것은 사실이지만, 그것을 용이하게 하는 조건은 다양한 방식으로 구조화된다. 위와 같이 여성에 대한 남성의 폭력을 실패한 사랑이나 일탈로 간주하고 정상 참작하는 공적 처벌이 대표적인 예다. 앞서 말한 메서슈미트는, 주변화된 남성성과 폭력성에만 주목하면서 정작 그러한 젠더 수행을 가능하게 만드는 제도적 맥락을 설명하지 않는 접근들을 비판한다. 그리고 형사 사법 제도가 특정한 사회적 형태의 남성성과 남성의 지배를 생산하고 있다고 주장한다.

죽어 마땅한 여자?

이성·합리성·문명과 감정·충동·자연·몸을 대립시키고

각각에 남성과 여성을 할당하여 위계화하는 이성애 남성 중심적인 사회에서 여성의 몸은 성적 대상과 성기로 환원되기 십상이다. 남성 주체가 자신만의 '여성적인 것'을 부정하고 여성을 타자화하며 구성되는 만큼 여성의 섹슈얼리티를 정복하고 지배하고자 하는 욕망도 크지만, 그것이 자신을 '오염'시키고 주체의 경계를 무너뜨릴 수 있다는 두려움도 크다. 철학자 누스바움Martha Nussbaum은 냄새, 점액, 피, 정액 등 자신 안에 존재하는 동물성에 대한 남성의 불안과 혐오가 그것을 받아들이는 사람을 대상화하고 여성을 혐오스러운 존재로 만들려는 시도로 이어진다고 설명하기도 했다.[21]

여성의 섹슈얼리티에 대한 비하는 '어머니'처럼 탈성애화된 존재와 더럽고 불순한 쾌락의 대상으로서의 여성을 분할하여 지배하는 방식, 즉 성적 이중 규범으로 나타난다. 특히 두 역할 모두가 기대되는 아내나 여자 친구에게는 섹슈얼리티 통제의 욕구나 의심이 더욱 강하게 나타날 수밖에 없다.[22] 앞서 예로 든 울산에서 발생한 피해 사례는 물론 치킨집을 운영하는 동거녀가 다른 남자와 동석한 것을 보고 관계를 의심하던 상황에서 자신의 성관계 요구마저 거부하자 그녀와 그녀의 아들, 남동생까지 살해하려다 미수에 그친 사건,[23] 주점을 운영하는 아내가 다른 남성들과 계속 접촉한다며 아내를 폭행하고 가게에서 업무 방해를 일삼다 이혼한 뒤 '모든 것이 피해자 탓'이라 생각하고 살해한 경우처럼 여성의 섹슈얼리티에 대한 지배가 좌절될 때 남성은 더 큰 분노를 느낀다. 후자의 사건에서 가해 남성은 '죽어 마땅한 여자를 죽였다, 피해자는 남자관계가 아주 복잡해서 남자 돈만 빼먹는 여자다'라고 진술하며 자신의 행위를 정당화했다.[24] 인터넷 채팅으로 3년간 교제해 온 여성에게 돈을 빌려 달라는 요구를 했다가 거절당하자 살해한 사건에서 가해 남성은 자신이 '부정한 여자'를 향한 극도의 반감을 품을 수밖에 없었던 사연을 호소하기도 했다.[25]

여성을 성기로 환원하고 열등한 것으로 간주하는 여성혐오는 한국 사회가 '사이코패스'에 의한 것이라 진단하고 마는 사건들에서도 어김없이 등장한다. 2005년부터 3여 년 동안 열 명의 여성을 살해한 강○○은 많은 여성을 유인하여 잠자리를 같이하는 것을 자랑해 왔고, 반복된 결혼·이혼·동거·이별의 과정에서 여성들을 폭행했다. 결혼을 전제로 맞선 본 여성을 강간하여 고소를 당하기도 했다. 네 번째 부인을 살해했고, 수사가 시작되자 '불안을 해소하기 위해' 나이트클럽, 노래방, 술집 등에서 여성을 만나 성관계를 가진 후 살해하기 시작했다. 법원은 노래방 도우미, 인적이 드문 도로변에서 버스를 기다리는 여성이 피해자가 된 것을 두고 '범행의 실행이 용이한' 대상이었기 때문이라고, 즉 가해자가 신체적 취약성이나 접근 가능성이 높은 대상을 골랐다고 평가했다. 그러나 검거의 '불안을 해소'하는 방법으로 하필 여성에 대한 강간과 살인을 선택한 것은 여성은 언제든 자신의 성적 대상이 될 수 있고, 되어 마땅하다는 믿음이 있었기 때문이지 단순히 신체적 취약성이나 접근성의 용이함 때문이 아니다.[26] 물론 그러한 믿음이 모든 남성에게 공유되는 것은 아니지만, 어떤 남성에게는 오롯이 정당한 것으로 간주된다. 불평등한 섹슈얼리티 이데올로기가 그들에게 권위를 부여하기 때문이다. 범죄학자 마차David Matza는 범죄를 저지르는 이들과 그렇지 않은 이들의 차이를 강조하는 것은 비현실적이라고 주장한다. 전자에 속하는 이들조차도 사회적 규범이나 관습적 도덕성을 거부하지는 않는다. 다만 규범을 거부하지 않으면서도 자유로이 규범을 위반할 수 있는 것은 자신의 행위를 정당화하는 중화中和, neutralizing의 기술을 선택할 때라고 설명한다.[27] '죽어 마땅한 여자'를 죽였다는 생각과 같이 말이다.

2012년 수원에서 귀가 중이던 여성을 강간 살인한 후 사체를 유기한 오○○의 삶을 보자. 그는 돈을 벌고자 한국으로 와 직장 동료들을 통해 처음으로 성매매를 접했다. 이후 부족한 경제적 형편에도 성매수 비용으로 월급의 상당 부분을 지출했으며, 포르노를 검색하려고 휴대폰도 구입했다. 심리 분석 결과 그에게는 '여성에 대한 열등감'이 인정되었는데, '열등감' 극복의 수단으로서 섹스와 강간이 이뤄진 셈이다.[28] 2012년 인근 마을에 거주하는 여아를 유인, 강간 살해한 김○○ 역시 유사하다. 법원 조사관은 그가 어린 시절 아버지의 외도, 가정폭력 속에서 성장하면서 사회성과 자존감이 낮고 화가 많으며, 과장된 남성다움을 과시하는 성향을 지니게 되었다고 평가했다. 그 역시 17세 때 친구들과 함께 성매매 업소를 찾기 시작했는데, 이는 이후로도 높은 빈도로 지속되었다. 그가 아버지의 폭력으로부터 배운 것은 단순히 폭력 행사나 '화'를 표출하는 것이 용인된다는 사실이 아니라 남성이 여성을 지배하고 통제할 수 있다는 규범이었다. 그리고 이는 반복된 성 구매 행위로 더욱 강화된 것으로 보인다.

강간은 성적인 욕망의 공격적 표현이 아니라 공격성의 성적 표현일 뿐이다. 흔히 '강간 문화'는 강간이 일상화되고 용인되는 문화로 이해되지만, 그와 같이 강간이 남성성을 나타내는 의식이나 여성에 대한 사적 처벌로서 옹호되는 조건에 관해서는 설명이 더 필요하다. 사회적 수준에서는 경쟁, 성공, 통제, 지배에 가치를 부여하고 이를 남성다움으로 간주하는 문화가 강간에 우호적인 조건을 제공하는 것으로 알려져 있다.[29] 모든 남성이 여성에 대한 폭력으로 젠더를 수행하지는 않는다. 즉 개인마다 인정 욕구를 젠더화된 방식으로 해소하게 되는 동기, 스스로 남성다움을 입증하려 애쓰는 정도, 그것을 행하는 데 필요한 자원과 수단이 다르다. 어떤 남성은 돈과 권력을 사용해 여성의 '동의'를 이끌어 내지만, 그러한 자원이 부재한 남성은 폭력을 통해 남성다움을 행하기도 한다. '남성은 잠재적 가해자'라는 진단만으로는 위와 같은 '괴물'의 탄생을 막을 수 없다는 말이다.

'묻지 마 범죄'?

그런데 위와 같이 피해 여성과 가해자가 일면식이 없거나 별다른 상호작용이 없었던 사례들은 부부나 연인 관계에서 발생한 살인의 경우보다 여성이 더욱 무고한 존재로 표상된다. 하지만 바로 그러한 이유로 살인에 이른 가해자의 범행 의도는 이해하기 어려운 것으로 간주되어 버린다. 그 분노와 공격성의 원천을 더는 묻지 않으려 하고 그것을 '묻지 마 범죄'로 명명한다. 즉 여성의 죽음은 극화되고 가시화되었을 때조차 탈젠더화된다.

길 가는 여성을 뒤쫓아 가서 살해한 한 사건에서 법원은 사건의 원인을 가해자의 충동조절장애, 성격적 결함으로 판단했다. 압수된 가해자의 수첩에는 '계집년들은 사회의 암적인 존재다', '나는 범죄를 저지르는 것이 아니라 사회정화를 하는 것이다'라고 기재되어 있었다.[30] 20대 여성 두 명이 웃으면서 이야기를 나누는 것을 보고 자신의 처지를 비웃는다고 느껴 살해하려다 미수에 그친 사건에서 법원은 '아무런 살해 동기 없이' 살해하려 했다는 점을 들어 '극단적 인명 경시 살인'이라는 양형인자를 채택했다. 비록 그는 강력한 처벌을 받았지만, 이 여성들이 왜 어처구니없는 피해를 당했는지는 묻지 않은 셈이다.[31] 별거한 처와 연락이 단절되자 교회 인근을 배회하며 예배를 끝내고 나오는 여성들을 살해한 사건에 대해 법원 양형 조사관은 처와 연락이 단절된 남성의 '상실감'이 기왕의 우울증을 가중했다고 평가했다. 그리고 법원은 그가 '상식적으로 납득되지 않는 범행 동기'를 가진 것이라 판단했다.[32] 왜 그 상실감은 하필 여성을 향했는가? 강남역 살인 사건의 가해자는 '평소 여자들이 내 얘기를 하고 흉을 보는 것 같다'라는 노이로제 증세를 호소했다. 주택 위층에서 여자 발소리가 들린다고 항의하여 입원 치료를 받을 정도로 여성이 자신을 견제하고 괴롭힌다는 '망상적 사고'가 지속되었다. 판결문에는 어린 시절 아버지의 폭력 행사로 인해 가해자가 아버지 앞에서 자신의 의견을 표현하지 못할 정도로 주눅 든 생활을 해 왔다는 점을 들어 이 사건이 '여성을 혐오하였다기보다 남성을 무서워하는' 성격과 피해의식에서 비롯한 것이라 판단했다. 정신분석학의 논의를 따르자면, 아버지의 권위를 받아들이는 과정은 근친상간의 금기를 통해 여성의 종속적 지위와 열등함을 인정하는 과정이며 둘은 배치되는 것이 아니다. 또한 피해자의 위치가 얼마든지 다른 여성으로 대체가능하다는 것은 그 폭력이 여성이라는 집단에 대한 무/의식적 혐오에 기반을 두었음을 반증한다.[33] 하지만 가해자가 사이코패스, 정신이상이라는 진단은 여성이 죽음에 이른 맥락을 삭제한다. 왜 그와 같은 반사회적 행위를 저질렀는가에 관한 대답은 그가 사이코패스와 같은 반사회적 인간이라는 동어 반복을 함에도 불구하고 지지받는다. 이러한 '공적' 부인이 여성에 대한 남성의 '사적' 처벌에 우호적인 조건을 제공한다. 법과 범죄를 둘러싼 지식이 젠더의 관점에서 재구성되어야 하는 이유다.

'여자라서'의 의미

여성에게 성/폭력은 선택, 위력, 강제, 폭력 사이의 무엇으로 경험되기에 그 경계는 명확히 구별될 수 없을 뿐만 아니라 때로 그것들은 서로의 일부가 되기도 한다. '여자라서' 당한 죽음 역시 여성들이 일상적으로 경험하는 폭력과 연속선continuum of sexual violence상에 놓여 있다.[34] 연속선의 관점은 여성에 대한 남성의 성적 지배를 용이하게 하고자 흔히 동원하는 동의와 강제의 이분법에 도전하고, 여성의 피해가 젠더 불평등의 산물임을 이해할 수 있게 해 준다. 하지만 여하한 형태의 폭력이 여성혐오에 뿌리를 둔다고 하여 그 피해의 의미가 동일하다는 말은 아니다. 또한 '여자라서' 당했다는 주장만으로 그와 같은 폭력이 발생하고 또한 반복될 수 있는 맥락과 조건이 온전히 설명되지도 않는다.

강남역 10번 출구에서 여성이 살해되고 1년 후인 2017년, 바로 그 인근에서 왁싱 샵을 운영하던 여성이 손님으로 찾아온 남성으로부터 살해당했다. 이 여성이 인적 드문 주택가에서 홀로 업소를 운영한다는 사실은 왁싱 샵 홍보를 위해 그녀가 응한 인터넷 방송을 통해 알려졌고, 해당 방송의 BJ는 이 여성을 성적 서비스를 제공하고 성적 욕망을 자극하는 존재로 재현했다. 가해자는 여성을 위협해 신용카드를 빼앗고 강간하려다 미수에 그친 후 살해했다. 법원은 '무엇이 피고인으로 하여금 잔혹한 범죄로 이끌었는지 의문'이라 평가했지만, 사업주가 여성이 아니었다면 가해자가 사업장의 위치를 검색하여 찾아들어 성폭력을 가하지 않았을 것이라는 점, 피해자가 인터넷 방송을 통해 성적 대상으로 재현되지 않았을 것이라는 점은 분명하다. 하지만 '혼자 있는 데다 외진 곳', 즉 취약한 공간에서 여성이 홀로 노동에 종사할 수밖에 없었던 이유는 여성이 성적 대상화되었다는 점만으로 설명되지 않는다.

여성이 선택할 수 있는 노동이 성매매나 미용, 식당 및 주점 운영 등 가사 노동의 연장선에 있는 저수익 서비스 업종에 집중되는 것은 여성의 빈곤과 낮은 인적 자본, 나아가 노동 시장의 성별화된 구조에 기인한다.[35] 고연령의 빈곤 여성들 역시 이러한 공간에서 손님 혹은 연인임을 일방적으로 주장하는 이들에 의해 죽음을 맞기도 한다.[36] 술을 더 팔 심산으로 자신을 유혹하며 술을 넘치게 따랐다고, 성관계 요구를 무시했다고, 다른 남자 손님에게 친절하게 대했다고, 말투와 태도가 마음에 들지 않는다고 말이다. 하지만 가해자가 현장에서 가져간 돈과 휴대폰, 지불을 면한 술값이 사건의 핵심인 양 설명되면서 이들 여성의 피해는 강도 살인 사건의 하나로만 기록되고 있을 뿐이다.[37~41] 자신의 몸과 감정을 상품화해야만 했던 여성들의 위치는 젠더로 환원하여 설명할 수 없다. 경제적 능력이 부재한 상황에서 생계를 위해 혹은 자녀를 양육하고자 남편이나 직장 상사 등의 폭력을 감수해야 한 여성, 홀로 술과 몸을 팔며 불특정 다수에게 개방된 공간에서 장사를 해야 한 여성에게 피해자의 위치는 '여자라서'뿐만 아니라 '세상 물정 모르고 살아서', '못 배우고 가난해서', '없는 집에서 태어나서', '볼 것 없는 늙은 년이어서'와 같은 다양한 이유로 이해된다. 사회적 자원의 결여와 빈곤, 취약한 노동 조건과 연령 등이 젠더와 교차하며 여성의 폭력 피해 양상은 상이하게 경험되고 구성된다.

손자와 아들을 돌보다 그들의 손에 죽어 간 여성들도 있다. 성적 이중 규범에 따라 칭송되나, 또한 이를 통해 억압되는 주체가 어머니다. 알코올 중독으로 일을 하지 않고 가족에게 욕설을 하는 등 행패 부리는 아들을 나무라다가,[42, 43] 때로는 어머니가 자신을 해할지 모른다는 망상을 가진 아들의 지속되는 폭력에, 여성이 죽기도 했다.[44~46] 이러한 경우에도 가해자의 행위는 '격분'하여, 어머니와의 '특수한 상황'에서 술에 취해 '우발적'으로 저지른 범죄로 기록된다.[47, 48] 이들의 폭력이 하필 여성을 향하는 것은 우연일까? 2006년부터 2013년까지 7년간 발생한 존속살해 381건을 분석한 결과에 따르면 가해자의 어머니 및 할머니 등으로서 여성이 살해된 경우는 204건이었고, 이 중 79.4%는 남성에 의한 것으로 나타났다.[49] 여성에게 돌봄 노동이 집중되지 않았더라면, 아버지나 다른 가족과 달리 어머니는 마땅히 자신을 위해 헌신하고 인내해야 한다는 믿음이 작동하지 않았더라면, 이러한 피해는 없었을지 모른다.

여성의 위치를 결정하는 자는 누구인가

여성을 남성의 소유·통제·거래 대상으로 간주하는 것을 자연스러운 이성애 관계로 용인하는 젠더 체계는 페미사이드를 매개로 재생산되어 왔다. 여성의 몸을 둘러싼 다기한 사회통제의 방식과 국가의 '공적' 처벌, 그리고 여성에 대한 '사적' 폭력 모두 젠더 권력의 회로 속에 놓여 있다. 하필 여자라는 이유로 여성에게 폭력을 가하는 이들은 물론 폭력을 행사하지 않는 남성조차 여성을 지배하고 통제할 수 있는 권리, '가부장적 배당금'[50]을 얻는다. 이에 반해 여성은 폭력 피해를 직접 경험하지 않았다 할지라도 그에 대한 두려움을 안고 산다. 그리하여 접근이 허용되는 시공간이 제한되어 있음을 깨달으며 자신이 언제, 어디서, 무엇을 해야 하고 할 수 없는지를 배운다. 즉 여성을 향한 폭력과 그 폭력에 대한 두려움은 젠더를 재생산한다.

하지만 여기서 여성의 죽음을 이야기하는 것은 여하한 위험으로부터 여성이 결코 안전하지 않음을 확인하고 보호받고자 함이 아니다. 강간은 여성을 남성에 대한 두려움의 상태로

복속시키기 위한 것 그 이상도 이하도 아니라는 여성학자 브라운 밀러Susan Brownmiller의 말처럼, 그것이야말로 남성 권력이 원하는 효과일 것이다. 피해자가 누구인지, 왜 그들이 대상이 되는지, 두 가지를 모두 말하고자 '페미사이드'를 이야기하고 있다. 페미사이드라는 용어는 여성에 대한 남성의 여하한 폭력이 연속선상에 있음을 알려 준다. 하지만 연속선을 통한 사고는 우리가 미처 포착하지 못한 회색 지대를 보기 위한 것이지, 젠더 불평등한 현실이 흔들리지 않음을 확증하기 위한 것이 아니다. 여성이 공유한다고 가정되는 취약성만을 강조하기보다는 어떤 여성이 왜 하필 그와 같은 방식으로 남성의 폭력하에 놓였는지에 주목해야 개입이 가능하다. 늦은 시간 홀로 술과 음식, 그리고 '몸'을 팔며 성적 대상으로 놓일 수밖에 없었던 여성들, 아들의 폭력을 감수하며 온전히 그 어머니 노릇을 고수한 여성들, 자녀와 함께 빈곤을 피해 동반자살을 선택한 여성들이 있다. 모성 이데올로기와 노동 시장의 위계, 일시적 구호에 집중된 잔여적 복지 체계, 어떤 여성에게는 이것이 죽음을 맞을 수밖에 없는 더욱 큰 요인이 되기도 했다. 즉, '여자라서' 당했다고 할 때 과연 그때의 '여자'는 누구이며, 그 위치는 무엇이 만들어 내고 있는지를 식별하고 이를 변화시키는 것이 과제로 남아 있다.

그와 같은 정치적 과업을 삭제한 채 처벌 강화를 해법으로 삼는 엄벌주의는 언제든 여성의 불안을 자양분으로 성장할 준비가 되어 있다. 여성의 위치를 구성해 내는 모순된 사회 구조를 변화시키고 그에 대한 비판을 수용하는 것보다 가해자를 이 사회에서 덜어 내는 것이 훨씬 손쉽기 때문이다. 상처와 고통을 통해 개인의 보호받을 권리만이 강조되고 처벌만이 해법으로 선언된다면 여성의 억압과 종속을 생산하는 사회적 권력망은 보이지 않게 된다. 의식적·무의식적 차원에서 작동하는 여성혐오를 법과 정책의 대상으로 모두 환원할 수 있는 것도 아니다.

　　2016년, 강남역 10번 출구 앞에 모여든 여성들은 일상을 지배하고 있는 젠더폭력과 여성혐오를 토로하면서 한 여성의 죽음이 이전과 같은 방식으로 봉합되는 것을 거부하고 페미사이드를 폭로하는 데 성공했다. 밤길을 홀로 걸을 때, 엘리베이터에서 남성과 단둘이 있을 때, 카페나 지하철의 옆자리에서 이야기를 엿듣고 분개하는 표정을 짓는 남성을 마주칠 때 느끼는 불안과 움츠러들거나 두근거리는 몸의 반응, 여성이라서 만들어질 수밖에 없는 이러한 감각을 통해 대한민국의 '안전'이 누구의 안전이었는지를 물었다. '괴물'을 선별하고 관리하려는 정책이 일상의 폭력과 성차별을 개선하는 데 무용했다는 것을 간파했고, '소라넷' 폐쇄에 이어 '미투' 운동, 탈코르셋 운동, 불매 운동 등 다양한 형태로 변화를 꾀하고 있다. '여자라서' 죽기도 하지만, '여자라서' 정치적 행동과 연대의 힘도 생긴다. '약자라서 당했지만 약자로 인정받고 싶지는 않다'라고 말하는 여성들이 등장했다. 여성에 대한 '사적' 폭력과 이와 공모하는 '공적' 처벌의 한계에 대한 비판, '여자라서' 당했다는 사실에 대한 인정 요구를 넘어 '여자'라는 위치를 할당하고 때로는 지워 버리는 사회적 힘들을 식별하고 뒤흔드는 정치적 작업이 지속되고 있다. 이것이 바로 '페미사이드'라는 명명이 필요한 이유다.

여성살해를

묵인

하다_____

2부

문화와 재현

여성의 이야기는
어디로 갔는가[1]

스크린 페미사이드와 스페이스 오프

1장

손희정

손희정

대중문화를 연구하는 페미니스트. 중앙대학교 첨단영상대학원에서 영화학으로 박사 학위를 받았다. 지은 책으로『페미니즘 리부트』,『성평등』이 있고, 함께 쓴 책으로『을들의 당나귀 귀』,『지금 여기의 페미니즘×민주주의』,『그런 남자는 없다』,『그럼에도, 페미니즘』,『대한민국 넷페미史』,『페미니스트 모먼트』등이 있다.『여성괴물, 억압과 위반 사이』,『호러 영화』등을 우리말로 옮겼다.

왜 이런 의혹들이 등장하는가? 히치콕Alfred Hitchcock의 1941년 영화 <의혹>Suspicion(1941) 속 조안 폰테인Joan Fontaine이 캐리 그랜트Cary Grant가 연기한 남편이 자신을 죽이려고 한다고 의심한 것을 기억해 보라. 혹은 샐리 포터Sally Potter의 영화 <스릴러>Thriller(1979)에서 미미Mimi가 푸치니Giacomo Puccini의 오페라 <라보엠>La Bohème에서처럼 살해당할 거라 의심한 것은? 또, 프로이트Sigmund Freud가 자신의 병력을 거짓으로 꾸밀 것이라고 생각한 도라Dora의 의심은? 여성들의 서사성narrativity이 사라지고 있다는 의혹은 그저 편집증에 불과할 것일까, 아니면 정당한 것일까? 다른 말로 하자면, 최악을 상상하고 있는 우리는 과연 옳을까?

— 테레사 드 로레티스Teresa de Lauretis, 「응집성의 전략」Strategies of Coherence[2]

　　여성들이 사라지고 있다. 새로운 이야기는 아니다. 한국 씨네 페미니즘에서는 이 문제를 이미 20년 전부터 논해 왔다.[3] 그럼에도 불구하고 같은 이야기를 또 반복하지 않을 수 없는 것은 현실이 그다지 달라지지 않았기 때문이다. 우리는 여전히 '알탕 영화'의 바다에서 헤엄치면서 일종의 '스크린 페미사이드'를 목도하고 있다. 잊지 말아야 할 것은 스크린에서 여성이 사라지는 현상이 그저 '오락'의 영역이 아니라는 점이다. 그것은 매우 정치적이고 또 경제적인 문제다. 그것이 우리가 '페미사이드'라는 정치적 용어를 사용하는 이유다. 영화란 젠더를 구성하는 대표적인 사회적 테크놀로지이기 때문에 우리는 이 문제를 진지하게 사유해야 한다. 여성은 영화를 통해서 이 사회가 규정한 '여성 젠더'에 고착되고, 그 반대 역시 마찬가지다. 영화에서 여성이 사라진다는 것은 이 세계를 구성하는 이야기의 주인공 자리에서 여성이 사라진다는 의미다. 그것은 남성만을 이야기의 주인공으로 상상하고, 남성만을 보편 인간이자 역사의 주체로

　　　　　　　　　여성의 이야기는 어디로 갔는가

세우는 남성 중심적 사회의 한계와 관계가 깊다. 이런 세계에서 여성이 설 수 있는 자리는 매우 한정적이다.

그러나 영화를 비롯해서 젠더 테크놀로지로 작동하는 지배 담론에는 언제나 외부의 공간이 있고, 우리는 지배 담론을 비판함으로써 체제의 외부, 즉 대항 담론을 만들어 낼 수 있다. 씨네 페미니스트인 테레사 드 로레티스는 이를 '스페이스 오프 space off의 공간'이라고 말한다. 이 글이 가까이 다가가려는 것이 바로 이 스페이스 오프의 공간이다. 이제 우리는 한국 영화가 "남성을 과대 재현하고 여성을 상징적으로 소멸"시켜 온 역사[4]에 주목하고 그 편향적 재현의 구체적인 성격을 규명할 것이다. 한국의 영화적 상상력은 한국 남성의 어깨를 두들겨 주고자 여성을 비롯해서 '조선족'이라는 새로운 타자를 만들어 내고 있다. 페미니스트 비평을 통해 한국 영화의 여성혐오적이고 인종주의적인 성격을 비판하면서, 우리는 새로운 젠더 재현을 상상할 수 있는 '스페이스 오프' 공간을 구성하려는 노력을 시작하고자 한다. 한국의 주류 영화가 여성의 이야기를 삭제하고 있다면, 대항 영화와 함께 영화 비평이 여성의 이야기를 찾고 그 서사성을 살려 내야 한다.

남성성의 위기와 사라지는 여성, 한국 영화의 현주소

어느 때보다 남성 주인공 영화가 판을 친 2017년, 그중에서도 두 편의 영화가 논란의 장에 올라왔다. 〈청년경찰〉(2017)과

〈브이아이피〉(2017)다. 두 편 다 휴전선 이북의 남자들이 남한으로 내려와 남한 여자들을 해치고 남한 남자가 그 문제를 해결한다는 설정이다. 남한 여자에 대한 위협이란 남한 내에서가 아니라 오직 외부에서 오는 것이라니. '한국 남자'가 '한국 여자'를 때리고 죽이는 이야기가 연일 뉴스에서 보도되는 현실 속에서 참으로 아이러니한 설정이다. 우리는 화제가 된 다른 한 편의 영화를 여기에 덧붙여 볼 수 있다. 마찬가지로 조선족 남자들이 남한에 침입(!)하여 질서를 교란하고, 남한 남성 경찰이 이를 바로잡는 이야기인 〈범죄도시〉(2017)다. 이 작품까지 함께 살펴보면 조금 흥미로운 지점들이 보인다.

세 편의 영화에서 남한 남자는 계속 어떤 '위기' 속에 놓여 있다. 〈청년경찰〉의 청년경찰들은 불투명한 미래 속에서 여자 친구도 없이 PC방에서 죽쳐야 하고, 〈브이아이피〉의 이혼(당)한 중년 경찰은 '폭력 경찰'로 징계를 받은 참이다. 〈범죄도시〉의 적당히 부패했지만 마음만은 따듯한 총각 경찰은 사건이 시작되기 직전 맞선 자리에서 아무런 '소득' 없이 돌아왔다. 어디선가 많이 들어 본 이야기 아닌가. 여자는 돈이나 밝히고, 남자는 지치고 불안하다. 그런데도 한국 남자는 여자를 보호하고 사회 정의를 지키고자 고군분투한다. 이는 정확하게 한국의 온라인 마초 문화에서 반복적으로 확대 재생산된 외국인 노동자와 여성에 대한 혐오가 서사화되는 광경이다. '위기의 남성성'이라는 판타지에 사로잡힌 한국 남자를 위로하고자 한국 영화는 조선족/북한 남자를 악마화하고 한국 여자를 시체로 만들어 버린다.

그중에서도 특히 〈청년경찰〉은 청년 세대 서사를 쓰면서 '일베'로 대변되는 온라인 마초 문화를 주류 영화로 포섭해 들어온다. 두 명의 건장한 청년인 기준(박서준 분)과 희열(강하늘 분)은 경찰대학 학생이다. 의리가 깊을 뿐만 아니라 순진한 두 청년은 여자 친구가 없다는 사실이 너무 우울하다. 어딘가 비열하고 별 것도 없어 보이는 '금수저' 동기생이 한 클럽에서 여자 친구를 만났다고 하자, 둘은 잔뜩 부푼 기대를 안고 그 클럽으로 놀러 간다. 그러나 결과는 '참패'. 여자들은 경찰대학에 다닌다는 그들에게 "아, 짭새?" 하고 조롱을 하거나 "돈도 못 버는 그런 곳에는 왜 가냐"라며 모욕을 준다. 의기소침해진 두 청년은 근처 술집에서 소주를 마신 뒤 "게임이나 하자"라며 술집을 나선다. 바로 그 순간 '진정한 여성다움'을 상징이라도 하듯 분홍색 패딩을 입고 퇴근하는 한 아름다운 여자를 보게 된다. (영화는 이 장면에서 분홍 패딩을 입은 여자를 클럽에서 만난 여자들과 비교하여 재현함으로써 여성의 이미지를 '개념녀 VS 김치녀'라는 낡은 이분법적 틀 안에 가둔다.) 두 청년은 그 여자의 번호를 따려고 뒤를 쫓고, 길에 세워져 있던 봉고에서 괴한이 튀어나와 여자의 머리를 가격하여 납치하는 장면을 목격한다.

본격적인 사건의 전개는 여기부터다. 많은 수의 영화에서 사실상 여자는 남자의 행동을 촉발하는 '사라지는 매개'에 불과하다. 여자가 사라지자 남자가 움직이기 시작하는 것이다. 수사 자격이 없는 두 경찰대학 남학생이 '미녀'를 구하고자 고전분투 하여 이 납치 사건을 해결하는 것이 영화의 주요 내용이다. 결국 그들은 조선족 남자들이 남한의 연고 없는 여자들을 납치

해서 (일본군 종군 위안소를 떠오르게 하는) 폐건물에 가둬 놓고 그들의 난자를 불법으로 채취하고 있다는 사실을 알게 된다. 국가의 승인을 얻지 못한 이 청년들은 자신을 옥죄는 규범을 어기고 정의롭게 조선족을 일망타진하고, 배가 갈린 채 난자를 채취당하는 남한 여자들을 구해 낸다. 영화의 마지막 장면. 그들이 번호를 '따고' 싶었던 미녀는 자기 발로 그들을 찾아온다. 그리고 기준에게 달려와 안긴다. 소년은 주어진 모험을 완수했고, 그보상으로 '트로피 미녀'를 품에 안는다. 더불어서 '여자를 얻지못함'으로 상징된 '남성성의 위기'는 해소되고, 위기에 빠져 있던 한국 남성은 복권된다.

이런 식으로 '남성성의 위기'라는 집단적인 히스테리 속에서 서사의 주요 동기 부여자가 편협할 정도로 한국 남성에게 집중되기 시작한 것은 아무래도 IMF 이후부터다. IMF를 계기로 한국 사회가 본격적으로 신자유주의화에 들어서자 경제적 상황은 물론 삶 자체도 불안해졌다. 한국 사회가 이를 해결하는 방식은 남성 중심으로 노동 시장을 재편하고 오직 남성으로만 상상되는 가장을 위로함으로써 한국 국민 내부의 결속을 다지는 것이었다. 그리고 그 위로란 대중문화의 장에서 가장 활발하게 진행되었다. IMF는 남녀 공히 함께 겪은 경제적 재난이었지만, 한국 대중이 이 시기를 "고개 숙인 가장"과 "아빠 힘내세요"로 기억하는 것은 바로 이 때문이다. 이때 한국 영화의 역할은 일종의 문화적 '가스라이팅'gas-lighting이었다. 경제와 정치의 주체는 역시 남성이라는 생각을 자연화시키고 공고히 한 것이다. 이런 지배적인 젠더 인식 속에서, 남성보다 먼저 해고되고 먼저 비정규직화된 여성의 고통은 충분히 주목받지 못했다. 물론 공적 장에서 이미 활발하게 활동하던 여성들을 깔끔하게 거세하여 제거할 수는 없었다. 그렇게 한때는 존재했으나 이제는 사라져야 할 여성이라는 표상은 공포 영화 장르에서 괴물이 된 여성의 형상으로 되돌아왔다.[5] 그렇게 20년 동안 서서히 여성은 주류 장르에서 몰려나 공포 영화 속에서 괴물이 되거나 유령이 되고, 정신질환자로 재현되었다.[6]

　　이런 여성혐오적인 재현의 다른 축에서는 조선족에 대한 악마화가 진행되고 있었다. 영화 속에서 한국 여성이 끊임없이 강간당하고 살해당할 때, 그렇게 한국 여성을 위협하는 존재는 한국 남성이 아닌 조선족 남성이었다. 그리고 그 불의를 처단하는 것은 다름 아닌 '한국 남자'였다. 이런 한국 여성, 조선족 남성, 그리고 한국 남성의 젠더 배치 안에서 한국 남성은 영웅적인 남성성을 회복할 수 있었다. 그러므로 여성 재현의 변화를 살펴보는 것만큼이나 사회 변화와 함께 이루어진 조선족 재현의 변화를 살펴보는 것 역시 흥미롭다. 한국 영화에서 최초로 조선족이 주목할 만한 주인공으로 재현된 작품은 〈댄서의 순정〉(2005)이라고 할 수 있다. 1990년대 한국 경제의 필요에 따라 외국인 노동자가 국내로 유입되고, 2000년대가 되면 결혼 이주 여성 문제가 사회적으로 가시화된다. 2005년 당시만 해도 조선족은 "순수함이 살아 있는 향수의 공간"으로 재현되었다. '국민 여동생'이었던 문근영이 〈댄서의 순정〉에서 조선족 여성을 연기한 것을 기억할 필요가 있다. 그러나 점차 유연한 자본의 흐름에 따라 국경을 넘어 남한의 경제로 '침입'해 들어온 조선족 노동자에 대한 공포가 등장하고, 이는 그들을 '순수'한 향수'가 아니라 '벗어나고 싶은 야만'으로 그리는 상상력에 접속된다. 〈황해〉(2010)와 〈신세계〉(2012)를 지나면서 야만으로서의 조선족 재현은 일종의 장르 관습이 된다. 이들 영화에서 조선족은 돈이라면 무슨 일이든 할 수 있는 '개장수'로 대변된다.

한편, 이런 조선족 재현의 변화는 정치적 타자로서의 북한이 대중문화의 상상력 안에서 '형제'이자 '꽃미남'으로 전환되던 시기와 맞물려 있었다. 조선족이 '개장수' 이미지로 굳어지던 시기에 북한 남성은 〈의형제〉(2010)의 강동원, 〈은밀하게 위대하게〉(2013)의 김수현, 〈공조〉(2016)의 현빈, 〈강철비〉(2017)의 정우성 등으로 전환되었다. 그들은 2000년 1차 남북정상회담 이후 대중문화의 상상력 속에서 탈냉전이 신속히 진행된 2000년대를 지나면서 그야말로 남한 남성의 형제이자 브로맨스의 대상으로 등극했다. 그렇게 북한 남자가 괴물에서 인간으로 전환되는 과정과 교차하여 조선족이 그 비어 있는 '괴물'의 자리를 차지한 것이다. 예외적 존재라고 할 수 있는 〈브이아이피〉의 사이코패스 연쇄살인마 이종석 역시 '꽃미남'이라는 것을 부정할수는 없다. 이때 이종석은 북한의 '금수저'로 재현되면서 '공산주의가 만들어 낸 괴물'이라기보다는 오히려 무엇이든 할 수 있는, 고급 취향을 가진, 귀족 계급에 대한 향수이자 매혹의 대상으로 그려진다.

남한 남성의 내적 단결을 도모할 때 언제나 타자는 필요하다. 그것이 냉전 시대에는 북한 남성이었다면 신자유주의하 탈이데올로기의 시대에는 "너희들 손 위에 있는 밥그릇을 빼앗겠다"라고 위협하는 조선족으로 대체되고 있는 셈이다.

상상력 부재와 '영화적 재미'라는 변명

결국 여성 관객은 질려 버렸다. 그리하여 지리멸렬하게 반복되는 '그들만의 리그'와 폭력적인 재현에 '노'no라고 말하기 시작했다. 그러나 일부에서는 이것이 '남성 버디 영화'나 '액션 느와르'가 인기를 끄는 시장의 문제라고 주장한다. 이런 장르를 표방한 영화에서 배제와 폭력은 영화적 장치이자 장르적 관습으로 봐야 하지 않느냐는 것이다. 장르적 관습이라는 변명은 한편으로는 '영화적 재미'를 강조하는 논의와 연결되어 있다. 그러나 장르는 비윤리적 재현에 대한 변명이 되지 않는다. 즉, '재미' 역시 변명거리가 될 수 없다는 이야기다. 우리가 어디에서 재미를 느끼느냐, 이것이야말로 진정으로 문화적인 문제이기 때문이다. 예컨대 한국 코미디 프로그램의 단골 소재이자 관습적 재현이라고 할 수 있는 '뚱뚱한 여자'를 둘러싼 웃음을 기억해 보자. '뚱뚱한 여자'를 둘러싼 모든 이야기는 "뚱뚱한 여자는 여자도 아니다"라는 관습적인 사고방식으로부터 웃음을 짜낸다.

영화학자들이 오랜 시간 탐구해 왔듯, 장르가 무엇인지 정확하게 규정하는 것은 쉬운 일이 아니다. 특히나 장르가 먼저인가 개별 작품이 먼저인가 같은 질문은 분명하게 대답하기 어렵다. 예컨대 필름 느와르가 먼저였을까, 이 장르의 효시라고 할 수 있는 〈말타의 매〉The Maltese Falcon(1941)가 먼저였을까? 혹은 조폭 코미디가 먼저였을까, 〈조폭 마누라〉(2001)가 먼저였을까. 대답은 간단하지 않지만, 분명한 사실은 '장르'란 영화와 대중의 열광이 만나는 바로 그 접점에서 형성된다는 것이다. 이런저런 조건 속에서 화제작이 등장하고, 그 작품의 흥행 요소를 차용하는 영화가 반복해서 만들어진다. 그런 일련의 시간과 과정이 쌓여서 장르는 비로소 하나의 안정된 카테고리이자 관습으로 자리 잡는다.

그리하여 장르는 명확한 실체라기보다는 일종의 약속이라고 할 수 있다. 제작자에게는 제작의 가이드를, 관객에게는 영화 선택의 가이드를 주는 것이다. 남성 두 명이 주인공으로 등장하는 스릴러 영화가 만들어져서 연달아 흥행하면 제작자들은 "요즘 남성 투 톱two top의 액션 느와르가 팔리더라"라는 판단을 내리게 되고, 남성 투 톱의 느와르를 계속해서 찍을 것이다. 고비용이 들어가는 영화 산업에서 장르란 일종의 보험이자 안전망이다. 관객 역시 마찬가지다. 우리는 어떤 영화를 선택할 때 그 작품의 장르를 통해 영화에 관한 기본적인 '기대/예상'expectation을 형성한다. 공포 영화 〈곤지암〉(2018)을 고르면서 배꼽이 빠지도록 웃기를 바라지 않을 것이며, 진지한 사극인 〈군함도〉(2017)를 보면서 갑자기 하늘에서 UFO가 떨어지기를 기대하지 않을 것이다. 그래서 때로는 아무리 잘 만든 작품이라고 하더라도 관객의 기대를 배반했기 때문에 흥행에 실패하는 경우가 등장하는데, 예컨대 〈지구를 지켜라!〉(2003) 같은 작품이 그렇다. 이 영화는 홍보 전략상 코미디로 소개되었는데, 실제로는 매우 진지한 사회 비판 드라마이자 SF물이었다. 기대를

여성의 이야기는 어디로 갔는가

배반한 작품은 아무래도 혹평을 면하기 힘들고, 입소문에서 저평가되면서 결국 흥행 참패를 면하지 못한다. 물론 〈지구를 지켜라!〉 같은 경우에는 이후 한국의 대표적인 컬트 영화로 이름을 올리게 되었지만 말이다.

장르는 이처럼 영화와 대중의 접촉면이다. 따라서 아주 진보적이거나 전복적이기는 아무래도 어렵다. 장르 영화는 한 사회가 어떤 사안을 둘러싸고 형성해 놓은 사회적 합의의 수준을 반영하며, 그렇게 한 시대의 인식론적 한계를 그대로 안고 갈 수밖에 없다. 장르 영화가 그저 엔터테인먼트에 그치지 않고 사회를 분석하는 '비옥한 토양'[7]이 되는 것은 이 때문이다.

예컨대 장르에서 가장 중요한 요소 중 하나인 도상iconography은 익숙한 사고방식을 반영하면서 만들어진다. 도상이란 장르 영화에서 흔히 쓰이는 어떤 관습적 이미지를 의미하는데, 한 캐릭터나 장소, 상황 등의 특성을 길게 설명할 수 없을 때 영화는 도상에 의지한다. 로맨틱 코미디의 여자 주인공이 '못생긴' 설정일 경우 미모의 여배우가 연기하는 이 여자가 못생겼다는 것을 0.1초 안에 관객에게 설득하고자 감독은 어떤 장치를 사용할까? 영화를 전혀 공부하지 않은 일반 대중에게 이런 질문을 던져도 하나같이 '안경'이라고 대답한다. 물론 그녀는 조만간 안경을 벗고 '미녀'로 거듭날 것이다. 안경은 일반적으로 지성을 상징하며, 여성의 지성과 미모는 함께 갈 수 없다는 오래된 고정관념이 이 도상에 반영된다.[8] 이런 도상은 셀 수 없이 많다. 이렇듯 영화에서 만들어진 어떤 익숙한 상징이나 이야기는 그 사회의 고정관념을 '자연'이라는 듯이 흡수하여 확대 재생산한다.

장르 영화가 관습을 따르는 성향은 흥행을 위한 필수적인 선택인 것처럼 보인다. 하지만 대중은 장르 영화를 고를 때에도 '비슷한 것'을 보고 싶어 하지 '똑같은 것'을 보고 싶어 하지는 않는다. 이것이 존 포드John Ford나 하워드 호크스Howard Winchester Hawks, 스티븐 스필버그Steven Spielberg처럼 장르라는 이미 정해진 카테고리 안에서 움직이면서도 개별 작품에 자신의 서명을 각인시키는 위대한 작가가 탄생할 수 있는 이유다. 장르는 그런 변주 속에서 점차로 진화한다. 그저 장르가 '반복'을 약속하는 범주에 불과하다면 우리는 그토록 장르 영화에 열광하지 않을 터이다. 조금씩 변화를 이뤄 내는 것. 관객이 기대하는 바는 바로 그런 것이다. 그러므로 완전히 상업적인 관점에서 본다고 하더라도 하나의 작품이 어떻게 시대정신과 조응하면서도 낡은 재현 관습이나 그에 반영되어 있는 인식의 한계를 밀어내는가는 중요하며, 영화는 색다른 재현을 통해 젠더를 둘러싼 고정관념을 바꾸는 실험을 해 볼 수 있다.

　　최근 한국 영화에서 만난 가장 새로운 여성 캐릭터는 〈소공녀〉(2018)의 주인공 미소(이솜 분)였다. 전고운 감독은 미소 캐릭터로 '담배 피우는 여성의 고전적인 도상'을 깨고 싶었다고 말한다. 보통 영화에서 담배가 여성 캐릭터에 붙을 때는 "센 여자" 혹은 "섹시한 여자"와 같은 이미지가 만들어진다. 〈타짜〉(2006)의 김혜수 캐릭터를 떠올려 보면 쉽게 그림이 그려지지 않는가. 그러나 그것은 담배 피우는 여자에 대한 한국 사회의 편견일 뿐, 이 세계에 실존하는 담배 피우는 여자의 부류는 다양하다. 담배는 그저 기호품일 뿐이다. 그래서 전고운 감독은

사소한 몇 가지 설정을 넣거나 빼는 것으로 담배라는 도상으로
부터 성적인 의미와 '센 캐릭터'의 의미를 빼낸다. 첫째로 미소
로 하여금 남자들의 말에 쓸데없이 화려한 리액션을 보이지 않
도록 했고, 둘째로 미소가 의미 없이 웃지 않게 했으며, 셋째로
미소에게 치마를 입히지 않았다.[9] 도상을 뒤집고 관습을 뒤트는
것은 사실 그렇게 힘든 일이 아니다. 다만 상상력의 문제일 뿐
이다.

관객은 달라지고 있다

〈청년경찰〉이나 〈브이아이피〉와 같은 영화에 대한 비판
에 대해서 "그렇다면 〈황해〉나 〈악마를 보았다〉(2010) 같은 작
품들은 어떠냐"라고 반문하는 사람들이 있었다. "그때는 옳았고
지금은 틀리냐"라는 것이다. 물론 두 작품도 당시 폭력성 때문
에 많은 비판을 받았다. 다만 이번처럼 대중적인 파급력을 갖추
지 못했을 뿐이다. 그렇다고 그 비판이 무의미한 것은 아니다.
그런 말들이 쌓여서 지금의 대중적인 목소리를 형성하는 발판
이 되었을 터다. 그러나 "이미 비판했다"라는 사실은 별로 중요
하지 않다. 지금 논란의 핵심은 그때는 〈황해〉와 〈악마를 보았
다〉를 용인한 대중이 이제는 그렇지 않다고 말하기 시작했다는
점이다.
조르주 멜리에스Georges Méliès의 〈달세계 여행〉Le Voyage
dans la lune(1902)이라는 영화가 있다. 이 작품은 제1세계 백인 남

성 과학자들이 로켓을 타고 달로 가서 그 세계의 원주민들을 때려잡은 뒤 지구로 돌아오는 이야기다. 세계 최초의 SF로, 영화의 환상성을 잘 보여 준 위대한 작품으로, 다른 누구도 아닌 멜리에스의 대표작으로, 〈달세계 여행〉은 세계 영화사의 가장 화려한 한 장면을 장식하고 있다. 그러나 이 작품이 서구 제국주의 정점에서 등장한 영화라는 매체가 선보인 '식민지 침략과 약탈에 대한 미화'라는 것 역시 사실이다. 지금 그와 같은 영화를 만든다면? 예컨대 〈아바타〉Avatar(2009)가 판도라의 나비족을 노골적으로 '야만'으로 형상화하고 인간이 판도라를 파괴하는 것을 찬양했다면? 〈아바타〉는 비평의 뭇매를 맞는 것은 물론 21세기 세계 영화 박스오피스 1위에 등극하지 못했을 것이다. 이처럼 그때는 옳았고, 지금은 틀린 예는 무수히 많다.

이와 마찬가지로 한국 관객의 인권 감수성이 발달하고, 영화를 보는 눈 역시 달라지고 있다. 특히 20~30대 청년 여성은 셰익스피어William Shakespeare의 〈햄릿〉Hamlet처럼 정전cannon의 자리에 올라 있는 고전까지도 '여성혐오적 재현'을 이유로 급진적으로 비판하기 시작했다. 하지만 한국 장르 영화는 그 변화의 속도를 따라가지 못하는 듯하다.

최재원 워너 브라더스 코리아 대표는 워너 코리아에서 제작한 〈브이아이피〉가 그 폭력성 때문에 여성 대중의 비판을 받자 한 인터뷰에서 이런 말을 한다. "이러면 디즈니Disney 영화나 만들 수밖에 없다는 원성이 들린다."[10] 이는 상당히 당황스러운 코멘트다. 기실 2010년대 이후 디즈니 애니메이션은 세계적으로 파퓰러 페미니즘popular feminism[11]을 견인하는 흥미로

여성의 이야기는 어디로 갔는가

운 페미니스트 텍스트로 평가받는다. 2009년 작품 〈공주와 개구리〉The Princess and the Frog를 시작으로 디즈니는 3세대 공주 시대를 열었다. 1세대 공주는 〈백설공주〉Snow White and the Seven Dwarfs(1934), 〈신데렐라〉Cinderella(1950), 〈잠자는 숲속의 미녀〉 Sleeping Beauty(1959)로 가부장제가 찬양하는 여성 주인공을 선보였다면, 〈인어공주〉The Little Mermaid(1989)에서 시작해서 〈미녀와 야수〉Beauty and the Beast(1992), 〈포카혼타스〉Pocahontas(1995), 〈뮬란〉Mulan(1998) 등으로 이어진 2세대 공주는 페미니즘 제2물결의 영향 아래에서 '호기심 많고 활달한 여성'이라는 페미니즘의 의제를 안고 있되 여전히 이성애 로맨스에 집중하는 과도기적인 형태를 보였다. 〈공주와 개구리〉를 비롯해 〈라푼젤〉 Tangled(2010), 〈메리다와 마법의 숲〉Brave(2012), 〈겨울왕국〉Frozen (2013), 〈모아나〉Moana(2016) 등을 포함하는 3세대 공주는 이제 "왕자는 필요 없다"Girls Do Not Need a Prince라는 기치 아래 새로운 여성상을 선보이고 있다.[12] 이는 미국 사회의 변화를 반영하는 것이기도 하지만, 그만큼 디즈니가 비평 담론의 비판과 활발하게 소통해 왔음을 보여 주기도 한다. (물론 최근 디즈니의 의사 결정권자 자리에 여성 스태프가 대거 포진하고 있다는 점 역시 간과하기는 어렵다.) 최재원 대표의 말은 그가 이런 역사에 무지하다는 사실을 보여 줄 뿐, 아무런 변명이 되지 못한다.

그러나 이게 다가 아니었다. 그는 이어서 "이런 논란이 계속되면 영화적 다양성을 어떻게 확보할 수 있을지 고민"이라고 덧붙였다. 사실 〈브이아이피〉야말로 온갖 클리셰의 종합판이었다. 이종석이 클래식을 들으며 살인을 즐기는 사이코패스를, 김명민이 앞뒤 안 보고 밀어붙이는 폭력 경찰을, 장동건이 비열하지만 능력 있는 국정원 직원을, 박희순이 분노에 찼으나 냉철한 탈북 군인을 연기한다. 관객이 이 묘사를 들었을 때 1초 안에 떠올릴 수 있는 그 모든 것이 영화 안에서 펼쳐진다. 그 와 중에 〈브이아이피〉는 어떤 '변주'를 시도했는가. 그저 더 많은 남자 배우를 모아, 더 길고 더 센 강간 신scene을 연출했을 뿐이 다. 이 장면은 사회의 어떤 관습에도 도전하지 않는다. 그리고 이 안에서 여자들은 시체 역을 맡았다. 여기에서 '영화적 다양 성' 운운은 어딘가 어색하다.

지난 몇 년간, 영화 제작자 사이에서는 이런 말이 떠돌았 다. "우리는 20~30대 여성 관객의 수준에 맞춰 영화를 만든다. 한국 영화의 수준이 낮다면 그 때문이다." 그런데 바로 그 '여성 관객'이 2017년에 이르러 "이 영화는 아니다"라고 말하고 재현 에 관한 더 높은 수준의 사유와 더 유연한 상상력을 요구하고 나섰다. 그러자 검열이고 대중 파시즘이라고 비난한다. 이제 한 국 영화 제작 주체에게 물을 차례다. 당신이 지키려고 하는 것 은 '장르 영화'라는 실체 없는 관념인가, 아니면 타자에 대한 관 습적이고 익숙한 폭력을 통해 얻어 온 재미와 그 편리함인가?

스페이스 오프의 공간을 상상하기

테레사 드 로레티스는 섹슈얼리티가 담론적으로 구성되 었다는 푸코의 논의[13]를 경유해서 남성다움과 여성다움에 대한 정형stereotype인 젠더 역시 사회적 테크놀로지를 통해 만들어진다고 설명한다. 젠더는 이데올로기적으로 구성되는 것일 뿐만 아니라, 다양한 담론과 지식의 배치 안에서 해체되기도 하고 재구성되기도 한다는 것이다. 즉, 젠더는 "남자란 이래야지, 여자란 저래야지"라는 관습적 사고방식에 따라 만들어지기도 하지만, '탈코'와 같은 페미니즘 행동 전략이나 다양한 페미니즘 논쟁, 혹은 낙태죄 폐지와 같은 빛나는 성과 등으로 새롭게 형성된다. 낙태죄 폐지 이후의 여성성은 폐지 이전의 여성성과 다를 수밖에 없다. 여성의 몸이 더는 자궁으로 축소되어 국가에 의해 통제되는 것으로 상상되지 않을 터이기 때문이다. 드 로레티스는 이런 논의를 통해 젠더 구성에 주체가 전복적으로 개입할 가능성을 포착해 낸다. 영화를 둘러싼 다양한 영화적 실천 역시 마찬가지다. 중요한 것은 '읽는다'라는 비판적이고 능동적인 행위를 어떻게 가능하게 하느냐다. 그리고 이런 비판적 읽기는 더 다양하고 많은 말, 더 진보적인 담론을 만들어 냄으로써 영화 생산 행위 자체에 영향을 미칠 수도 있으며, 그것이 영화를 '해방'시키는 길이 될 수도 있다. 드 로레티스는 이런 가능성의 공간을 '스페이스 오프'라고 말한다.

스페이스 오프란 우리가 영화를 볼 때 스크린 밖에 있는 공간으로, 눈에는 보이지 않지만 상상할 수 있는 공간을 의미한다. 예컨대 주인공의 얼굴이 클로즈업된 상태로 어딘가 저 멀리 쳐다볼 때, 스크린에는 주인공 얼굴만 보이지만 우리는 스크린 밖에 있는 무언가, 즉 스크린이 부러 누락시켰거나 포착하지 못한 산이나 바다 혹은 멀리에서 다가오는 태풍 같은 어떤 것이 있음을 상상할 수 있다. 드 로레티스는 이 비유를 통해서 남성 중심적인 여성 재현은 스크린의 프레임 안에 있는 반면 역사적 실존으로서의 '여자들'은 프레임 바깥에 있음을 드러낸다. 여자들은 아직 충분히 재현되지 않은 셈이다. 그의 논의에서 중요한 지점 중 하나는 실존으로서의 소문자 여성woman과 가부장제가 재현해 내는 이미지로서의 대문자 여성Woman을 구분하는 것이다. 더불어서 드 로레티스는 실존하는 소문자 여성에 대한 말을 더 많이 만들어 낼 것을 제안한다. 그리고 강조한다. 페미니스트 프로젝트란 '다른 곳', 즉 현재 문화 담론의 스페이스 오프 혹은 사각지대에서 무엇이 보이는지를 정의하는 것이라고. 적극적인 비평으로 상상력을 가동하고 새로운 젠더 표상을 만들어 내는 것이라고 말이다. 우리는 영화를 읽어 내는 현재의 우리에게, 그리고 그런 우리와 소통해 나갈 미래의 영화에 이런 스페이스 오프의 가능성을 상상하라고 요구할 필요가 있다.

마지막으로 '더 많은 페미니스트 비평'만큼이나 중요한 것이 있음을 강조하며 글을 마무리하고 싶다. 바로 기울어진 영화판을 바로 세우기 위한 적극적인 차별 시정 조치로서 성평등 영화 정책을 실시하는 것이다.

최근 아카데미 시상식이나 칸 영화제 같은 곳은 전 세계적으로 남성 중심적인 스크린을 다양성으로 물들이기 위한 '스페이스 오프'의 공간으로 활용되고 있다. 제71회 칸 영화제에서는 심사위원으로 참여한 케이트 블란쳇Cate Blanchett과 프랑스의 대표적인 여성 감독 아녜스 바르다Agnès Varda를 비롯해 82명의 여성 영화인이 레드카펫 위에 서는 퍼포먼스를 선보였다. 1,645명의 남성 감독이 레드카펫을 밟는 지난 71년 동안 단 82명의 여성 감독만이 칸에 초대되었음에 항의하는 시위였다. 2018년 제 90회 아카데미 시상식에서 〈쓰리 빌보드〉Three Billboards Outside Ebbing, Missouri(2017)로 여우주연상을 수상한 프랜시스 맥도먼드Frances Louise McDormand는 감동적인 수상 소감의 마지막을 "인클루전 라이더"Inclusion Rider라는 단어로 장식했다. 수상 소감 직후 아카데미 시상식에 주목하고 있던 세계의 대중은 이 낯선 개념을 검색해 보느라 정신이 없었다. "인클루전 라이더"는 번역하자면 '포함 조항'이라는 의미로, 영화의 다양성 증진을 위한 일종의 '적극적 차별 시정 조치'를 의미한다. 이는 영향력 있는 배우가 제작사와 계약을 체결할 때 계약서에 영화 등장인물 및 현장 스태프의 인종적·성적·신체적 다양성을 보장하도록 하라는 계약 조항을 넣는 것이다. 영국이나 호주처럼 여성을 비롯하여 인종적·성적 소수자를 배제하는 자국의 백인/비장애인/이성애자/시스젠더cisgender/남성 중심의 영화판을 바로잡고자 다양성 영화 정책을 시행하는 나라에서 이러한 정책이 효과를 보고 있다는 것은 잘 알려진 사실이다.

최근 한국에서도 성평등 영화 정책에 관한 논의가 활발해지고 있다.[14] 이에 대해서 "시기상조"라는 말이 나오기도 한다. 하지만 우리는 엠마 왓슨Emma Watson의 그 유명한 '히포쉬'HeforShe 연설에 기대어 묻지 않을 수 없다. "지금이 아니라면, 언제? 당신이 아니라면, 누가?" 스페이스 오프의 공간은 바로 지금, 바로 여기에서, 우리가 만들어 가야 한다.

하나의 사건을 보는
두 가지 시선[1]

언론이 페미사이드를 다루는 방식

2장

홍지아

홍지아

1980년대 중반부터 1990년대 후반까지 CBS 편성제작국 PD로 일했으며 아메리칸대학교에서 다큐멘터리 제작 전공으로 MFA 학위를, 이화여자대학교에서 영상 문화 연구로 박사 학위를 받았다. 현재 경희대학교 언론정보학과 교수로, '영상 커뮤니케이션', '영상 발달사', '영상 매체 글쓰기' 등의 과목을 가르친다. 연구 분야는 미디어 문화 연구와 젠더이며, 「TV가 제시하는 사랑할/받을 자격과 한국 사회 20대 여성들이 이를 소비하는 방식」, 「젠더화된 폭력에 대한 뉴스 보도」, 「미디어를 통한 성매매의 의미구성」, 「젠더적 시각에서 바라본 한국 언론의 다문화 담론」, 「TV드라마를 통해 재현된 여성의 몸 담론」 등 다수의 논문을 발표했다.

강남역 근처 공용 화장실에서 한 여자가 살해당했다

2016년 5월 17일, 여자들이 자신을 무시하고 길을 가로막는다며 분노한 남자가 강남역 근처 노래방 건물의 화장실에서 여자가 들어오기를 기다리고 있었다. 몇 명의 남자 사용자가 오가는 6시간여 동안 참을성 있게 숨어 있던 남자는 마침내 새벽 1시경 화장실을 이용하려고 들어온 23세 여자를 공격해서 살해했다.

하나의 사건은 하나의 해석에 머물지 않는다. 동일한 사건이라 할지라도 사건에 개입된 개인의 위치(가해자/피해자, 교사/학생, 고용주/고용인), 정치적 입장, 사회의 통념이나 가치관, 관습 등에 따라 다양한 해석이 가능하다. 하나의 사건이 특정한 언어로 설명되고 기억되는 것은 결과적으로 하나의 해석이 다른 해석들을 누르고 규범적인 권위를 획득했음을 의미한다. 사건의 본질을 규정하는 것은 의미를 공식화하는 정치적 행위이며, 이 과정에서 의미 구성의 권위를 차지하려는 치열한 담론 싸움이 벌어지게 마련이다.

강남역 살인 사건의 경우, 사건 해석은 크게 두 가지 방향이었다. 하나는 살인자가 정신병 치료 경력이 있다는 사실에 근거한 '조현병 환자가 저지른 묻지 마 살인'이라는 해석으로 경찰과 검찰, 그리고 몇몇 언론의 지지를 받았다. 다른 하나는 강남역 사건 현장에 모인 여성, 시민운동 단체, 또 다른 몇몇 언론의 목소리로 여성을 향한 성차별 및 성희롱, 성폭력이 구조화된 한국 사회에서 여성 누구에게나 벌어질 수 있는 '여성혐오 범죄'라는 주장이다. 사건 이후 사람들이 희생자를 추모하며 강남역 10번 출구에 붙인 수많은 포스트잇에는 고인을 향한 추모 메시지와 함께 '여자라서', '여자니까' 겪은 성폭력에 대한 저마다의 경험이 담겼다. 여성들은 거리에서, 학교에서, 버스나 지하철에서 겪은 불쾌한 성추행과 폭력의 경험이 개인이 아닌 여성 공통의 경험이라는 사실을 지적하며 한국 사회에 만연한 여성을 향한 폭력에 분노했다. 이와 함께 '남성을 잠재적 가해자로 일반화하는 여성의 피해의식'과 나아가 '남성이라 당하는 억울한 역차별'을 주장하는 목소리 또한 가시화되었다. '여성혐오'는 이렇듯 강남역 살인 사건이 여성혐오 범죄인가 아닌가, 한국 사회가 여성혐오 사회인가 아닌가 하는 논쟁 속에서 존재감을 드러내며 2016년 이후 한국 사회의 주요 어젠다로 부상했다. 이 글은 여성혐오에 관해 한국 사회의 의미 해석이 갈리는 지점을 강남역 사건의 언론 보도라는 프리즘을 통해 살펴보고자 한다.

대중은 미디어를 통해 자신이 실제로 체험하지 못한 다양한 시공간을 경험하며 배운다. 버거와 루크만의 표현을 빌리자면, 사회적 존재로서 개인은 다른 사회적 존재들과 공유하는 공동의 실재, 이른바 상호 주관적 실재를 학습하며 사회화된다.[2] 상호 주관적 실재의 학습이 가능한 것은 주관적인 경험을 객관화해 타인과 공유할 수 있는 기호가 있기 때문인데, 언어가 대표적인 기호다. 그 가운데서도 미디어는 일련의 기호를 나열해 특정한 내용을 선택하고, 강조하거나 배제하는 의미화 작업을 수행한다. 특히 뉴스는 하루에 벌어지는 수많은 사건·사고 가운데 일부를 골라 제한된 지면이나 시간에 전달하며, 이 과정에서 관심 가질 만한 가치가 있는 사회적 의제가 무엇이고 어떻게 이해해야 하는지 의미를 부여한다. 그러므로 어떠한 사건이나 현상에 관해 미디어가 언급하는/하지 않는 것, 혹은 특정한 방식의 재현과 설명을 반복하는 것은 사회적 인식과 가치를 재생산하는 정치적 행위로 이해될 수 있다. 사람들은 공적 기구인 언론은 어떠한 편견이나 감정의 개입 없이 객관적인 뉴스 보도에 충실할 것이라 믿는다. 그러나 이러한 사회적 통념과 달리 미디어는 정부가 통제하는 문화적 규범과 신념을 지지하고 현재의 정치 시스템을 정당화하고 강화하는 내용을 주로 보도한다.[3] 또한 사회적 다수의 가치관이나 정서와 부합하는 기사를 선택적으로 보도하며, 사건을 전달하는 방식 역시 전형적이고 익숙한 서술 방법을 선호하는 경향이 강하다.[4]

여성에 대한 폭력범죄 보도는 언론 보도의 보수성을 확인할 수 있는 대표적 영역이다. 많은 미디어학자, 언론학자가 여성폭력을 정당화하는 사회적 관습과 언론 보도의 관계에 관한 연구를 진행해 왔으며, 연구 결과는 여성 피해자와 남성 가해자의 폭력 사건 보도에 있어 뉴스 가치의 결정과 보도 내용이 여성성/남성성/사랑/강간/폭력에 대한 문화적 신화와 남성·여성의 스테레오 타입으로부터 영향받음을 일관되게 보여 준다.[5] 아내 학대의 오랜 역사 속에서 형성된 때리는 남편과 맞는 아내 관계, 여성의 거절은 거절이 아니라는 강간 신화, 성녀와 창녀의 이분법, 폭력과 남성성을 동일시하는 문화적 관습이 여성에 대한 폭력 사건의 보도 방식에 영향을 미친다는 것이다. 대표적인 몇 가지 발견을 정리해 보자. 우선 눈에 띄는 보도의 특징은 가해자의 파괴적인 가정 환경, 유년 시절의 학대, 정신병력 등을 언급하며 가해 남성을 사회 일반과 구분된 괴물Monster로 재현하는 것이다.[6] 가해 남성이 정신적 질병이나 불우한 가정 환경의 피해자라는 보도는 가해자의 책임을 축소하는 동시에 사건 자체를 정신질환자나 불행한 개인에 의해 벌어진 개인적이고 엽기적인 사건으로 프레이밍하며 여성을 향한 폭력의 일상성을 축소한다. 또한 통제할 수 없는 괴물이 돌아다니는 외부 세계에 대한 공포를 조성하고 공권력의 책임을 묻기보다 잠재적 피해자인 여성이 스스로 경계하고 조심해야하는 일이라고 정당화하는 이중 효과를 불러온다.

뉴스의 관습적인 스토리텔링 방식은 누가, 언제, 어디서, 무엇을, 왜 했는가 하는 행위자 중심의 스토리다. 그러나 익숙한 서술 방식이 성폭력 보도에 되풀이될 때, 가해자의 행위에 집중해 불필요한 폭력 행위를 선정적으로 묘사하거나 가해자 중심의 서사에서 피해자가 무력한 피해자나 사고의 원인 제공자라는 두 가지 유형의 틀에 갇히는 결과를 가져온다.[7] 피해자가 원인 제공자로 제시되는 경우는 특히 여성의 옷차림, 사건 발생 시간, 평소의 남자관계 등에 초점을 맞추어, 사회가 요구하는 행동 규범 안에 머물지 않는 여성에게 불행이 찾아온다고 경고한다. 나아가 이러한 전형적 피해자의 틀에 맞지 않는 여성, 다시 말해 자신의 피해 구제를 호소하거나 자신에게 찾아온 불행에 굴복하지 않는 '피해자답지 않은 피해자'는 피해자의 순수성을 의심받는 당혹스러운 처지에 놓이기도 한다.

이러한 관행적인 보도의 결과는 무엇일까? 가해 남성을 반사회적 괴물로 묘사하는 보도는 성희롱·성추행을 포함해 여성을 향한 성폭력이 가정, 학교, 거리, 직장, 음식점, 지하철이나 택시 등 일상적 장소에서 평범한 남성에 의해서 끊임없이 벌어지고 있는 현실을, 다시 말해 젠더화된 폭력의 일상성을 축소한다. 늦은 밤, 옷차림, 위험한 장소 등 피해 여성의 행위를 지적하는 것은 여성이 여성다운 행동을 하지 않을 때 폭력의 대상이 된다고 암시하여 피해 여성에게 책임을 돌린다. 또한 나이와 직업을 막론하고 대부분의 여성이 성폭력을 경험한다는, 다시 말해 여성이 경험하는 성폭력은 개인이 조심해서 피할 수 있는 것이 아니라는 사실을 외면한다. 힘 있는 가해 남성과 수동적 피해자라는 전형화된 성폭력 보도는 가해자를 고발하거나 자신이 받아 마땅한 사회적 지원을 요청하는 여성을 '순수하지 못한 피

하나의 사건을 보는 두 가지 시선

해자'로 비난하며 2차 피해의 여지를 남긴다.

　　결론적으로, 국내외를 막론하고 여성에 대한 폭력 사건 보도의 문제점은 일상에 만연한 젠더화된 폭력의 본질을 외면한다는 것이다. 역사적으로 남성의 여성 지배를 정당화하고 여성을 남성의 성적 대상으로 규정하는 사회에서, 여성에 대한 폭력은 남성의 여성 지배를 정당화하는 의도적이며 목적 지향적인 행위로 방관 혹은 권장되어 왔다.[8] 젠더화된 폭력은 사건 당사자들의 개인적 관계를 넘어 종속적 여성과 지배하는 남성의 관계를 재생산하는 사회 구조와 분리할 수 없으며, 젠더 그 자체의 권력관계를 재생산한다. 그러나 현재의 뉴스는 이러한 폭력의 본질을 해부하고 논의하는 대신 이미 규범화된 남녀 관계와 위계화된 젠더의 권력관계를 토대로, 성폭력 사건을 불행한 여성에게 벌어진 개별적인 사건으로 다루는 데 익숙하다. 강남역 살인 사건의 보도 현상은 앞선 보도들과 비교해 어떤 점이 다르며 어떤 점이 같았을까?

강남역 살인 보도는 어떻게 이루어졌는가

　　강남역 살인 사건의 일지를 간략히 정리해 보자. 2016년 5월 17일 새벽에 범행이 발생했고 같은 날 오전 범인이 체포되었다. 조현병 환자에 의한 '묻지 마 살인'으로 사건이 보도된 후 5월 18일부터 트위터 등 SNS를 통해 사건에 관한 정보가 확산되고 강남역 10번 출구에 희생자를 추모하는 여성의 발길이 모

	사건 중심 기사	이슈 중심 기사	사설	칼럼	합계
조선	9	4	0	3	16
동아	7	5	0	3	15
경향	6	18	2	8	34
한겨레	5	25	3	11	44

표1 　　 언론사별 강남역 살인 사건 기사 수

이기 시작했다. 사건에 대한 사회적 관심이 높아지는 가운데 경찰은 5월 22일 정신질환자에 의한 '묻지 마 범죄'로 수사 결과를 발표했으며 이어서 6월 1일 신축 건물 남녀 화장실 분리, CCTV 증설, 정신질환자 행정 처분 강화를 골자로 한 여성 대상 강력 범죄 및 동기 없는 범죄 종합 대책이 발표되었다. 사건을 송치받은 검찰은 7월 10일에 이 사건을 여성혐오 범죄가 아닌 정신질환자의 '묻지 마 살인'으로 규정했고, 10월 14일에 서울지방법원이 범인에게 징역 30년을 선고한다.

　　사건이 보도되기 시작한 5월 18일부터 범인에게 징역형이 선고된 이후인 2016년 말까지 주요 신문사, 보수 언론을 대표하는 《조선일보》와 《동아일보》(이하 《조선》, 《동아》), 진보 성향의 《경향신문》(이하 《경향》)과 《한겨레》의 기사를 검색했고 강남역, 조현병, 여성혐오 등의 키워드로 총 109개의 기사를 모았다. 모인 기사의 헤드라인, 소제목, 기사에서 자주 사용되는 용어 등을 세밀히 살펴, 보수와 진보로 정치적 성향이 대비되는 양

진영의 언론이 강남역 살인 사건의 의미를 어떻게 구성하고 여성혐오 담론의 형성에 어떠한 방식으로 개입하는지 추적했다. 또한 각 신문사가 사건을 보도하거나 해설 기사를 낼 때 어떠한 취재원으로부터 정보를 얻는지 정리했다. 취재원을 파악하는 것은 강남역 살인 사건, 나아가 여성혐오라는 사회적 의제에 관해 언론이 누구에게 전문가의 권위를 부여하는지 살피는 의미가 있다.

사건 중심 기사는 경찰 혹은 검찰의 수사 결과 발표를 육하원칙의 관습적인 스토리텔링에 따라 작성한 것이며 이슈 중심 기사는 해당 사건을 해설하고 심층 분석하는 기사다. 사설이 신문사의 공식적 입장을 반영한다면 칼럼은 내·외부 개인 기고자를 통해 더 다양한 의견을 담는다. 기사의 유형이나 질을 떠나 기사의 양적 차이에 일단 주목하자(〈표1〉 참고). 배가 넘는 기사 수의 차이는 방향을 떠나 각 언론사가 해당 사건에 보이는 관심의 크기를 보여 준다.

보도자료와 기사는 가해자의 행동을 강조한다

여성에 대한 폭력 및 살인 사건 보도의 최우선 정보원은 사건을 다루는 경찰과 검찰이며 이들이 제공하는 보도자료가 사건을 재현하는 토대가 된다. 강남역 살인 사건의 보도 역시 사건 중심 프레임의 기사에 있어서 대표적인 정보원은 경찰과 검찰이다. 사건의 파장이 커지면서 사건에 관한 경찰과 검찰 수사 발표, 가해자 현장 검증, 정부의 여성 대상 강력범죄 종합 대책 발표 등 자료가 나올 때마다 네 언론사는 이를 지면에 보도

하는 공통점을 보인다. 2016년 5월 22일 발표된 경찰의 수사 결과와 7월 10일 검찰의 수사 결과는 네 언론사 모두 보도했으며, 6월 1일 여성 대상 강력범죄 종합 대책(《동아》 제외)과 10월 15일 법원의 징역형 구형(《한겨레》 제외)도 세 개 언론사 지면에 공통적으로 보도되었다. 특히 5월 22일과 7월 10일의 경찰/검찰 발표는 이 범죄가 여성혐오 범죄인지 아닌지에 대한 사회적 논란이 뜨거워지는 가운데 이루어진 것으로, 이에 관한 보도로 여성폭력에 대한 이전 기사와의 차이점을 살펴보고자 한다.

먼저 《조선》과 《동아》는 5월 23일과 7월 11일 기사에서 경찰/검찰 발표에 명시한 가해자 김 씨의 정신질환을 상세히 인용해 보도한다. "청소년기부터 혼자 앉았다 서기를 반복하는 등 특이 행동을 보였고 (…) 2008년부터 1년 이상 씻기를 거부하는 증상을 보이는 등 기본적인 자기 관리 능력을 상실했다"(《조선》, 2016년 5월 23일), "누군가 나를 욕하고 있다고 하소연하고 앉았다 일어나는 행동을 반복하는 등 기이한 행동 (…) 총 19개월간 정신 병원 입원 치료를 받았다"(《동아》, 2016년 5월 23일) 등의 내용이 그것이다. 또한 양 언론은 가해자 김 씨의 발언에도 지면을 할애한다. "여성들이 자신을 과도하게 견제한다는 느낌을 받았고 거리에서 모르는 여성이 담배꽁초를 던지면 자신을 겨냥한다고 여겼다"(《동아》, 2016년 5월 23일), "여성들이 천천히 걸어가면서 자신을 지각하게 만든다, 경쟁의식을 느낀다"(《조선》, 2016년 5월 22일)라는 내용이다.

가해자의 정신병력과 범행 동기를 경찰/검찰 발표 인용을 통해 보도한 《조선》과 《동아》는 또한 해당 사건을 혐오범죄가 아닌 '묻지 마 살인'으로 규정하는 경찰/검찰의 주장을 수용하며 보도한다. 유사한 사건을 혐오범죄가 아닌 정신질환자에 의한 범죄로 구분한 선례가 있다는 점(《조선》, 2016년 5월 23일)과 가해자가 여성 교제 전력이 있으며 휴대폰으로 여성이 등장하는 성인물을 보았기 때문에 여성혐오자가 아니라는 검찰의 수사 결과를 이의 제기 없이 보도(《조선》, 2016년 7월 11일;《동아》, 2016년 7월 11일)했다.

해당 사건을 정신질환자가 일으킨 '묻지 마 살인'으로 규정하는 경찰/검찰 발표를 비판 없이 인용 보도한《조선》,《동아》와 비교해《경향》,《한겨레》는 경찰의 수사 결과를 인용 보도하는 한편, 사건 원인과 배경에 관해 다른 의견을 제시하거나 경찰/검찰 수사 결과의 신빙성을 의심하고 비판한다.

"여자들이 내 어깨를 툭툭 치고 다닌다"(《경향》, 2016년 5월 23일), "사건 이틀 전 한 여성이 나에게 담배꽁초를 던졌고 나에게 피해를 준다고 생각했다"(《경향》, 2016년 7월 11일), "직업적으로 피해를 준다고 생각해 더 이상 못 참겠다고 느꼈다"(《한겨레》, 2016년 5월 23일) 등 경찰/검찰 발표에서 가해자의 말을 인용해 보도하는 것은《조선》,《동아》와의 공통점이다.

차이점은 정신질환자의 '묻지 마 범죄'라는 경찰 발표에 대해 정신질환자의 잠재적 범죄 성향이 높지 않다는 보건복지부의 몇 달 전 발표 자료를 나란히 보도하며 경찰 발표의 신빙성이 낮다고 간접적으로 비판(《경향》, 2016년 5월 23일)하거나 이미경 한국성폭력상담소장의 인터뷰를 인용해 경찰 발표와 달리 이 사건이 여성에게 가해지는 폭력의 일상성을 담보한다고 지적(《한겨레》, 2016년 5월 23일)한 것이다. 또한 검찰 발표 보도에 있어 '여성혐오 범죄가 아니라고 발표하면서도 그 이유는 설명하지 못했다'라는 평을 더한 것(《경향》, 2016년 7월 11일)도 경찰/검찰의 발표를 의문 없이 보도한 《조선》, 《동아》와의 차이점이다. 또한 《한겨레》는 검찰 발표를 보도하는 기사에서 가해자가 정신질환자라는 이유로 가능한 피의자 감형 반대 탄원 운동과 포괄적 차별금지법 제정 청원 운동이 벌어지고 있음을 소개해 시민·여성 단체는 사건을 경찰/검찰의 발표와 다르게 인식하고 있음을 알린다(《한겨레》, 2016년 7월 10일).

정신질환자에 의한 '묻지 마 살인' VS 여성혐오 범죄

5월 23일과 7월 11일의 기사를 포함, 네 언론사는 사건 초기 가해자 중심의 사건 보도, 6월 1일 여성 대상 강력범죄 및 동기 없는 범죄 종합 대책 발표, 10월 14일 서울중앙지방법원의 판결 결과 등 사건 중심 보도에 있어서는 기사의 양에서 큰 차이를 보이지 않으며 내용에서도 《경향》과 《한겨레》가 공적 기관 발표 외 시민·여성 단체의 비판적 평가를 소개하는 정도의 차이를 보이는 것에 그친다. 하지만 사건의 원인과 배경, 해결책을 다루는 이슈 중심 기사에 있어서는 언론사별로 괄목할 만한 차이가 있다.

《동아》는 5건의 이슈 중심 기사⁹ 가운데 2건은 공용 화장실 안전의 문제점 지적(2016년 5월 19일, 2016년 5월 20일)에, 1건은 조현병 환자 관리 체제의 허술함 비판(2016년 5월 23일)에 할애했으며 1건은 강남역에서 벌어지는 남녀 갈등 비판(2016년 5월

24일)을 다루었다. 마지막 1건은 여성 대상 범죄 특별 대응 방안 발표 이후에 쓰인 것으로 여성 대상 범죄 청산을 위한 양성평등 문화의 중요성을 단편적으로 언급한다(2016년 5월 24일).

《동아》의 사건 인식은 기사 제목에서 드러나는데, 5건의 기획 기사 가운데 3건의 기사 제목에서 강남역 살인 사건을 "화장실 묻지 마 살인"(2016년 5월 20일), "강남역 화장실 살인"(2016년 5월 23일), "강남 묻지 마 살인"(2016년 5월 24일)으로 호명한다. 또한 이 사건을 여성혐오로 바라보는 여성계의 시각이 사회적 혼란을 키운다고 지적한다.

> 온라인에서 일부 누리꾼이 '여혐범죄'라는 주장을 제기하고 일부 극우 누리꾼이 '여혐론'을 반격하는 글을 올리면서 추모 분위기는 엉뚱한 방향으로 흘렀다. '여자라는 이유로 죽어야 하나요?'라고 적힌 쪽지 위에 '남자들을 범죄자 취급하지 마라'라는 쪽지가 덧붙었다. 서로 간에 주먹다짐이 오가기도 했다. '성대결'의 장으로 변해 버린 추모 현장을 팝콘을 먹어 가며 '관람'하는 철없는 고등학생도 있었다. —《동아》, 2016년 5월 24일

《조선》은 4건의 이슈 중심 기사[10]를 보도했는데, 조현병의 선진적 치료 방안 제안(2016년 6월 1일), '묻지 마 범죄' 유형 및 대책(2016년 6월 3일), 강남역 남녀 갈등 상황(2016년 5월 20일)과 추모 열기 확산에 대한 진단(2016년 5월 21일)이 각각의 내용이다. 5월 20일과 5월 21일 기사 내용을 일부 발췌한다.

추모의 벽을 찾은 직장인 송 모 씨(여, 26)는 '여성뿐 아니라 노인이나 어린이 같은 사회적 약자가 범죄에 노출돼 있다는 것이 문제 아니냐'라며 '여성에게 무시당해 범행을 저질렀다는 범인의 변명에 현혹되면 안 될 것 같다'라고 말했다. ─《조선》, 2016년 5월 20일

강남역에서 시작된 애도가 전국으로 확산되는 것에 대해 전문가들은 '이번 사건이 여성혐오 범죄인가 아닌가 하는 범죄의 성격 논쟁을 뛰어넘어 여성을 비롯한 사회적 약자들의 불안감 표출이란 새로운 사회적 현상으로 발전하고 있기 때문'이라고 분석했다. ─《조선》, 2016년 5월 21일

《조선》의 지면에 실린 2건의 기사에서 강남역 살인 사건의 본질은 '여성'에 대한 폭력이 아닌 '사회적 약자'에 대한 폭력으로 규정된다. 여성만이 아니라 모든 사회적 약자가 폭력에 노출되어 있다는 지적은 지극히 당연하다. 그러나 여성이라는 특정 대상을 사회적 약자로 일반화하면 피해 대상이 '여성'일 때에 가능한 구체적인 논쟁들, 예를 들어 여성혐오 범죄란 무엇인가, 여성혐오 범죄의 원인과 대책은 무엇인가, 왜 여성인가 등의 문제의식은 희석된다.

즉, 《조선》의 보도는 이 사건과 관련해 여성혐오에 대한 인식이 확장되는 것을 지지하기보다는 사회적 약자의 보호라는 당위적 명제를 내세워 이를 경계하는 것으로 해석할 수 있다. 이는 사건의 본질보다 사건에 대한 다른 인식이 가져오는 갈등

에 초점을 맞춤으로써 여성혐오에 관한 논의를 희석하는《동아》의 보도 방식과 유사하다.

이제《경향》과《한겨레》를 보자. 먼저《경향》은 18건의 기사 가운데 여성을 향한 폭력의 일상성에 대한 여성들의 고발을 다루는 기획 기사[11]와 살인 사건 이후 SNS 등을 중심으로 이어지는 추모 집회 등 여성주의 캠페인 소개, 여성 단체나 운동가의 진단 및 대안 제시 등의 여성주의 진영의 입장을 다룬 기사[12]가 다수를 차지한다. 이에 더해 경향신문 기자들이 실시한 강남역 추모 현장 포스트잇 전수 조사,[13] 강남역 추모 현장의 남녀 갈등 상황[14]에 관한 기획 기사가 있다.

25건의 기획 기사를 보도한《한겨레》는 여성을 향한 폭력의 일상성을 고발하는 기사,[15] 여성 단체나 여성주의 운동가 여성혐오에 대한 대안,[16] 강남역 추모 현장 혹은 온라인에서 벌어지는 남녀 갈등 상황[17]에 관한 기사가 17건에 이른다. 그 외에는 이 사건에 대한 경찰/검찰의 수사 결과 및 정부의 대책 마련에 관한 비판(2016년 5월 23일, 2016년 6월 1일, 2016년 7월 11일) 기사였다.

기획 중심 기사로《경향》과《한겨레》가 강조하는 것은 강남역 사건이 여성이 경험하는 폭력의 일상성과 결부해 여성혐오에 대한 자각으로 확장되어 간다는 것이다.

경기 수원에서 직접 찾아와 '살女주세요, 넌 살아男았잖아'라는 문구를 포스트잇에 써 붙인 여성 ㄱ 씨(27)는 "여성을 겨냥한 범죄가 만연한데 계속 '묻지 마 살인'으로 포장된다"라며 "정신병자가 '묻지 마 살인'을 한 게 아니라 한국의 구조적인 문제가 드러난 것"이라고 말했다.

―《경향》, 2016년 5월 19일

대학원생 정 아무개 씨(35)는 '지하철에서 성추행, 밤길에서 느꼈던 공포 등을 스스로 잊어 버리고 살아왔다. 그런데 이번 사건을 보면서 정말 무섭다는 생각이 들었다. (…) 강남역에선 요즘에서야 이런 일들이 비일비재하다고 느꼈는데 사실은 많은 여성이 그것을 자기 입으로 얘기하지 못했다. 이제야 제 언어를 찾게 된 것 같다'라는 여성도 있었다. ―《한겨레》, 2016년 5월 21일

지금까지의 차이를 정리해 보면,《조선》과《동아》의 보도가 5월 22일과 7월 11일의 경찰/검찰 수사 발표, 6월 1일 여성 대상 강력범죄 종합 대책과 10월 15일 법원의 징역형 구형 등 사건에 대한 공적 발표, 혹은 선고가 나오는 시점으로 국한되며 내용 또한 공적 기관의 보도자료를 해설하는 정도로 제한된 반면,《경향》과《한겨레》는 경찰/검찰의 보도자료 발표뿐 아니라 강남역 추모 공간에서 벌어지는 여러 가지 행사 및 발언, 여성계 및 시민단체가 제시하는 여성혐오의 문제점, 또한 경찰/검찰 및 정부 기관의 발표에 대한 시민과 여성단체의 비판 등의 주제를 폭넓게 다루며 말 그대로 '기획' 기사의 면모를 보인다.

《조선》과《동아》가 강남역 살인 사건을 정신질환자에 의한 '묻지 마 살인'으로 규정하며 경찰/검찰의 입장 보도에 충실

하고, 사건의 원인을 남녀 공용 화장실과 정신질환자 관리의 허술함에서 찾으며 여성혐오 논의의 사회적 확산을 경계하는 반면, 《경향》과 《한겨레》는 경찰/검찰의 사건 해석에 동의하지 않으며 이 사건이 여성혐오 사건이라는 것과 나아가 여성을 향한 폭력과 혐오의 일상성을 고발하는 여성/여성계의 목소리를 보도하는 데 비중을 둔다. 같은 사건을 두고 보수·진보 진영의 언론이 정신질환자의 '묻지 마 살인'과 여성혐오 살인이라는 각각 다른 해석을 하고 있음을 확인할 수 있다.

강남역 살인 사건에 대한 언론사별 입장 차이는 기획 보도를 위해 인터뷰한 취재원의 유형과 취재원으로부터 인용된 내용에 이르러서 더욱 구체화된다. 따라서 각 언론사에서 기획 기사를 위해 인용한 취재원의 유형과 숫자, 그리고 이들의 발언 내용을 요약해 살펴보자.

누구의 목소리를 담아내는가

'묻지 마 살인'과 여성혐오 살인이라는 각 주장을 지지하고자 언론사가 사용하는 대표적인 방식은 객관성을 담보하는 '시민의 목소리'vox pop를 이용하는 것이다. 언론에 등장하는 '시민의 소리'는 불특정 다수, 즉 대중의 의견을 대표하며 객관적인 여론을 반영하는 증거인 것처럼 제시되지만, 이처럼 언론사별 해석이 엇갈리는 경우 자신들의 주장에 다수의 지지라는 권위를 더하는 도구로 사용된다. 여기에 더해 전문가 인터뷰 역시 언론사별로 차이를 보인다.

자세한 분석을 위해 각 언론사의 이슈 중심 기사 보도에서 취재원으로 활용된 시민과 전문가의 유형을 표로 살펴보고 자 한다. 시민의 경우 기자의 면대면 인터뷰 외에 인터넷 사이트 글을 글쓴이의 아이디를 구체적으로 명시하며 인용한 것 또한 취재원을 활용한 것으로 분류했다. 교수나 의사, 변호사 등 일반적인 의미의 전문 지식인을 전문가로 분류했고, 또한 여성 단체의 대표 이름과 단체명이 함께 거론된 것이 많아 여성 운동 단체 및 여성 운동가를 하나의 범주로 분류했다. 그 외의 유형은 경찰과 공무원, 기타로 구분했다.

시민 인터뷰 발언 내용 가운데 강남역 살인 사건이 여성혐오 범죄라는 주장이나 여성에 대한 일상적 폭력이 만연해 여성이라면 누구나 유사한 사건의 피해자가 될 수 있다는 주장은 여성혐오를 인정하는 내용으로 분류했다. 반면, 사건을 정신질환자에 의한 살인으로 보거나 여성혐오 사건이 아닌 사회적 약자를 향한 일반적인 '묻지 마 살인'으로 보아야 한다는 의견, 여성혐오를 주장하는 사람들을 비판하는 내용, 남성에 대한 역차별을 주장하는 내용은 여성혐오를 부정하는 것으로 분류했다. 여성혐오에 관한 언급 없이 공용 화장실 이용 경험의 불편함을 얘기하는 내용은 공용 화장실 범주로, 그 외 의견은 기타로 분류했다.

《조선》은 총 열여덟 명의 취재원을 활용했다. 그중 시민은 여섯 명, 전문가가 여덟 명, 경찰이 네 명이다. 시민 여섯 명 가운데 사건에 여성혐오적인 성격이 있다고 생각하는 경우는 3건, 반대는 1건이었다. 아예 여성혐오에 대한 언급 없이 공용 화장실의 문제만을 거론한 내용은 2건이다.

하나의 사건을 보는 두 가지 시선

취재원 유형	수(명)	인용 내용
시민	6	여성혐오 인정(3) 여성혐오 부정(1) 공용 화장실(2)
전문가-정신과 전문의	4	조현병 환자 관리(4)
전문가-범죄학자	3	'묻지 마 범죄' 원인 및 대책(3)
전문가-여성학자	1	사건의 여성혐오적 속성(1)
경찰	4	사건 내용, 가해자 정보(4)
공무원	0	—
기타	0	—

표2　《조선》 이슈 중심 기사에 인용된 취재원의 유형과 내용

　　인용된 취재원 가운데 경찰은 5월 23일, 7월 11일 기사와 유사하게 사건에 대한 경찰/검찰의 공식적 입장을 대변한다. 여덟 명의 전문가 가운데 한 명의 여성학자가 강남역 살인 사건이 여성혐오적인 속성을 가지고 있다고 주장한 반면, 일곱 명의 범죄학자와 정신과 전문의는 '묻지 마 살인'의 원인과 대책, 조현병 환자의 관리와 조현병 환자가 저지를 수 있는 범죄의 예방에 관한 의견을 제시한다. 범죄학자와 정신과 전문의 인터뷰는 경찰이 사건을 정신질환자에 의한 '묻지 마 살인'으로 규정한 경찰 수사 결과 발표(2016년 5월 23일) 이후 「조현병, 1년에 주사 4회 맞으면 정상 생활 가능」(2016년 6월 1일), 「묻지 마 범죄자에 묻고 싶다, 길 가는 사람에게 왜?」(2016년 6월 3일)라는 제목의 기사에 실린 것이다. 이를 통해《조선》은 5월 23일 경찰의 발표를 신뢰하

고 있으며, 해당 분야 전문가를 인터뷰하는 기획 기사로 정신질환자에 의한 '묻지 마 살인'이라는 경찰 발표에 권위를 더하는 것을 알 수 있다.

즉 《조선》의 기획 기사는 공용 화장실의 문제점—조현병 환자 관리—'묻지 마 범죄'의 심각성으로 이어지는 일련의 보도를 통해 강남역 살인 사건을 '조현병 환자에 의해 공용 화장실이라는 특정 공간에서 벌어진 묻지 마 살인'으로 규정한 경찰/검찰의 주장을 지지한다.

취재원 유형에 있어 《동아》는 공용 화장실과 조현병 관리에 비중을 두고 있다. 다른 언론에 등장하지 않는 취재원으로 피해자의 오빠가 있으며 인용한 내용은 강남역에서 벌어지는 남녀 갈등 상황에 대한 유가족의 분노다.

여성들이 돌아가며 '여성혐오가 사회에 만연했다'라는 규탄 발언을 하고 있을 때였다. 경찰의 제지로 물러선 이 남성은 '죽은 사람과 관련도 없는 자신들만의 얘기를 하고 있다'라며 흥분을 감추지 못했다. 그는 피해 여성의 친오빠였다. 여동생의 죽음을 추모하는 자리에서 여혐과 반여혐의 소모적 논쟁을 벌이는 현실에 슬픔과 분노를 감추지 못하는 모습이었다. —《동아》, 2016년 5월 24일

동생을 잃은 친오빠의 분노는 강남역 살인 사건을 사회적 사건에서 유가족이 존재하는 개인적 사건으로 치환한다. 망자를 애도하는 유가족의 애통함이 전면에 배치되고 유가족의

취재원 유형	수(명)	인용 내용
시민	9	여성혐오 인정(1) 여성혐오 부정(2) 공용 화장실(5) 기타(1, 피해자 오빠)
전문가-정신과 전문의	2	조현병 환자 관리(2)
전문가-사회학자	1	사건의 여성혐오적 속성(1)
경찰	4	사건 내용, 가해자 정보(4)
공무원	2	공용 화장실 설치
기타	0	—

표3 《동아》의 이슈 중심 기사에 인용된 취재원의 유형과 내용

입을 빌려 선포된 '소모적 논쟁'에 대한 비판은 강남역 추모 공간을 여혐과 반여혐의 대립장으로 규정하며 '어쨌든 갈등은 나쁘다'라는 양가적 평가로 가둔다.

아홉 명의 시민 가운데 절반이 넘는 다섯 명과 두 명의 공무원 취재원의 인터뷰가 공용 화장실 남녀 분리의 필요성에 대한 것이며 정신과 전문의 두 명을 인용해 조현병 환자 관리의 중요성을 강조한다. 이는 강남역 살인 사건을 정신질환자에 의한 '묻지 마 사건'으로 규정하며 공용 화장실 개선과 조현병 환자 관리에서 해결책을 찾는 《조선》의 보도와 맥을 같이하는 것으로 분석된다.

시민과 전문가 인터뷰를 활용해 공용 화장실 문제에 무게를 둔 《조선》, 《동아》와 비교해 「"공용 화장실 '남·여 분리'하

라"… 제도 개선 움직임 탄력」(2016년 5월 29일) 한 건의 기사를 제외하고 공용 화장실 문제는 《경향》의 지면에서 다시 찾아볼 수 없었다. 또한 정의당 대변인을 통해 혐오범죄 가중 처벌에 대한 당론을 소개한 1건이 정당 관계자를 취재원으로 활용한 유일한 사례다. 《조선》, 《동아》와 마찬가지로 수사 결과를 보도자료로 발표한 경찰은 가해자에 대한 정보를 포함, 사건 내용을 전달하는 주된 취재원의 역할을 수행한다.

《경향》의 취재원 활용에서 가장 많은 비중을 차지하는 것은 시민이며 그다음은 전문가, 여성 운동 단체 및 여성 운동가의 순이다. 눈에 띄는 것은 인용된 열일곱 명 시민 전원이 여성에 대한 일상적인 폭력을 토로하거나 강남역 살인 사건을 여성혐오 범죄로 규정하는 등 여성혐오를 인정하는 의견을 제시한다는 점이다. 또한 같은 정신과 전문의라도 《동아》나 《조선》 보도에 취재원으로 인용된 전문의는 정신질환자의 관리 및 치료를 강조하며 정신질환자에 의한 '묻지 마 살인'이라는 경찰/검찰 주장에 전문가의 권위를 더한 반면, 《경향》에 인용된 전문의는 범인인 정신질환자가 여성을 범행 대상으로 선택한 것에 주목하며 사건을 여성혐오적인 맥락에서 보아야 한다는 의견을 제시한다.

여성 단체 혹은 여성 운동가의 인터뷰는 공통적으로 강남역 사건이 여성혐오 범죄라는 주장과 함께 여성에 대한 일상적 폭력 비판 및 성차별 문화 개선의 필요성을 제시하는 것이며, 이러한 역할은 전문가로 등장하는 여성학자나 사회학자도 크게 다르지 않다. 정리하자면, 《경향》은 시민, 여성 운동 단체

취재원 유형	수(명)	인용 내용
시민	17	여성혐오 인정(17)
전문가-정신과 전문의	3	정신질환자보다 여성혐오적인 사회가 문제(3)
전문가-교수 (여성학, 사회학)	9	강남역 사건이 여성혐오 범죄라고 주장, 여성에 대한 일상적 폭력 비판 및 성차별 문화 개선의 필요성 제시(9)
여성 운동 단체 및 여성 운동가	10	강남역 사건이 여성혐오 범죄라고 주장, 여성에 대한 일상적 폭력 비판 및 성차별 문화 개선의 필요성 제시(10)
경찰	5	사건 내용, 가해자 정보(5)
공무원	1	공용 화장실 남녀 분리 개선(1)
기타	2	혐오범죄 가중 처벌(화장실문화시민연대, 정당)(2)

표4　《경향》의 이슈 중심 기사에 인용된 취재원의 유형과 내용

및 여성 운동가, 전문가의 입을 통해 강남역 살인 사건이 여성혐오 범죄이고, 여성을 향한 일상적 폭력이 여성혐오를 반영하며, 여성혐오를 해결하려면 성차별적인 문화와 제도가 개선되어야 한다는 주장을 재생산한다.

　　《한겨레》의 취재원 인용은 시민이 가장 많으며 여성 운동 단체 및 여성 운동가와 전문가가 동수로 그다음의 비중을 차지한다. 시민 의견의 다수는 여성혐오 현상을 인정하며 비판하는 내용이었고, 여성혐오를 부정하는 내용으로는 「"여성 공격 말라" 호소마저, 마스크 쓰고 외쳐야 한다니」(2016년 5월 23일), 「여성 '무시'에서 '적대'로… SNS와 결합해 공격성 증폭」(2016년 5월 24일), 「20대 남성들 "나는 군대 가고 취업도 힘든데…" 비뚤

취재원 유형	수(명)	인용 내용
시민	33	여성혐오 인정(27), 여성혐오 부정(4), 기타(2, 피해자 어머니와 피해자 남자 친구)
전문가-정신과 전문의	1	정신질환자가 아닌 여성혐오적인 사회가 문제(1)
전문가-교수 (여성학, 사회학)	9	강남역 사건이 여성혐오 범죄라고 주장, 여성에 대한 일상적 폭력 비판 및 성차별 문화 개선의 필요성 제시(9)
전문가-법학과 교수, 변호사	7 (익명 1인 포함)	정부 정책 비판(5), 여성혐오 범죄에 대한 법률적 대처 방안(2) 제시
여성 운동 단체 및 여성 운동가	17	강남역 사건이 여성혐오 범죄라고 주장, 여성에 대한 일상적 폭력 비판 및 성차별 문화 개선의 필요성 제시(17)
경찰	12	사건 내용, 가해자 정보(12)
공무원	2	정부 여성혐오 범죄 대책 설명(2)
기타	4	차별금지법 제정(정당)/혐오범죄 규탄(성소수자 인권 단체)(4)

표5   《한겨레》의 이슈 중심 기사에 인용된 취재원의 유형과 내용

어진 표적」(2016년 5월 25일) 등 여성혐오 범죄를 주장하는 여성에 대한 거부감을 소개하거나 남성 역차별을 주장하는 남성의 인터뷰가 4건 보도되었다. 다른 언론사에는 없는 취재원으로는 피해자의 남자 친구와 피해자의 어머니가 있으며 기사에 인용된 발언은 가해자가 정신질환자라는 이유로 무기징역이 아닌 징역 30년이 선고된 것에 반대하는 내용이다.

또한《한겨레》는 사건을 정신질환자에 의한 '묻지 마 사

건'으로 규정하고 CCTV 설치, 정신질환자 관리, 공용 화장실 개선 등을 해결책으로 제시하는 정부를 비판하는 보도에도 적극적이다. 정부를 향한 비판은 시민과 여성 단체, 전문가의 인터뷰로 이루어지는데, 6월 1일 여성 대상 강력범죄 및 동기 없는 범죄 종합 대책이 발표된 이후 「경찰, 이번엔 남녀 갈등 조장한다며 온라인 글 삭제 나서」(2016년 6월 1일), 「여혐 대책은 '구색 맞추기'」(2016년 6월 1일) 같은 기획 기사에서 두드러진다.

강남역 살인 사건에 대해 "여성혐오 범죄가 아니다"라고 재빨리 선을 긋고 정신질환자 관리, 온라인 여혐·남혐 갈등 차단 등 인권과 표현의 자유 침해 우려가 큰 대책을 연이어 내놓고 있기 때문이다. (…) 홍성수 숙명여대 법학과 교수는 "범죄 예방이나 치안 활동이라 할 수 있을지 의문이다. 경찰의 권한 남용 소지가 있어 보인다"라고 주장했다. (…) 한 인권 변호사는 "강남역 사건의 사회적 의미를 축소시키기 위해 가장 쉬운 방법으로 정신질환자를 택한 맥락이 엿보인다"라고 지적했다. —《한겨레》, 2016년 6월 1일

강남역 10번 출구 페이스북 관리자 양지원 씨는 "정부 대책은 정신장애인에 대한 편견을 높이는 대책에 불과하다. 우리 사회는 일상적으로 존재하는 여성에 대한 차별과 멸시, 혐오 등의 문제를 직시하고 차별금지법 제정이나 성평등 교육 강화를 비롯해 근본적이고 장기적 해결책을 제시해야 한다"라고 말했다. 홍성수 숙명여대 교수

도 "여성혐오가 가장 극단적 형태로 발현되는 강력범죄
만 잡겠다는 식으로 대처하면 빙산의 일각을 다루는 것
일 뿐이고 정책 효과도 크지 않을 것"이라며 "여성혐오와
여성차별에서 비롯될 수 있는 여러 문제를 어떻게 해결
할 것인지와 관련해 정부가 명확한 의지 표명에 나서고
중장기 대책 수립에 들어가야 한다"라고 말했다.

— 《한겨레》, 2016년 6월 1일

이외에 《한겨레》에만 등장하는 취재원으로 '행동하는 성
소수자 인권연대'와 '전국장애인차별철폐연대' 활동가(2016년 6월
6일)가 있으며 이들은 「"여성혐오 하는 세상을 바꾸자" 여성·장
애인·성소수자 공동 연대」라는 기사에서 혐오범죄에 대한 공동
저항을 주장한다. 또한 강남역 추모 행동 참여 여성이 사이버
성폭력에 법적 대응을 한다는 기사와 이들을 대표하는 변호사
의 인터뷰도 《한겨레》에서만 보도되었다.

결론적으로 《한겨레》는 《경향》과 유사하게 강남역 살인
사건이 여성혐오 범죄라는 것, 여성에 대한 일상적 폭력이 여성
혐오의 현상이라는 것, 여성혐오를 해결하려면 성차별적인 문
화와 제도가 개선되어야 함을 주장하며, 이를 지지하는 시민과
시민단체를 활용하는 취재 경향을 보여 준다. 또한 사건을 정신
질환자에 의한 '묻지 마 살인'으로 규정하는 관계 기관의 정치적
의도를 비판하며 경찰/검찰의 공권력 남용을 경계한다.

해설 기사 외에도 《조선》과 《동아》는 각각 세 편의 칼럼
과 두 편의 사설로 정신질환자 관리 정책의 문제점을 비판하며

사건의 초점이 조현병 환자에 의한 '묻지 마 살인'임을 강조한다. 이와 대조적으로 《경향》과 《한겨레》는 다양한 외부 필진을 동원해 일상에 만연한 여성에 대한 폭력과 혐오 문화 비판에 초점을 맞춘다.

하나의 사건, 두 가지 해석

지금까지 살펴본 바로, 강남역 살인 사건에 대한 《조선》과 《동아》의 보도는 젠더화된 폭력 보도의 문제점에 대한 선행 연구의 지적, 즉 가해자의 불우한 성장 과정이나 정신병력을 강조하고 피해 여성의 책임을 부각해 사건의 공적 성격을 최소화한다는 기존의 비판으로부터 자유롭지 않다. 사건의 원인을 남녀 공용 화장실과 정신질환자가 거리를 활보하도록 방치한 관리 소홀에서 찾는 《조선》과 《동아》는 이에 대한 해결책 또한 남녀 공용 화장실의 분리와 정신질환자 및 사회적 부적응자 관리 강화에서 찾는다.

하지만 현실적으로 모든 공동 화장실을 남녀 분리 화장실로 바꿀 수 없고, 모든 화장실이 성별에 따라 분리가 되더라도 화장실을 포함하여 사회적 공간에서 벌어지는 범죄를 모두 원천적으로 예방하는 것은 불가능하다. 모든 정신질환자가 범죄를 저지르는 것도 아닐 뿐더러 정신질환자를 예비 범죄자로 간주하는 과도한 통제는 인권 침해 가능성이 있다. 가능하지 않은 대안을 대안으로 제시할 때 결국 사건·사고의 책임은 개인

몫이 되며 피해자에 대한 사회적 책임은 최소화된다. 남성이 두려움 없이 이용하는 공용 화장실을 여성은 두려워해야 한다면, 이러한 두려움은 젠더화된 것이다. 이때 여성이 느끼는 두려움의 근원에는 여성이라서, 여성만이 경험하는 젠더화된 폭력이 자리 잡고 있다. 공용 화장실에 책임을 전가하기보다는 젠더화된 폭력이 발생하는 원인, 젠더화된 폭력에 노출된 여성의 두려움, 사회적인 대책 등의 논의가 필요하다.

사건을 여성혐오 범죄로 규정하는《경향》과《한겨레》는 사건 원인을 한국 사회에 만연한 성차별적 문화, 즉 여성을 남성보다 열등하거나 수동적인 존재로 규정하며 여성에게 가해지는 남성의 폭력에 문화적인 관용을 부여하는 여성혐오 문화에서 찾는다. 문제의 해결책 또한 여성혐오 문화에 대한 반성과 개선에서 찾는《경향》·《한겨레》는 이 주장을 위해《조선》·《동아》와 마찬가지로 시민, 정신과 전문의, 여성 단체, 여성학자, 다양한 현장 운동가 등의 목소리를 동원한다. '묻지 마 살인'과 '여성혐오 범죄'라는 뚜렷한 입장 차이는 이슈 중심 기사의 주제 선정 및 취재원 활용, 칼럼, 사설 등으로 반복·확장된다. 강남역 살인 사건이라는 하나의 사건이 사건을 호칭하는 기호와 이를 지지하는 다양한 언론 활동으로 '정신질환자가 저지른 묻지 마 살인 사건'(《조선》과《동아》)과 '여성에 대한 일상적인 폭력이 집약된 여성혐오 범죄'(《경향》과《한겨레》)라는 다른 현실로 재구성되는 것이다.

사건에 관한 인식은 각 언론사의 정치적 위치에 따라 그 차이가 선명하게 드러난 반면, 언론사별로 자신의 주장을 지지하고 강화하는 데 사용한 방식은 유사하다는 점을 결론에서 지적하고 싶다. '시민의 소리'는 각 언론의 보도에서 가장 많이 동원하는 의미화 작업 방식이다. 언론은 시민이 경험하는 부정의를 대변한다는 정당성과 권위를 스스로 부여하고자 '시민의 목소리'를 이용한다. 그러나 앞선 분석에서 보이듯, 정당성과 객관성을 담보하는 수단으로 인용되는 '시민의 목소리'는 사실상 언론사가 자신이 원하는 방식으로 현실을 재구성하고 문제를 제기하기 위한 전략으로 사용되고 있다. 언론사의 주장에 동의하는 '시민의 목소리'를 선택적으로 보도하는 관행은 시민의 익명성을 이용해 특정 의견을 다수 의견으로 규정하며, 해당 언론사의 의미 구성 방식이 정의로운 것이라고 설득한다. 《동아》가 활용한 '피해자의 친오빠'와 《한겨레》의 '피해자의 남자 친구' 역시 언론이 자신의 주장을 위해 취재원을 편의적으로 활용한다는 의혹에서 자유롭지 못함을 보여 준다.

한 번의 연구 결과로 젠더적 이슈에 있어 진보와 보수 언론의 차이를 규정할 수는 없다. 하지만 동일한 사건의 의미 구성이 언론의 보도 방식에 따라 어떻게 다르게 구성되는지를 보여 주는 적절한 사례라 생각한다. 이 글이 특정한 방식의 재현으로 실재를 재구성하는 정치적 행위의 중요성에 관해 생각하는 기회가 되길 기대한다. 미래의 저널리스트를 꿈꾸는 독자나 정의로운 재현을 고민하는 독자라면 더욱 비판적인 독서가 가능할 것이다.

몇 년 사이 언론계 전반에 걸쳐 상명하복의 권위적 조직 문화에 변화가 생기기 시작한 것, 젠더 감수성이 필요한 뉴스,

특히 성폭행 보도에 있어 형식적인 객관주의를 고수하는 기사 형식에 문제를 제기하기 시작한 것은 반가운 일이다. 성폭력 피해자의 2차 피해를 야기하는 선정적 보도의 문제점에 관한 여성계와 학계의 지적이 어느 때보다 활발한 것도 고무적이며, 이러한 지적이 대안적 뉴스 생산에 대한 고민과 실천으로 이어지길 기대한다. 그런 한편으로는 남성 역차별이라는 거대 담론 안에서 젠더와 세대의 갈등을 넘나드는 다양한 사회적 논의가 등장하는 현상에도 주목해야 할 것이다. 실재는 기호로 구성된다. 미디어는 기호의 조합으로 우리가 사는 현재를 설명하며, 정의와 비정의, 상식과 비상식을 경계 짓는다. 하나의 사건이나 현상이 다른 기호로 호명되는 것은 사회적 정의를 겨루는 정치적 행위다. 사건의 원인과 본질에 대한 해석은 결국 한정된 사회적 자본의 사용과 제도 개선에 영향을 미치며 시민 공동체의 미래를 결정 짓는다. 언론 보도에 시민의 비판적 해독이 필요한 이유다. 이 글이 의미 구성을 둘러싼 시민의 역할을 새롭게 고민하는 작은 계기가 되기를 바란다.

'좋아요'가 만드는
'싫어요'의 세계[1]

온라인 '여성혐오' 현상과 페이스북

3장

김수아·김세은

김수아

서울대학교 언론정보학과를 졸업하고, 동 대학 언론정보학과에서 석·박사 학위를 받았다. 현재 서울대학교 언론정보학과/여성학 협동과정에서 가르치고 있다. 대중 문화와 팬덤, 페미니즘 문제에 관심을 가지고 연구하고 있다. 「온라인상의 여성혐오 표현」, 「온라인 커뮤니티와 남성-약자 서사 구축: '여성혐오' 및 성차별 사건 관련 게 시판 토론의 담론 분석을 중심으로」(공저), 「온라인 피해 경험을 통해 본 성적 대상 화와 온라인 성폭력 문제」(공저) 등의 논문을 썼다. 지은 책으로는 『페미니즘 교실』 (공저), 『다시 보는 미디어와 젠더』(공저), 『지금 여기 힙합』(공저) 등이 있다.

김세은

강원대학교 신문방송학과 교수. 주로 언론과 민주주의, 언론 윤리 등 저널리즘 연구 에 집중하면서 일상으로서의 문화 분석과 젠더 연구에도 관심을 가지고 있다. 『왜 미디어를 연구하는가?』를 옮겼고, 『다시 보는 미디어와 젠더』(공저) 등을 펴냈다.

‘여성혐오’란 가부장제의 유지 원리로 공적 공간에서 여성을 배제하고 동등한 시민으로 인정하지 않는 정서 구조와 이것이 표현되는 양식들을 통칭한다. 이는 혐오라고 하는 감정적 반응만을 의미하는 것이 아니며, 근본적으로 가부장제 권력관계의 유지 메커니즘이자 결과이기도 하다. 이렇게 유구한 역사를 지닌 ‘여성혐오’가 다시 주목을 받게 된 것은 디지털 미디어 문화의 발달과 사회적·경제적 변화 때문이다. 한국의 경우 1990년대 군 가산점제 위헌 판결 이후 일어난 온라인상의 안티-페미니즘 활동이 시간을 거듭하면서 다양한 형태로 분화·발전하고 있다.

　페이스북에 대해 몇몇 사람은 ‘블루일베’라는 표현을 쓰기도 한다. 혐오 표현의 생산·유통이 주로 일어나는 온라인 공간이라는 의미에서 그러하다. 그렇다면 페이스북 페이지에서 ‘여성혐오’ 담론은 어떻게 형성되어 유통되고 있을까? 페이스북과 같은 소셜 네트워크 서비스는 다른 온라인 공간과 비교해 사람들을 모으고 연결하는 데 더욱 효과적이다. 한편으로 페이스북은 반향실 효과가 큰, 즉 자신의 목소리가 그대로 되돌아오는 반향실과 같이 유사한 목소리만 계속해서 들리게 할 가능성이 높은, 폐쇄성이 강한 플랫폼이다.[2] 소셜 네트워크 서비스는 연결과 연대의 가능성을 높이기도 하지만, 반면 문제적이고 비민주적인 의사소통 양식을 유행시킬 가능성도 높다.▲ '여성혐오'를 전면에 내건 한국의 페이스북 공개 페이지는 2016년 기준 네 개 정도가 활발히 운영되었으며, 페이스북 중심의 청년 세대 문화에 적지 않은 영향을 미쳤다. 이 글에서는 '김치녀' 페이스북 페이지▶ 내용 분석을 통해, 여성혐오 담론이 의무, 평등 등 다양한 민주적 가치를 재전유하면서 나타나는 문제가 무엇인지를 검토한다. 온라인 공간은 휘발성이 있어서, 특정 페이지와 게시판이 여러 가지 이유로 접속 불가능한 상태가 되곤 한다. 그럼에도 불구하고 이런 특정한 온라인 공간에서 형성된 정서 구조와 담론은 온라인 미디어의 특성인 연결성으로 인해 다수의 공간에 널리 유포되고 공감대를 형성한다. 한국의 온라인 공간에 '김치녀'라는 말이 등장한 것은 오래된 일이며, '김치녀' 페이스북 페이지는 그간 형성된 '김치녀' 담론을 요약하여 당시 가장 인기 있던 플랫폼인 페이스북에서 유통하는 역할을 했다. 이런 의미에서 해당 페이지 분석은 당시 온라인 공간에 유통된 한국적 여성혐오 담론을 확인할 수 있는 기회가 될 것이다.

▲   다수의 혐오 페이스북 페이지가 운영되지만, 페이스북 본사는 표현의 자유를 우위에 두는 정책을 고수하면서 인종, 성별, 섹슈얼리티, 장애, 종교 등 각종 정체성을 기준으로 하는 혐오 그룹의 형성을 방조하고 있다.

▶   운영 당시의 주소는 'https://www.facebook.com/kimchigirs'이다. 운영자는 해당 페이지가 해킹되었다고 주장하면서 2015년 말 해당 페이지를 삭제했다. 2016년부터 '김치녀2'로 새로 페이지 개설을 하여 운영했다. '김치녀 2' 페이지 역시 추후 삭제되었다.

가부장제와 '여성혐오'

'여성혐오' 문화는 서구에서나 한국에서나 온라인 커뮤니케이션이 급속도로 성장한 다음 더욱 큰 이슈가 되고 있다. 누스바움[3]은 인터넷상의 여성혐오가 대부분 "여성을 목적으로 보지 않고 목적을 이루기 위한 수단으로 취급"하면서 자율성을 부정하는 대상화objectification의 특징을 가지며,[4] 대상화된 사람은 정체성 손상과 더불어 오명과 낙인을 뒤집어쓰게 된다고 지적한다.[5, 6] 이러한 대상화는 일반 여성이나 유명 여성, 모르는 여성이나 동료 여성을 가리지 않고 행해진다. 누스바움은 이러한 대상화로 남성이 성적 평등 이전의 가부장적 세계를 복원한다고 본다.[7, 8]

이처럼 지난 세기 페미니즘의 이론 및 운동의 성과에 힘입어 일정 정도 여성의 지위가 상승한 것을 여성혐오 담론은 문제시하는데, 여성의 지위 향상은 '가부장제' 내 여성 지위에 위반된다는 점에서 노동 시장만의 문제가 아니라 가부장제의 문제가 된다. 가장 중요한 의도는 여성을 '제자리', 즉 가부장제 아래 적절한 자리에 돌려놓는 것이다. 따라서 여성혐오는 사회 변화와 가부장제의 '위기'를 아울러 살필 때 더 잘 이해할 수 있다.

한국 사회의 여성혐오 문제는 2000년대 이후 본격적으로 관심의 대상이 되었으며, 연구자들은 이를 신자유주의 이후 한국 사회의 다층적 위기가 반영된 현상으로 본다. 2000년대 초반 등장한 '된장녀'라는 명명 이후 수많은 '녀'가 호명되고 비난을 받아 왔다. 언론학자 주창윤은 성차별적이고 가부장제적인 여성 호명과 이에 따른 마녀사냥이 주로 20대 여성에게 집중되는데, 그 호명의 주체는 대체로 동세대의 남성이라고 했다. 이들이 20대 여성에 의해 고용 불안을 느끼는 현실이 반영된 것이다.[9] 여성학자 홍찬숙의 '젠더 사회'에 대한 논의는, 시장의 개입으로 인한 가족의 대응이 산업 사회적 1인 남성 부양가족 모델이 해체되는 방향으로 일어나지만 그 과정에서 여성의 노동 양극화와 여성 노동의 위기가 발생하고 있다고 지적한다.[10] 물론 여기서 주목해야 할 것은 신자유주의 사회의 위기는 남성만의 것이 아니라는 점이다. 신자유주의 체제하, 그리고 글로벌 자본주의 체제하의 급격한 산업 변동과 그에 따른 노동의 위기이자 세대 문제이지 '남성만'의 위기가 아니다. 그럼에도 불구하고 이를 남성의 위기로 해석한다면, 그런 해석 자체가 젠더 정치적이다. 따라서 여성혐오의 원인으로 남성의 위기만 지목하는 것은 오히려 혐오 현상이 자연스러운 결과라는 식으로 읽힐 우려가 있다.

온라인 공간의 의견 극화, 페이스북 플랫폼

온라인 공간의 혐오 문화가 발생하는 이유로 온라인 공간의 격화(플레이밍flaming)▲ 및 집단 극화 현상▶을 지적할 수 있

▲　　플레이밍은 "타인에게 단순히 화를 내는 것뿐만 아니라 적대감 같은 강한 감정을 분출하는 것에 이르기까지 반사회적이고 부정적인 행동"을 의미

다. 같은 의견을 가진 사람들을 만나기 쉬운 온라인 공간의 속성상, 집단의 의견이 통일되는 경우가 많고 이 집단에 소속감을 느끼고자 집단 규범에 부합하는 방향으로 자기 의견을 조정하는 경우도 많다고 알려져 있다.[12] 매체적 특성과 결합한 의견 극화의 문제는 집단 간 차이가 커져서 상호 소통이 이루어지지 않는 상황을 만들어 낸다. 특히나 이런 집단 극화는 이미 남초/여초 커뮤니티로 성별화된 공간을 구성한 한국 온라인 상황에서, 남녀 갈등의 주요 원인이자 결과로 나타난다. 집단 극화된 온라인 공간이 문제가 되는 것은 자연스러운 정보 편식▼ 구조를 만들기 때문이다. 정보 편식이 심화되어 있고 상호 소통 가능한 합리적인 공론장이 부재한 상황에서, 성별과 관련된 편견이 온라인 공간 내에서 해소될 가능성은 적다고 할 수 있다.

　　페이스북 자체가 동질적 커뮤니케이션을 조장하고 이로 인해 혐오 그룹이 모일 수 있다는 가정은 지나친 것일 수 있지만, 혐오 표현 및 정서 구조의 확산과 관련하여 소셜 미디어의 문제는 지속적으로 지적되었다. 페이스북 혐오 페이지 증가는 페이스북 서비스가 기존의 온라인 포럼이나 커뮤니티와는 다른

한다.[11]

▶　　집단의 의견이 토론이나 논의를 거친 후 오히려 양극화되는 것(진보·보수/찬성·반대 중 가장 극단에 존재하게 됨)을 말한다.

▼　　정보 편식이란 "자신에게 익숙하며 호감이 가는 특정한 정보만을 가려서 취하는 증상으로 좋아하는 정보에 몰두하는 경향"이다. "정보 편식은 주로 개인적 수준에서 이루어지며 의식, 의도, 지향, 성향, 행태 등이 복잡하게 어우러진 정보 이용의 부정적 증상으로, 폭넓고 개방적이며 공공적 인식과 이해를 어렵게 하는 정보 활용 태도"라고 할 수 있다.[13]

정서와 감정을 동원하는 구조를 가졌기 때문으로도 볼 수 있다. 페이스북은 기술적으로 정동情動 경제affective economy의 특성을 보여 준다. 정동 경제란, 기존의 생산 노동에서와 달리 사람의 감정, 친밀성, 감정적 관계 등을 상품화하는 것을 말한다. 온라인 네트워크에서 사람들의 "감정이 더 많이 표출되고 순환될수록, 행동이 더 많이 추적되고 모아질수록, 판매자가 정동을 유도하고 고착시켜 그것을 더 많은 소비로 전환시킬 수 있는 가능성은 커진다."[14] 이처럼 페이스북과 같은 소셜 미디어는 개인 데이터에 기반을 두고 '좋아요'와 같은 정동의 가시화 장치를 사용하여 정동의 순환과 소비를 촉구한다.

'여성혐오' 페이스북 공동체와 데이터베이스화

페이스북에서 해당 페이지에 '좋아요'를 누르고 그 페이지의 게시물을 팔로우follow하면 페이지에서 게시하는 모든 정보가 팔로워follower의 뉴스 피드news feed와 타임라인timeline에 표시된다. 이러한 페이스북 페이지의 운영 방식과 그 효과를 '혐오 논리의 데이터베이스 구축'이라고 부를 수 있다. 데이터베이스는 주제와 관련된 데이터를 내용 및 형식, 데이터의 가공 정도 등으로 분석·배열·정리하여 언제든지 꺼내 쓸 수 있도록 하는 것이다. 페이스북 페이지는 기존 커뮤니티보다 더 집중적인 정보 축적과 배포 역할을 할 수 있다. 대표적인 '여성혐오' 콘텐츠 생산지로 지목되는 '일베' 사이트의 경우, 일곱 개의 카테고리 서른다섯 개의 하위 게시판으로 구성되어 있어서 커뮤니티 이용자가 모든 게시판을 다 이용한다고 가정하기 어렵다. 하지만 페이스북은 해당 정보를 팔로워에게 계속 밀어내는 역할을 하고 있어서, 해당 페이지의 팔로워는 페이스북에 접속하는 한 다른 개인적 뉴스 피드와 함께 관련 정보를 지속적으로 접하게 된다.

또한 커뮤니티 게시물이 공유되는 방식은 페이스북의 경우 훨씬 간편하다. 페이스북 이용자를 태그tag하는 것만으로 공유할 수 있고, 개인의 정보 공개 설정에 따라 '좋아요'를 누르거나 댓글을 다는 것만으로도 관련 정보가 공유된다. 직접 관련 정보를 검색하지 않으면 관련된 내용을 모아 볼 수 없는, 다양한 게시물이 끊임없이 흘러가는 커뮤니티와 달리, 관련 정보만을 축적하고 배포하는 페이스북 페이지는 좀 더 효율적이며 그 효과 역시 더욱 크다고 할 수 있다.

물론 페이스북의 이러한 정보 축적과 배포 기능 자체가 문제적이라고 하긴 어렵다. 취향과 욕구가 점점 더 세분화되어 가는 현대 사회에서 페이스북의 소규모 공동체 기능은 대중의 요구에 부합하는 방향으로 개발된 것이다. 그러나 '김치녀' 페이지와 그 외 여성혐오 페이스북 페이지들이 혐오 감정을 축적하는 데 있어 페이스북의 기술적 특성이 분명히 기여한다는 점은 분명히 짚어 볼 필요가 있다.

〈표1〉은 '김치녀' 페이스북 페이지의 2015년 5~6월 게시물 총 149건의 내용을 분류한 것이다.

비난의 대상	남성의 경제력을 요구하는 여성	이기적인 여성	역차별 (군대 문제 등)	여성의 성적 태도 규범 위반	여성의 무능력	여성 단체 및 페미니스트	여성에 대한 폭력 (암시)	기타
사례 수 총 149건	29 (19.5)	38 (25.5)	24 (16.1)	23 (15.4)	8 (5.4)	16 (10.8)	4 (2.7)	7 (4.6)

표1   '김치녀' 페이스북 페이지 게시물 내용 분석(단위: 건, 괄호 안은 백분율)

'김치녀' 페이스북 페이지는 '김치녀'의 속성을 규정하는 게시물을 올림으로써 비난의 대상인 '한국 여성'을 구성해 낸다. '김치녀' 담론이 사실상은 벗어나는 것이 불가능한, 여성이라는 이유만으로 비난받는 담론의 그물을 구성한다는 것은 선행 연구로도 지적된 바 있다.[15] '김치녀' 페이스북의 정보 페이지는 "책임과 의무를 외면한 채 권리만 타령하는 여자, 지 불리할 때만 남녀평등 외치는 여자, 남자를 돈으로 보는 여자, 여자는 되고 남자는 안 되고 이런 이중 잣대 가지고 있는 여자"로 '김치녀'를 규정한다고 밝힌다. 해당 페이스북 페이지는 게시글 주제의 전략적 배치를 통해 '김치녀'라는 특정한 개념을 구성하고 있다.

'개념녀'와 '김치녀'라는 이분법으로 여성을 위치 지으며, 이는 '성녀' 대 '창녀'의 이분법과 마찬가지로 고전적으로 여성을 분할 통치하는 젠더 정치적 맥락을 2000년대 한국 사회의 맥락에서 변용한 것이다. '김치녀' 페이스북은 자신이 한국 여성 일반이 아니라 일부를 비난한다고 말한다. '개념녀'가 존재한다는 것이다. 그런데 '김치녀' 페이스북이 '김치녀'의 '개념'을 '개인 도덕성' 차원에서 구성한다는 점은 주목할 만하다. '개념'의 사례로 제시된 것은 다음과 같은 전통적 가치다. '자리 양보', '노인 공경'과 같은 유교적 가치(자리를 양보하지 않는 젊은 여성의 사진을 다수 포스팅하며, 개념을 챙기라고 말한다), '모성'과 같은 가부장제 가치(아이를 제대로 돌보지 않거나 임산부를 보호하지 않는 여성, 아이 얼굴에 손가락 욕설을 남기는 여성을 비난한다)다.

'김치녀'는 부정적인 대상이기 때문에 고발되어야 한다. 고발을 중심으로 하는 페이스북 페이지의 '김치녀' 정의는 그 역으로 '개념녀'의 의미를 구성하게 된다. 그러므로 '김치녀' 페이스북 페이지가 구성하는 '개념녀'는 유교적 가치 및 가부장제 가치를 내면화하고 실천할 수 있는 여성을 의미한다. 이러한 비난과 고발은 윤리 위반이나 규범 문제를 '여성'의 문제로 축소하는 효과가 있다. 예를 들어, 자리를 양보하지 않는 사람이 모두 여성인 것은 아니나 '김치녀' 페이스북 페이지는 "개념을 챙겨라 ○○"이라는 말로 이를 여성의 문제라고 규정한다.

한편 '김치녀' 페이지는 경제적 문제를 별도의 논의 대상으로 구축한다('남자를 돈으로 보는 여자'). 이기적 여성을 비난하는 게시물이 제일 많고, 그다음으로 많은 것은 '남성의 돈'을 중시하는 여성을 비난하는 게시물이다. 이런 내용의 게시물은 특히 결혼과 관련해 등장한다(예를 들어 "그런 남자가 네 ○을 왜 만나 주겠냐"라는 게시물은 여성이 남성의 연봉 기준을 제시하는 것에 대한 비난이다). '김치녀' 페이지는 명품 백이나 데이트 비용 같은 주제에서 남성과 여성이 비용을 평등하게 분담해야 한다고 주장하는 것이 아니다. 이 페이지는 적극적으로 여성이 남성을 '갈취'한다고 묘사한다. '개념녀'와 '김치녀'를 윤리의 차원에서 규정하면서 담론의 대상을 '비윤리적 주체'라고 규정하여 당연히 비난받을 만하다는 합의를 끌어내려고 한다.

'일베'와의 거리 두기, 윤리적인 남성의 의미

'김치녀'를 비난하려면 비난하는 주체 역시 윤리적이어야 한다. 일차적으로 비난하는 대상인 '김치녀'가 비윤리적이므로, 일단 이를 단죄하는 '나'는 윤리적일 수 있다. 그런데 단순한 조소와 비아냥거림을 넘어서 폭력마저도 정당하다고 주장하려면, 좀 더 강력한 심리적 정당성을 보장받을 필요가 있다. 윤리적 정당성은 발화하는 자가 이러한 발화를 할 권리가 있다는 것을 밝힘으로써 확보할 수 있다. '김치녀' 페이스북 페이지는 이러한 발화 권리를 '일베'와의 거리 두기를 통해서 확보한다. 페이스북 정보 페이지에서 '일베를 절대 하지 않는다'라고 밝히며, 실제로 댓글 활동에서 '일베충은 나가라'라는 등의 댓글을 달곤 한다. '일베'와 관련 없음을 주장하는 것이 '김치녀' 페이스북 관리자의 정체성 발화 중에 다수를 차지한다는 사실은, '김치녀' 담론을 발화하는 주체의 위치가 무엇인가라는 질문에 흥미로운 지점을 제공한다.

이는 '일베'가 한국 사회 내에서 이미 '상종할 가치 없는 자'로 간주되는 문화적 맥락을 반영한 것이지만, 동시에 '여성혐오' 정서가 '일베'만의 것이 아님을 스스로 체현하기에 주목할 필요가 있다. '여성혐오' 용어인 '김치녀'나 그 외의 다양한 혐오 표현은 '일베'에서 조어를 만들어 각종 사이트로 번진 경우가 대부분이다.[16] 이러한 용어와 표현을 공유하면서도 정작 '일베'를 부인하는 것은 '일베'에 대한 부정적 낙인이 정치적 이념의 편향성이나 패륜적 행위 등 비윤리성에 기반을 두기 때문이다. '일베성'을 부인함으로써 주체의 정상성을 주장하는 혐오 발화의 주체는, '일베'를 '일베충'으로 비하하고 격하한 다음, 자신은 그런 격하된 존재가 아님을 주장하면서 자신의 위치가 갖는 윤리적 정당성을 확보하려 한다. '일베'를 격하하는 이유는 우익, 보수, 패륜 등 현재 인터넷 문화가 적대시하는 이념과 윤리를 보이는 사이트라는 점에 바탕을 둔다. 그러므로 역으로 '김치녀' 페이스북의 주체는 '우익이 아니며, 윤리성을 갖춘' 주체로 상정된다. 이 페이지 이용자와 구독자의 성별이 남성으로 한정되지는 않는다. '나도 여자지만'이라는 기표는 '김치녀' 페이지 댓글에 자주 등장한다. 그러나 이 '여성들'의 발화 위치는 여성이 아니라 '김치녀'를 심판하는 윤리적 정당성을 가진 남성 주체의 위치라고 할 수 있다.

한편 '김치녀' 페이스북의 정체성 발화에서 나타나는 주체의 위치 중 하나는 '보빨 아님'이다. '김치녀' 페이스북 관리자는 게시글이나 관련 글에서 여성을 옹호하는 댓글이 등장할 경우, 대부분 '보빨/보빨러'(무조건 여성을 옹호한다는 의미)라는 용어

'좋아요'가 만드는 '싫어요'의 세계

로 상대를 공격한다. 이 용어의 함의에 관해 '김치녀' 페이스북 관리자는 직접 자기 생각을 남겼는데,[17] 그는 '보빨'이 남성과 여성을 평등하게 보는 시각이 아니라고 주장한다. 여성은 사회적 약자가 아닌데 사회적 약자로 보호해 주는 것이 '보빨'의 함의이며, '보빨'이 아닌 자신이야말로 양성평등을 주장하는 자라고 말하고 있다. 이 담론에서 평등이란 남성과 여성을 똑같이 보는 것을 의미하며, 이미 남성과 여성이 똑같은데 차이를 주장한다고 비판한다. '보빨'은 진정한 평등의 의미를 알지 못하고 여성에게 속아 넘어간 어리석은 존재다. 이들은 여성을 옹호하지 않고 여성의 문제를 올바르게 지적하며, 평등을 사회적으로 구상하고 실현하는 주체가 자신이라고 말한다. 즉 이성과 도덕을 주장하는, 계몽적 주체로서 자신을 구성하고자 하는 것이다.

페이스북은 이러한 주체의 위치를 적극적으로 주장할 수 있는 공간인데, 페이스북 페이지는 우선 '표현의 자유' 담론을 통해 보호받으며 페이지 관리자가 가진 권한(댓글 삭제, 차단 등)으로 자신의 견해와 불일치하는 주장과 언술을 즉각적이고 효과적으로 지울 수 있기 때문이다.▲ 이러한 페이스북의 특성에 따라 자연스럽게 정체성을 공유하는 공동체가 형성된다. 댓글을 통한 논의와 토론이 수행되기보다는 페이스북 페이지 관리자가 수행하는 정체성을 적극적으로 수용하고 찬동하는 사람들

▲   일반 커뮤니티 게시판에서 이런 작업은 관리자의 권한이며, 개인은 자신의 게시글에 달린 댓글을 삭제하거나 누군가가 댓글을 달지 못하게 할 수 없다.

의 공간으로 남는 것이다.

남성성의 위기와 역차별론

　'김치녀' 페이지의 주요 게시물 주제 중 하나는 '역차별'이
다. '김치녀' 담론에서는 주로 연애와 데이트 비용, 결혼 시장의
문제나 군대 문제 등이 부각되어 왔다. '보빨'을 비판하는 '김치
녀' 페이스북은 '평등'의 의미를 역설하며, 김치녀가 책임과 의무
를 다하지 않는다고 비판한다. 양성평등을 주장할 때나, 더 나
아가 역차별 문제를 주장할 때는 권리 담론에 기대는 것이다.
데이트 비용 문제로 예를 들어 본다면, '평등'은 여기서 지불하
는 금액에 부여되는 가치이며 "양측이 똑같은 것"을 의미한다.▶
의무와 권리는 선후 관계로 설명되기 때문에, 의무를 다하지 않
는 여성이 권리를 신장하는 것은 타당하지 않다.

　이러한 평등·의무·권리의 문제는 사실 여성의 시민권이
라는 주제로 페미니즘이 지속적으로 추구해 온 가치이기도 하
다. 기존의 시민권 개념과 제도가 남성을 규범으로 삼아 특권
을 제공했기 때문에 여성은 평등·의무·권리의 문제에서 체계적
으로 비가시화된다. 하지만 현재의 청년 남성 세대는 이와 같은
구조와 제도의 문제를 성차별 문제로 바라보지 않는다. 차별을

▶　'김치녀' 페이스북처럼 혐오를 기치로 만들어진 페이지가 아닌 일반 커뮤
　니티에서도 이와 같은 평등 담론을 볼 수 있다.

금지하는 법이 존재한다는 것 자체를 평등이 이루어진 결과로 보는 것이다. 기회의 평등이라는 차원에서 본다면, 여성을 배제한다는 말이 없는데 여성을 포함시킬 것을 규정하는 현재의 적극적 조치는 오히려 역차별이라고 주장한다. 예를 들어, 특정 위원회를 구성하는 데 있어 성별에 대한 논의가 없었으므로 누구나 위원이 될 수 있으며, 되지 못했다면 그저 능력의 차이라는 생각이다. 구조적으로 사회적 소수자가 배제될 수밖에 없는 현실을 고려하지 않는 것이다. 적극적 우대 조치는 이러한 관점에서 역차별이며, 병역의 의무 등을 다하지 않으면서 권리만 주장하는 여성은 이기적인 존재라고 주장한다.

여성혐오 담론은 평등과 권리 개념을 축소하고 왜곡하여 가부장제 가족의 붕괴에 대한 공포를 해결하고자 한다. 그러므로 평등 담론과 '역차별'론은 한국의 여성혐오 담론이 구사하는 이론이자 전략[18]이다. 여성혐오 담론의 정당성은 '평등' 개념의 정의를 어떻게 하는가에 따라 확보된다. 이러한 맥락에서 평등 개념의 왜곡에 국가가 크게 기여했는데, 성평등을 '양성평등'으로 개념화했기 때문이다. 여성발전기본법은 2014년 '양성평등법'으로 개정되었다. 양성을 모두 다루는 것이 평등이라는 개념이 생기면서, 남성에 관한 정책, 남성의 위기 해결 등이 주요 의제로 부상하고 있다. 기회 평등의 논리와 '같은 것을 같게' 하는 것이 평등이라는 인식은 "남성과 여성이 같아야 한다"라는 주장으로 이어지고, 여성에게 혜택을 주는 것은 오히려 남성에 대한 차별이라는 주장으로 이어진다.▲

평등한 주체인 여성을 부인하는 전략은, 여성의 '성적 시민권'sexual citizenship을 부정하는 것으로도 나타난다. '김치녀' 페이지는 여성의 성적 시민권 차원에서 여성의 위치와 주체성을 부인한다. 성적 시민권은 이제까지 성적 소수자의 사회적 권리(예를 들어, 혼인과 같은 법적 관계로 인정을 받지 못하는 경우)에 관해서 주로 논의되어 왔으며, 여성은 재생산과 피임 등 몸에 대한 권리가 보장되는지와 관련해 논의되었다. 낙태죄 폐지 관련 논의가 대표적이다. 낙태죄 폐지와 관련하여, 낙태하려는 여성을 성적 쾌락은 즐기면서도 책임은 다하지 않으려는 여성으로 규정한 법무부 의견서는 여성의 몸이 재생산을 위한 도구라는 시각을 드러낸 것이다. 이는 여성이 성적 시민권을 가진 주체라는 점을 부인한 셈이었다. 성적 시민권은 성적인 육체를 가진 시민으로 주체를 상정하고, 공적 영역과 사적 영역의 경계에서 시민권의 핵심 영역으로서 섹슈얼리티를 부각한다.[20] 하지만 여성의 모텔 경험에 관해 비난하는 게시물, 임신과 낙태의 문제는 물론 '정당한' 육아를 하지 않는 여성을 향한 평가와 비난('아이를 데리고 카페에 간 여성이 담배를 피우는 사진'에 대한 게시글과 댓글)은 여성에게 성적 시민권이 있는지 질문하게 한다.

▲   물론 이때 '같게'가 정말로 형식적인 '5:5' 논리는 아니며, 기존의 남성 지위를 보전하는 것을 의미한다. 즉 이미 기울어진 부분을 건드리는 것이 아니라, 여성이 진출하여 남성의 자리를 가져갔으니 그만큼을 다시 돌리는 것이 평등이라고 주장한다. 초등학교 남성 교사 할당제 주장은 이러한 논리의 핵심 사례다. 여성학자 이재경[19]은 기존의 적극적 조치는 성차별적 레짐과 문화, 규범을 건드리지 않은 채로 계속 여성을 덧붙여 가는 형식으로만 구성되었기 때문에 더욱 역차별 논란에 휘말리기 쉽다고 진단했다.

'여성혐오'를 하는 주체가 원하는 것은 '가부장제 가족'의 안전과 유지다. 성적 시민권이 실제로 성과 재생산을 규정하는 국가와의 관계 속에서 구성되므로 가부장제 가족 유지는 남성 중심 사회의 가장 중요한 존재 기반이기도 하다. 따라서 여성이 성적 시민권을 주장하는 것은 가부장제 가족을 위협하는, 일차적인 공포가 아닐 수 없다. 그러므로 '여성혐오'의 동인 중에는 완전한 가족을 이루지 못할 수도 있다는 공포, 그리고 그 가족이 나의 가족이 아닐 수도 있다는 공포가 자리한다. 친자 확인에 관한 괴담이 '김치녀' 페이스북에서 계속 반복해서 나타나는 것(2015년 2월, 5월, 11월 게시글), 임산부는 보호해야 할 존재이지만(2015년 10월 '임산부에게 자리 양보 좀 하지')▲ 아이를 낳은 다음에 그 아이를 양육할 능력이 있는지는 계속해서 테스트해야 한다는 주장(2015년 5월 카페에서 담배 피우는 여성에 대한 비난)은 가부장제가 여성을 통제해 온 전형적인 담론 구조다. 연애와 결혼 비용에 관한 비난 역시 그 기저에는 이로 인해 가부장의 지위를 유지하거나 '가부장제' 가족을 이루기 어렵다는 공포가 존재한다고 할 수 있다.

　　현재 온라인에서 여성혐오 담론을 적극적으로 생산하고 유포하는 층은 청년층이다. 물론 이 사실이 여성혐오가 최근의 것이라거나, 특정한 세대나 계급에 속하는 정서라는 의미는 아

▲　2015년의 담론은 이러했지만, 이후 지하철 임산부 배려석 논쟁은 임산부 배려 역시 페미니스트의 떼쓰기에 불과하다는 식으로 혐오 담론의 일부가 되어 변화가 생겼다.

니다. 다만 온라인 공간에 친숙성이 높은 세대가 특히 온라인의 다양한 기술적 특성을 활용하여 여성혐오 담론을 유통하는 데 크게 기여하고 있다는 것이다. 그런데 한국 사회의 청년 세대는 자라나는 동안(1990년대) 가부장제 가족의 풍요와 편안함을 가장 안전하게 누린 세대이기도 하다. 정치적 자유와 경제 호황 속에서 안정적인 지위를 가진 가부장제 가족의 전폭적인 지원 아래 대학에 입학하고 막 졸업한 세대인 것이다.

그러나 현재의 청년 담론에 드러난 것은 안락한 가부장제 가족이 앞으로 존재하기 어렵다는 차가운 현실이다. 현대 사회에서 청년 남성이 과거와 같은 가족 생계 부양자의 위치를 차지하기가 점차 어려워지고 있기 때문이다. 그러나 한편으로 여성학자 배은경은 "근대적 젠더 관계에 기반을 둔 표준적 생애주기나 표준적 정상가족의 형태가 해체되기 시작한 것 자체를 위기나 어려움으로 보고 청년 주체들의 '포기'에 주목하여 그들을 동정심의 대상으로 만드는 시각"을 경계한다. 그는 또한 젠더 관계를 원래대로 돌리는 것은 해결책이 아니며, 남성 청년들이 헤게모니적·전통적 남성성을 벗어나 대안적 남성성의 모델을 찾아야 한다고 제안한다.[21] 즉 여성혐오 문제는 경제 위기 자체보다, 가부장적·'여성혐오'적 남성성을 버리지 못하는 것에 기인한다고 할 수 있다.

'좋아요'가 만드는 '싫어요'의 세계

　　데이터베이스의 특징은 관련 정보의 체계화인데, '여성혐오'의 데이터베이스로서 페이스북 페이지는 팔로워에게 반복적으로 '여성혐오'의 내용과 정서를 전달하면서 구독자에게 키워드를 인식하게 하고, 이와 관련된 반응이나 논리는 무엇이어야 할지를 자연스럽게 학습하게 한다. 이러한 특성은 페이스북만의 고유한 기술적 특성이라기보다는 온라인 커뮤니케이션 일반에 드러나는 것인데, 페이스북 공동체를 구성하는 데 핵심적으로 활용되고 있다.

　　'김치녀' 페이스북 게시글의 주요한 특징은 시각적 이미지 활용과 짧은 글에 있었다. 예를 들어, '김치녀' 페이스북 게시물 '김치녀는 주제 파악을 못 한다'(2015년 10월 24일)는 한 장의 사진과 한 줄의 글로 이루어져 있다. 대부분의 글은 한 줄 이상을 넘기지 않으며, 구체적인 내용은 사진이나 영상으로 제시된다. 그리고 사진의 의미를 규정하는 것 역시 대체로 한 줄을 넘지 않는 짧은 글이다. 사진은 여성의 얼굴과 "선호하는 월수입 기본적으로 2천만 원 이상"이라는 자막으로 구성되어 있다. '김치녀' 혐오 이유 중 '남성의 돈을 바란다'라는 주장이 이 '시각 자료'가 가진 재현성으로 진실화되며, '이러한 여자들이 실제로 존재한다'라는 구체적인 증거가 되어 담론을 사실화하고 정당화한다.

　　시각 자료가 가지는 의미는 크다. 지식의 형성과 소통은 문자 텍스트의 논리적 추론과 설명에 의존하는 것이 아니라 사

188

진에 의존한다. 사진은 현실에 대한 기계적이고 정확하고 단순한 전이로 인식되기 때문이다.[22] 이러한 시각적 자료의 활용은 패러디와 '짤방'을 중심으로 하는 '디씨인사이드'(www.dcinside.com) 이래 한국 웹 문화에서 가장 중요한 특징이다. '김치녀' 페이스북 페이지 역시 이러한 웹 문화의 특성을 활용하면서 '김치녀'의 특징을 진실화하고자 한다.

그러나 예시의 시각 자료는 영상 일부이며, 모든 맥락과 배경이 생략되어 있다. 해당 여성은 연봉 3억 원의 고소득 전문직 여성으로, 배우자가 자신보다 월수입이 적을 경우, 결혼 생활이 힘들 것 같다고 발언하는 중이다. 그러나 '김치녀' 페이스북 페이지가 이 장면을 정지시켜 활용함으로써 '김치녀는 남성의 돈을 바란다'라는 담론에 진실성을 부여하게 된다. 영상과 그 영상의 의미를 고정하는 한 줄의 글은 '김치녀 담론'을 '진실'로 만든다.

유머와 놀이를 가장한 여성혐오

'여성혐오' 페이스북 페이지는 글보다는 영상과 그림 위주, 그리고 감정 표현을 중심으로 표제 글과 유머 이미지를 활용하는 전략을 취한다. 그리고 이 페이지에 참여하는 팔로워들은 이미지를 적극적으로 댓글에 활용한다. 댓글에 주로 쓰이는 페이스북 팔로워의 '이미지'(짤방)는 온라인 유머의 주요 전략 중 하나다. 현재 한국의 인터넷 문화에서 '짤방'의 가장 핵심적인 기능은 이것이 '유머'임을 지시하는 것이다. 그러므로 '짤방'을 통해서 표현되는 '감정'은 그것이 '혐오'나 '차별'을 담고 있다고 해도 유머로 유통될 수 있는 형식적 기제를 구성할 수 있다.

그런데 유머의 형식으로서 '짤방'이 담는 내용은 유머가 아닌 경우가 많다. 혹은, 철학자 거트Berys Gaut의 표현대로 '유머의 미적 효과를 감소시키는 비윤리적 유머'다.[23] '김치녀' 페이스북 페이지의 댓글 창은 각종 '짤방'으로 가득하다. 그 '짤방'들은 대체로 여성을 향한 '폭력'과 '비난'을 직설적으로 표현하고 있다. '여성혐오'적 표현을 위해서 일부러 이러한 '짤방'을 제작해 유통하는 것이다. '김치녀' 페이스북 페이지의 댓글에 동원되는 '짤방'은 대체로 폭력성과 공격성을 함의하는 메시지를 담고 있다. 그리하여 여성에 대한 폭력이 당연하다는 메시지가 유머로 소비된다.

이러한 경향은 기존의 인터넷 유머가 시각적 이미지 중심이고 문자 텍스트의 비중은 낮은 것과 비교해 볼 때 혐오 메시지의 전달과 확산이 훨씬 중요해졌다는 뜻이라고 해석할 수 있다. 또한 유머는 단지 경유하는 형식일 뿐이며, 해외의 인종혐오 페이지들이 '논쟁적 유머'를 가장하는 것처럼 이들 '짤방'은 유머와 놀이를 가장한 '여성혐오'다.

"단지 유머일 뿐"이라는 주장은 실제로 수많은 혐오와 폭력을 정당화하는 전략으로 사용되지만, 그것이 실제로 유머로서 받아들여질 수 있는지는 더 현실적인 차원에서 논의될 필요가 있다. 예컨대 실제 세계에서 여성의 53.5%가 친밀한 관계에서 폭력을 경험한 적이 있다는 보고[24]는, 우리가 '여성에 대한 폭력'이 유머로 유통되어서는 안 되는 사회적 조건에서 살고 있음을 보여 준다.

일상적 인터넷 놀이로 확산하는 혐오 정서

한국의 경우, '김치녀' 페이스북 페이지의 팔로워들은 자신의 정보와 실명을 공개하는 데 큰 부담을 느끼지 않는 것으로 보인다. 실제로 '김치녀' 페이스북 페이지에서 추천을 많이 받은 댓글을 쓴 사람들은 실명을 사용하는 경우가 많고, 그들의 페이스북 개인 계정에 출신지와 학력을 공개한 경우도 많았다. 이는 한국의 경우 사용자가 페이스북 프로필을 통한 정보 공개에 둔감하다는 뜻일 수도 있지만, 한편으로 '김치녀' 페이스북 페이지 구독이 오프라인 관계에 큰 영향을 미치지 않는다고 해석할 수도 있다. '김치녀' 페이스북 페이지의 팔로워가 되는 것은 체면 관리를 위해 가짜 프로필을 만들거나 할 필요가 없는 일상적인 활동이며, '여성혐오'가 정당한 활동이라고 인식하는 상당수 소셜 네트워크와 이용자가 존재하는 것이 현재 한국의 온라인 상황이다.

페이스북 페이지는 해당 페이지에서 '좋아요'를 누른 페이지 정보, 댓글을 달거나 정보를 공유한 페이지나 사람을 끊임없이 소개해 준다.▲ '김치녀' 페이스북 페이지가 '김치스나이퍼'

▲   이 기능 자체가 문제라거나 페이스북 그 자체로 비민주적이라고 주장하

커뮤니티와 '메르스갤러리 까는 페이지'를 '좋아요' 했다는 것을 팔로워는 알 수 있으며, 팔로워는 해당 페이지에 관한 정보 역시 얻을 수 있다. '좋아요'로 매개되는 혐오의 공동체들은 '혐오'가 일상적이고 정당하다는 생각 아래 지속적으로 확산되고 연결되는 중이다. 페이스북의 인종 혐오 페이지가 '혐오'를 '수용 가능한 것'으로 인식되게 했다고 미디어학자 오볼러Andre Oboler는 평한다. 현재 한국의 상황에서도 '여성혐오'는 '수용 가능한 것'이자 일상적인 것으로 인식되고 있다.

'김치녀' 페이스북 페이지를 비롯한 온라인상의 여성혐오 현상은 젠더 관계를 되돌리려는 시도로 볼 수 있다. 그리고 이를 위해 상상된 피해를 주장하여 약자의 위치를 차지하려는 주체들이 있다. 여성혐오의 발화 주체는 약자의 위치를 주장하면서, 그 윤리적 정당성을 '일베'라는 보수·우익·비윤리적 집단을 부정하는 차별화 전략으로 획득하고자 한다. 평등의 담론을 전유하면서 평등이 이루어지지 않는다고 역차별을 주장하는 주체, 피해자와 약자의 위치를 주장하는 (생물학적 성별에서의 남성만이 아닌) '남성 주체'는 '격차의 해소'라고 볼 수 있는 현대 사회 젠더 권력관계의 변화를 '위기'로 개념화하면서 스스로 약자로 자리매김한다. 자유와 평등, 권리와 의무라는 민주적 가치 자체에 대한 합의와 공론화가 충분하지 않은 사회이므로, 평등 담론은

는 것은 아니며, '여성혐오' 문제의 경우 (그리고 다른 혐오 및 차별과 관련하여) 페이스북이 기존 커뮤니티 문화보다 조금 더 쉽게 유통과 확산 구조를 만들어 준다는 점을 지적하고자 한다.

그 어떤 가치보다 쉽게 비민주적으로 재전유된다. '혐오'는 일차적으로, 사회에서 억압받아 온 소수자를 권력으로부터 배제하고 사회적 시민권을 주지 않고자 수행되기에 '남성혐오' 같은 개념은 사실상 불가능하다. 하지만 역차별 담론은 '남성혐오'라는, '여성혐오'와 동등한 위치의 다른 혐오 정서가 존재하는 것을 기정사실화하는 역할을 하고 있다. 이러한 담론의 구성 과정에 대한 역사적 고찰과 더불어, 공론장에서의 건전한 토론을 통한 성차별 문제의 재인식이 중요한 과제로 떠오르고 있다.

그 남자는 왜
어른이 되지 못했을까

억울한 남성이 만든 괴기스러운 세상

4장

오찬호

오찬호

12년간 대학에서 사회학을 강의했다. 지금은 주로 글을 읽고 쓰면서 전국 곳곳에 강연을 다닌다. 비판적 글쓰기는 대중과 소통하는 데 한계가 있다는 편견에 맞서, 누구나 공감할 일상의 사례를 발굴해 사회가 개인을 어떻게 괴롭히는지 드러내는 작업을 부단히 하고 있다. 『우리는 차별에 찬성합니다』, 『진격의 대학교』, 『그 남자는 왜 이상해졌을까?』, 『1등에게 박수 치는 게 왜 놀랄 일일까?』, 『하나도 괜찮지 않습니다』, 『나는 태어나자마자 속기 시작했다』, 『결혼과 육아의 사회학』 등 한국 사회를 살아가는 사람들의 민낯을 고발하고 그 원인을 고찰하는 여러 책을 집필했다. 현재 《경향신문》과 《고교 독서평설》에 정기적으로 글을 연재하고 있으며, JTBC 〈차이나는 클라스〉·〈말하는대로〉, tvN 〈어쩌다 어른〉, CBS 〈세상을 바꾸는 시간, 15분〉, KBS 〈서가식당〉·〈오늘밤 김제동〉, YTN 〈변상욱의 뉴스가 있는 저녁〉 등 다양한 방송에 출연한 바 있다.

억울한 아이가 억울한 어른으로

동성 친구들과 1박 2일 여행을 떠났다. 십수 년 전에 각기 취업한 이후 함께 모이기가 쉽지 않은 사이였다. 40대 초반의 남성들은 업무에 지쳐 자신을 돌아볼 시간조차 없는 삶을 후회하며 연신 소주잔을 주고받았다. 열정만으로는 버티기가 힘들다면서 최근의 화두인 '워라밸'을 위해 어떤 노력을 하는지 묻고 답했다. 휴식에도 노력이 필요한 세상에서 제각기 취미 활동에 나름 집착하면서 하루하루를 버티고 있는 모양이었다. 누구는 그래도 게임이 최고라고 하고, 누구는 토요일 저녁마다 반드시 밤낚시를 떠난다고 했다. 그리고 한 친구는 자기도 이것저것다 해 봤는데 일 자체가 많으니 무엇을 한들 마음이 편치 않아 재미가 없다고 했다. 그러고는 소주 한 잔을 들이켜더니 이렇게 말한다. "나도 이제 여자들처럼 살려고."

내가 여자들처럼 산다는 게 무슨 뜻이냐고 묻자 친구는 우리들의 할아버지가, 아버지가 심심하면 중얼거렸던 말을 반복하며 여자의 이미지를 악랄하게 그려 낸다.

　　　　　　그 남자는 왜 어른이 되지 못했을까

여자는 팔자 좋잖아. 남편이 돈 벌어다 주지, 일할 생각은 없지. 그런데 별다른 자기계발도 안 하니 취업을 할 수도 없지. 매일 하는 일이라곤 아이들 학교 가면 동네 카페에 모여 몇 시간씩 수다나 떠는 거지. 진지한 이야기라도 하면 다행이겠다만, 대부분이 결혼할 때 시댁에서 돈 많이 못 받았다는 푸념과 남편 욕 말고는 내용도 없어. 그러니 여자처럼 살면 좋잖아. 얼마나 속 편해.

우리가 바닷가에서 술을 마시고 있는 시간에 아내는 집에서 애들과 있는데 좀 미안한 소리 아니냐면서 아내에게 취미 활동이란 게 있는지 생각해 보라고 내가 한마디를 했다. 낮에 커피 한잔 마시며 쓸데없는 이야기나 지겹도록 반복하는 게 유일한 취미라면, 그게 더 불쌍한 것 아니냐면서 친구를 다그쳤다. 그래도 미안한 기색이 없어 보이는 친구는 단호하게 대꾸한다. "무슨 소리야! 나는 돈을 열심히 버니까 이 정도는 즐겨야지!"

"그럼 역할 바꾸자고 아내에게 말해 봐"라고 하자 친구는 그건 또 말도 안 된단다. 대기업 입사 15년 차의 경력을 여기서 어떻게 끊느냐는 거다. 여기까지 온다고 무척이나 고생했고 이제야 돈 좀 벌 타이밍인데 지금 일을 그만둘 순 없단다. 그러면서 아내가 무슨 일을 하더라도 현재 자기 월급의 3분의 1도 못 벌 터인데, 자신이 가족을 부양하는 것이 당연한 거 아니냐면서 목소리를 높였다.

나는 남성이 이토록 힘든 게 역설적으로 '경력이 단절되지 않아서'라고 말해 줬다. 우리, 그러니까 남자들은 40대까지 자신의 역량을 차곡차곡 쌓아 가며 다음 단계로 진입했기에 힘들게라도 세상과 마주할 수 있는 것이고 '경력이 단절되기 쉬운' 여성은 고생할 기회조차 박탈당한 상태인데, 아내를 그렇게 이기적인 사람으로 만들면 되느냐고 쓴소리를 아끼지 않았다. 친구는 씩씩거리며 대꾸한다. "무슨 말인지는 알겠는데, 그래도 억울해."

마치 놀이터에서 싸우는 아이를 말렸을 때 같다. 아무리 그만두라고 해도 화를 참지 못하고 가쁜 숨을 내쉬는 아이는 도대체 무엇이 그렇게 억울했을까. 설사 누군가의 실수가 있었다 하더라도 '폭력으로' 응수해서는 안 된다는 지당한 논리가 어린 아이에게는 쉽게 받아들여지지 않기 때문이리라. 주먹질을 혼내는데 자꾸만 "쟤가 다리를 먼저 내밀었다고요!"라는 말만 무한 반복하며 대성통곡하는 아이 모습은 부모가 육아 과정에서 심심찮게 마주한다. 이때 어떤 부모는 등을 어루만져 주며 "아이고~ 억울했어?"라고 달래는데, 그러면 아이는 곧잘 울음을 참아 가며 고개를 끄덕거리기도 한다.

어른의 시야로는 쉽게 문제의 경중이 구분되겠지만, 아이 눈에는 그렇지 않은 경우가 많다. 말 그대로 쉽게 상황이 이해될 나이가 아니기 때문이다. 경험이 쌓이면 세상의 이치를 알게 되고, 자신의 행동이 규제당해도 억울한 일이 아니라고 느낄 것이다. 그때 비로소 '어른'이 되는 것이고.

하지만 모두가 나이는 들지언정 자연스레 어른으로 성장하지는 않는다. 우리는 '상식적인 사회'에서 성장한 사람들의 조언에 자주 노출되어야만 좋은 어른이 될 수 있다. 앞선 사례만 보더라도 부모가 그릇된 교육을 하는 경우가 많다. "억울했어?"라면서 달래는 상대는 십중팔구 남자아이다. 남자 특유의 활동성 때문에 작든 크든 사고는 잦을 수밖에 없는데, '너 억울한 건 안다'라면서 일단 공감을 표하는 건 상황을 수습하는 좋은 전략이기 때문이다. 심지어 남자아이의 자존감을 애처로울 정도로 걱정하는 육아 전문가들은 '무작정 잘못을 지적하지 말고 부모가 자기 편이라는 신호를 먼저 보내라'라고 신신당부한다. 그러니 아이의 억울함이 타당한지를 판단하기보다 일단 인정하고 달래 주는 것이 좋은 부모인 줄 아는 사람이 많다. 공감을 형성하면 표준화된 남성성을 기준 삼아 다음 효과를 노린다. "남자는 이런 거로 울면 안 돼"라는 말이 이어진다. '알고 보니 억울한 게 아니었는데 내가 잘못 생각했구나'가 아니라, '억울해도 참자, 나는 남자니까 여자와는 다르지' 하는 느낌을 남자아이들은 아주 어릴 때부터 배운다. 억울함을 기준 삼아 타인과의 관계에서 벌어진 상황을 일방적으로 해석하고, 남자니까 참아야 한다는 처방전에 계속 노출될수록 여자는 상대적으로 혜택을 보고 있다는 착각에 빠질 가능성이 커진다. 아무리 성차별을 증명해도 "여자가 무슨 차별을 받는다고 그래? 요즘 세상에 힘든 건 남자지"라면서 현실을 부정하는 놀라운 정서의 씨앗이 바로 이렇게 시작한다. 씨앗은 새싹이 되어 나무로 자라 열매를 맺을 것이다. 남자답게 살아가기가 힘들다며 여성을 혐오하는 사람, 자신의 삶이 순탄치 않은 원인을 생뚱맞게 여성에게 전가하는 폭력적인 남자는 누군가가 작은 씨앗에 물을 뿌려 가며 길렀기에 탄생했다. 우리가 억울한 남성들의 괴기스러운 세상 이해에 주목해야 하는 이유다.

남성은 여성의 신호를 어떻게 해석하는가

장면 하나. 이제는 남성이 자신이 사용한 컵을 스스로 씻는다고 했다. '미투 운동'이란 엄청난 사회의 신호를 보고 직장 내 남성이 변한 모습이라고 소개된 내용이다.[1] 지금까지, 그러니까 1988년이 아닌 2018년도에도 남성은 컵을 싱크대에 두기만 했고 다음 날 제일 먼저 출근하는 여자 직원이 이를 씻는 게 관례였다니 놀랄 정도다. 어쨌든 이제는 "이런 것도 성차별인가?"라는 질문을 남자 스스로 던질 정도로 직장 풍경이 달라졌다나 뭐라나. 별거 아니라고 생각한 남성의 '자연스러움' 자체가 성차별적 행동이었음을 반성하는 측면에서 얼핏 긍정적인 신호라고 좋게 해석할 수도 있겠으나, 목숨 걸고 자신이 겪은 폭력을, 그것도 성폭력을 폭로하는 미투 운동의 무게감에 비하면 너무 사소한 반응이다. 남자가 손에 물 묻히면서 뿌듯해하는 정도로 세상이 변할 리 만무하다. 억지로 좋은 점을 끄집어내자면 변화의 시작이라고 의미를 붙일 수 있겠으나, 미투 운동의 엄청난 상징성을 보고도 이 정도의 시작이라면 솔직히 변화의 크기가 미약할 것임을 암시한다는 게 맞는 표현 아니겠는가. 여성에게는 일상이라 표현될 수 없는 말, 이를테면 "나는 설거지도 잘한다", "빨래 잘 갠다", "혼자 밥도 잘 차려 먹는다"라는 말로 자신이 꼰대가 아니라는 걸 드러내는 남자는 예전부터 많았다. 그래서일까? 성차별 담론이 등장하면 "요즘 집안일 도와주는 남자가 많다! 사실을 왜곡하지 말라!"라며 황당한 항의를 하는 남자들이 많은 까닭 말이다. 여성이 '미투', '위드유'WithYou를 외치는 것이 주변에 매너 좋은 남자가 있고 없고 하는 등의 시시한 이유 때문이 아니라는 명백한 사실에 비추어 볼 때, 남성들의 이런 반응은 솔직히 너무 슬프다.

장면 둘. 중학생이 학교에서 조남주 작가가 쓴 소설책 『82년생 김지영』을 교사에게 뺏겼다. 교사는 "중학생이 볼 책이 아니다. 많이 실망했다"라면서 책을 돌려주지 않았다.[2] 교육 현장에서 어떻게 이런 일이 가능할까 싶지만, 사실 대한민국에서 교육자가 되는 데 젠더 감수성이라는 건 애초에 필요 없는 것이니 놀랄 일도 아니다. 오히려 이 나라의 조직 사회에서 남자가 '인정받고' 살려면 페미니즘 근처에도 얼씬거려서는 안 될 일이다. 그러니 '남자' 교사는 교사이기 이전에 먼저 남자다.

이 반응은 지금껏 자기 컵조차 씻지 않은 남자가 왜 존재할 수밖에 없는지를 알 수 있게 하는 동시에, 이상한 '남자다움'에 길든 사람이 지금까지의 길듦을 틀어 보라는 세상의 흐름에 어떤 수준으로 응답하는지를 적나라하게 보여 준다. 읽어 본 사람은 알겠지만 『82년생 김지영』은 문학적 기교 없이 그저 여성의 삶을 나열만 했는데도 '스릴러' 장르로 느껴질 정도다. 그렇다면 이 책이 100만 부 넘게 팔린 현상에 대해 "여성들의 삶이 오죽했으면 이렇게도 열광할까?"라는 질문을 던지는 게 상식이다. 아니 최소한 이 질문 자체를 부정하지는 말아야 한다. 특정한 대중 예술 작품을 싫어하는 건 개인의 자유지만, 그렇다고 작품과 독자 사이에 존재하는 공감을 그릇된 것이라고 단정해 서는 되겠는가. 하지만 어떤 남성들은 철 지난 '소설의 유해성' 논쟁을 유독 이 책에 적용한다. 소설이 팩트fact를 다루지 않았 다면서 괴상한 반론을 펼치고, 심지어 이 소설을 읽은 자를 특 정한 이미지로 재단한다. 그런 남성이 한둘은 아닌 모양이다.

『82년생 김지영』을 읽고 무조건 공감할 필요도 없다. 여 성이 왜 이 책에 열광하는지 이해하지 않으려는 것도 자유다. 하지만 왜 남성을 이렇게 적으로 묘사했느냐는 식의 불평불만 은 생뚱맞기 그지없다. 『전태일 평전』을 읽고 '왜 고용주를 이렇 게 나쁘게 묘사했느냐', '모든 노동자가 착취를 당하는 것처럼 일반화했느냐'라고 비평하는 모습을 상상해 봐라. 다들 비웃을 거다. 이런 식이라면 누구도 세상을 비판할 수 없다는 건 삼척 동자도 안다. 하지만 어떤 남성은 성차별 논의만 나오면 평소와 는 다른 인식 체계를 가동한다. 그리고 이 오류를 가지고 있어 도 교사가 될 수 있다. 아니 이를 오류라고 생각했다면 남성으 로 자연스럽게 성장할 수 없었을 거다.

장면 셋. 남성들은 '펜스 룰'Pence Rule이 왜 문제냐고 따졌 다. 펜스 룰은 마이크 펜스Mike Pence 미국 부통령이 "아내가 아 닌 다른 여성과는 절대 단둘이 식사하지 않는다"라고 말한 데서 나왔다. 종교적 엄숙주의를 풍기는, 하지만 합리적 이성을 바탕 으로 움직이는 현대인의 인간관계를 생각해 볼 때 미련하게도 보이는, 이런 태도가 직장에서 미투 운동의 교훈처럼 등장하고 있다. 여성과 거리를 두어야만 불상사를 예방한다는 것인데, 남 자는 여자와 있으면 인간으로서 서로 지켜야 하는 예의를 어길 수 있는 동물적 존재라는 것을 스스로 인정하는 꼴이다. 무엇보다 미투 운동의 본질을 망각한 나쁜 태도다. 여자에게 잘못 걸리면 지금까지의 성과는 한순간에 수포가 되고 사회적으로도 매장되니까 미리 예방하자는 것 아닌가. 지금껏 남녀 차이가 고스란히 권력의 크기 차이로 이어지도록 온갖 펜스fence를 쳐서 여성의 진입 장벽을 높여 놓고는, 이제는 '정당하게' 여성을 배제하고 유리 천장이 아니라 강철 천장을 만들겠다니 얼마나 황당한 일인가.

　　웃기지만 슬픈 세 가지 사례가 보여 주는 메시지는 명징하다. 유치하다. 다른 표현을 못 찾겠다. 이건 '백래쉬'backlash도 아니다. 남성 중심 문화를 비판하는 페미니즘이 늘 주류 정서로부터 부당한 역공을 받으며 위세를 확장하지 못했음을 언급할 때 사용하는 표현인 '백래쉬'는 '암호화'라는 표현이 어울릴 정도로 얼핏 신선한 반론처럼 등장하여 사람들을 현혹시킨다.[3] 불평등한 세상이 아님을 증명하려는 나름 교묘한 전략이라는 말이다. 그래서 페미니스트들은 '하마터면 사실로 믿을 수도 있는 그 주장이 왜 틀렸는지'를 조목조목 짚는 수고를 해야 했다. 하지만 언급한 사례들은 그냥 유치하다. 다만 분석을 위해서 맥락을 짚자면 '한국의 어른 남자'가 '여성의 신호'에 이런 반응을 보여 주고 있다는 거다. 어릴 때부터 '억울하다'라고 자신의 삶을 규정하는 걸 주저하지 않았던 대한민국 남성은 여성의 목소리에 마치 대동단결하여 강하게 항의해야 한다고 길든 사람들 같다.

　　한국 남성은 같은 말도 여성이 하면 더 흥분한다. 내 경험을 보자. 나는 제목부터 남자들의 분노를 불러일으키는『그 남자는 왜 이상해졌을까?: 부끄러움을 모르는 카리스마, 대한민국 남자 분석서』라는 책을 출간한 다음 묘한 메일을 받은 바 있다. 대학에서 사회학을 가르치는 여성 교수였는데, 이 책 덕분에 대한민국 남성의 문제점을 '군사 문화'와 결부시켜서 논의하는 것이 한결 편안해졌다는 내용이었다. 여성인 자신이 남성 중심 사회의 맥락을 짚을 때는 "교수님은 군대를 다녀오지 않았는데 너무 심한 거 아닌가요?"라고 반응하던 '남'학생들이, 책의 절반가량을 군대가 남자를 어떻게 길들이는지, 남자를 얼마나 힘들게 하는지, 이런 걸 의무적으로 겪어야 하는 것이 왜 부당한지 신랄하게 비판한 '남자 작가'가 쓴 글을 보고는 "맞아, 군대는 정말 좆같아요"라면서 (굉장히 긍정적으로) 흥분하며 토론에 참여하더라는 거다. 자기가 군대의 비민주성을 이야기할 때는 거들떠보지도 않던 남자들이 군대 다녀온 남자가 군대를 비판하니 나름 강의 흐름의 맥을 놓지 않는 모습에 놀랐다고 했다.

이처럼 남성 중에는 스스로 어른이 아니라고 인정하는 셈인 행동을 하는 이가 많다. 어른은 마주한 현상에 제대로 된 해석을 할 수 있는 사람이어야 한다. 그 해석을 정보를 전달하는 자의 '성별'을 따져 가며 달리하는 건 어른이 아니다. 남성이 말하면 억울함을 위로받고 여성이 말하면 억울함이 분노로 변한다면 그냥 무늬만 어른이다. 시행착오를 최소화하고자 우리는 오랜 교육을 받는다. 그래서 웬만해서는 다들 논리적으로 상황을 이해하려고 하고, 타당한 근거를 가지고 타인을 설득하려는 태도를 지닌다. 그게 세상 이치라는 것을 부인하는 사람은 없다. 남성도 예외가 아닐 터인데, 다만 하나의 퍼즐만은 논리적으로 이해하지도, 설득하지도 않는다.

만약 나쁜 교육을 받았다면 때를 벗겨 내는 것도 어른일 때 가능하다. 자라면서는 그저 남들이 강요하는 것을 내 몸속에 저장하기 바쁘지만, 어른은 과잉된 가치를 희석시키는 선택을 할 자유가 있다. 대학에서 평소 익숙지 않았던 분야의 과목을 들을지 고민하는 것도, 갑자기 퇴사하고 인생 전체를 위해 잠시나마 유예 기간을 가지는 것도 모두가 인생을 잘 살기 위해 자신의 삶을 반추하려는 어른의 모습이다. 즉 익숙한 것으로부터 거리를 두는 태도는 시민의 모습으로 살아가려는 어른에게 너무나도 중요한 습관이다. 다들 그렇게 살아간다. 아홉 살이 주먹을 휘두르는 것과 서른 살이 누군가의 멱살을 잡는 것은 경우가 다르다는 사실을 누구나 안다. 많은 사람이 '그때는 어렸지'라는 성찰과 함께 자신의 관성을 다른 쪽으로 바꾸고자 노력한다. 하지만 남성은 변화의 목록에 여성을 바라보는 시야를 포함시킬 생각이 없다. 이들은 '아프다고 말하는' 여성에게 "너만 아프냐", "나보다 더 아프냐", "솔직히 힘든 건 남자지, 여자가 뭐가 힘드냐" 등의 이상한 말을 한다. 아픈 사람을 조롱하다 보면 어느 순간 '여성은 의무는 하지 않고 권리만 주장한다'라는 표현을 상시로 즐기면서 여성을 혐오하는 사람이 된다. 한국 남자의 유전자가 원래부터 '그딴 식으로' 만들어졌을 리는 없을 게다.[4] 어쩌다가 한국의 남성은 어른이 되는 문턱을 넘는 것을 스스로 거부하게 되었을까? 미리 말하자면, 한국 남성에게는 이 남성성을 뒤틀어 볼 수 있는 기회가 존재하지 않기에 세 살 적 버릇을 여든까지 가진 채 살아간다.

CEO를 대상으로 하는 강의를 준비하면서 엄청난 시간을 투자한 기억이 있다. 강연을 의뢰한 쪽에서는 참가자가 전부 남성이니 주제에 반드시 역사적 내용을 녹여서 말해 달라고 했다. 역사 분야 책이 중장년 남성 덕택에 인기가 많은 것은 하루 이틀이 아니니, 대충 역사를 곁들이는 식이 아닌 대학원 박사과정 세미나 수준의 자료를 준비했다. 몇 날 며칠을 끙끙거린 덕분에 나도 공부를 많이 했고 당연히 강의를 듣는 분들도 '새로운 내용을 많이 알았다'라면서 좋아들 했다. 질의응답도 인상적이었다. 언제부턴가 기업인들이 인문학을 친근하게 여기고 '역사 속에서 교훈을 찾는다'라는 주제의 교육 강좌가 홍수를 이루더니, 정말로 분위기가 달라졌음을 확인했다고나 할까. 하긴, 이들은 학창 시절에도 역사 공부를 열심히 했다. 기초가 이미 탄탄한 사람들에게 인문학을 초급 수준으로 전할 수는 없었다.

대한민국 중년 남성의 높아진 눈높이를 경험한 나는 '성평등'을 주제로 강의해 달라는 요청을 모 기업으로부터 받았을 때도 마찬가지 고민을 할 수밖에 없었다. 이 회사는 전국에 퍼져 있는 계열사 CEO들을 서울로 불러 '성 인지' 교육을 한다고 했다. 준비를 감히 소홀히 할 수 없을 정도로 두둑한 강연료도 보장했다. 대학 신입생이 이해하는 개론 수준이 아니라, 페미니즘의 역사부터 최근의 첨예한 논쟁이 무엇인지까지 전하는 수준으로 오랫동안 준비했다. 촘촘하게 짠 강연 자료를 담당자에게 미리 보내고 평소에는 절대 안 하는 스피치 훈련도 나름 홍

내 내서 할 정도로 약간의 긴장을 하고 있었다.

하지만 모든 게 수포였다. 아니, 괜한 고생을 하고 있었다. 강연 하루 전에 걸려 온 전화에서 담당자는 다급한 목소리로 말했다. "이런 수준으로 강연하시면 너무 어려워서 아무도 못 알아들어요. 여기 계시는 분들, 젠더의 뜻도 잘 모르세요. 생애 처음으로 여성학을 접하신다고 생각하시면 돼요." 나는 나름 돈값을 하려 했을 뿐이라고 입장을 전하니 담당자는 나를 초대한 솔직한 이유를 밝혔다.

이 주제가 필요하긴 하지만 여자보다는 남자가 진행하는 것을 원하셔서요. 그저 소프트하게 요즘 세상이 과거하고 좀 다르다, 이런 것도 불평등일 수 있다, 정도로만 강의가 진행되면 되거든요. 룸살롱 문화 그런 거 조금 비판하시고 그러면 충분해요. 이 정도 수위 조절이 가능한 적합한 인물을 찾는데, 작가님이 그나마 인지도가 있으시고 또 남자이셔서….

틀린 말이 아니니 기분이 나쁠 이유도 없었다. 나는 남자다. 페미니즘의 깊은 내면을 파고들 동기가 구조적으로 존재하지 않는다고 보는 게 마땅하다. 나는 남자라서 힘든 점이 많은 건 사실이지만, 살면서 단 한 번도 여자가 나를 위협할 거라 생각한 적이 없다. 그저 나도 가부장제 사회에 익숙해진 남자라는 반성문 정도의 글로 (감히!) 여성학 분야에 들어가는 책을 내고 여기저기 강연을 다닐 뿐이다. 무엇보다 페미니즘을 전공하지도 않았다. 생각해 보니 사회학을 오랫동안 배우면서 학부 때 누구나 시간표를 맞추면서 얼떨결에 접하는 '성과 사회' 강의 하나만을, 그것도 20대 초반에 수강했을 뿐이다. 이런 내가 먹고 살려고 닥치는 대로 강의하던 시절에 어쩌다가 3년이나 여성학 강의를 하게 되었고 그때 집중적으로 공부한 게 내 전문성의 전부다. 하지만 딱 그 정도의 수준이어도 학생들은 '인식을 송두리째 변화시킨 수업'이라면서 좋게 평가해 줬다. 내가 대단해서가 아니라 이 사회가 지독히도 견고하기 때문일 거다.

　　방송 출연도 마찬가지 이유다. 제작진은 이 분야의 최고 전문가를 찾는 게 아니다. 내가 남자라서, 그러니까 '여자가 아니라서' 성평등 논의를 하기에 그나마 위험 부담이 덜하다는 이유로 나를 찾았다. 같은 내용이라도 여자가 성불평등을 다루면 시청자들이 난리가 나서 안 한 것만 못한 꼴이 나니까 괜히 긁어 부스럼 만들지 않으려는 자구책이 바로 나였다. 그러니 나를 초빙한 CEO들도 애초에 머리가 부서질 정도의 토론을 원한 게 아니었다. 이들은 '고수'가 아니라 '남자'를 원했다.

　　이런 요구에 부응할 수밖에 없는 게 나 같은 생계형 작가의 팔자다. 그래서 다른 주제와 다르게 '페미니즘'은 강연을 듣는 대상자의 나이가 많을수록, 지위가 높을수록 더 초보 수준으로 접근해야 한다. 언젠가 표현부터 부담감 넘치는 '최고위 공무원' 대상으로 강의를 하면서, 젠더의 뜻부터 차근차근 설명하며 어릴 때부터 '아빠가 출근할 때' 뽀뽀하고 '엄마가 안아 줄 때' 뽀뽀한다는 식으로 길드는 게 왜 문제인지를 중학생을 마주하고 있다고 생각하고 진행한 적이 있다. '최고위 공무원'을 너무 무시하는 것 아닌가 하는 걱정과 스스로에게는 '지금 뭐 하고 있는 거지' 하는 회의감이 몰려왔다. 하지만 강의 평가는 최고였다. 이들은 정말 대만족이었다면서 내게 엄지를 척 하고 내밀었다. 젠더라는 개념으로 세상의 부조리를 이해하기에는 시간이 턱없이 부족한 너무나 기초적인 강연이었는데, '젠더가 무슨 뜻인지 알게 된 내 인생 최고의 강의', '아내에게 이렇게 미안한 적이 없었다'라는 설문 결과가 나온 것을 보고 이 바닥이 유의미하게 변화하려면 과연 얼마나 걸릴까 하는 걱정이 들었다. 재차 말하지만 이를 변화의 시작으로 보자는 건 너무 낭만적이다. 내 눈에는 변화의 한계가 확실하게 보일 뿐이다.

높으신 분에게 '낮은' 수준으로 젠더의 기초부터, 아니 기초'만'을 말해야 하는 상황은 성평등 감수성이 '높을수록' 조직 사회에서 불이익을 당할 가능성이 큼을 뜻한다. 한국 사회는 젠더의 개념조차 몰라야지 다음 단계에 진입이 가능하다는 말이다. 역사적 지식을 뽐내면 소양 있는 사람으로 인정받기에 난이도를 올려 가며 공부에 매진하지만, 페미니즘은 'ㅍ'만 드러내도 이상한 눈초리를 받는다. 과거에 곁눈질로라도 여성학을 접했음이 알려지면 치명적 약점이 된다. "뭐야? 저 사람 페미니즘 그런 거 공부했어?"라는 수군거림은 "저 사람 과거에 운동권이었대?"보다 몇 배나 더 집요하게 개인을 괴롭힌다.

한국에서는 남녀 차이를 생물학적으로 별수 없다고 인정하고 이를 자연의 질서라고 표명함에 있어 괜한 의구심을 드러내지 말아야 직장에서의 생존이 가능하다. 밥은 먹고살려면, 속마음은 숨기고 겉으로는 남성·여성에 따른 극명한 역할 분담을 주저하지 말아야 한다. 여성은 육아를 담당해야 하니 업무 역량에 한계가 있을 거라고 지레짐작하여 '이왕이면' 남성을 선호하는 것을 결코 불평등이라고 생각해선 안 된다. 이런 인식이 조직 생활의 기본이니, 단순히 살아남는 수준이 아닌 권력의 정점에 도달하기 위해서는 겉과 속이 완전히 일치해야 하지 않겠는가. 여성이 사회에서 겪는 차별을 외면할수록 '사회생활 잘한다'라는 소리를 듣는 이상한 나라의 지극히 자연스러운 모습이다. 여자도 마찬가지로 생각해야 생존이 지속된다. 유리 천장을 깬 사람들의 이야기가 소개될 때 자연스레 등장하는 말이 '고정관념을 이겨 내고 성공했다'라는 식인데 완전히 틀린 말이다. 실제 유리 천장을 통과한 회사의 상층부 여성은 남자보다 더 남자처럼 생각하는 경우가 많다. 그러지 않고는 천장 위로 갈 기회조차 얻지 못한다. 기회를 얻은 자들이 쓴 자기계발서를 몇 장만 넘기면 "나도 여자지만, 여자들의 모습을 보면 문제가 많다"라는 표현이 나오는 이유는 이 때문이다. 남성 문화는 남성만의 것이 아니다.[5] 정상으로 취급받으려면 모두가 남성 문화를 지지해야 한다.

사내 분위기를 결정하는 상층부가 변화를 두려워한다는 건 회사 전체의 목표 의식이 유사하다는 말이다. 이는 회사를 다니면서 '젠더' 측면에서 성장할 기회는 없음을 뜻한다. 그런데 입사하기 전에는 성장했겠는가. 국·영·수 문제집만 12년 동안 풀어야 하는 학교에서 젠더는 낯선 주제다. 대학을 가서 나름의 관심사에 집중할 수도 있겠으나 취업이라는 용광로 앞에서는 모두가 균질화된다. 한때라도 관심이 있었다면 숨기고 숨겨야 한다. 자기소개서에 "나는 페미니즘에 관심이 많아서"라는 구절을 작성한다는 건, '나는 취업할 생각이 없다'라는 선언이나 진배없다.

기업이 원하는 인재를 발굴하는 데 사활을 거는 대학에서 페미니즘은 불쏘시개라도 된다면 다행이다. 사회를 비판하는 전공들은 취업률이 낮다는 이유로 구조 조정이 되고 교양 강좌는 실용적 학문으로 점철되는 구조적 한계가 선명한 현실에서 성희롱 교수를 고발하는 대자보가 붙는 걸 '진정 페미니즘의 시대가 오고 있다'라면서 마치 천지가 개벽이라도 한 것처럼 낭만적으로 해석할 순 없다. 나는 대학 학생회로부터 성평등 관련 특강 요청을 받곤 하는데, 가끔 '페미니즘이라는 말을 삼가 달라'라는 단서를 달며 '남녀 모두에게 이로운 내용으로 강의해 달라'라는 한심한 부탁이 첨가될 때가 있다. 대학의 공기가 철저히 기업의 공기를 대변하기에 그럴 거다.

이들이 취업해서 사회로 나갈 것이니 사회는 달라질 수가 없다. 내가 방송에 나가 페미니즘을 강의하니 직접 내 SNS를 찾아 메시지를 보낸 남성이 있었다. 페미니즘 입문 중의 입문 수준으로 진행된 내용을 과격하다면서 이런 말을 덧붙였는데 압권이다. "남자가 모양 빠지는 소리나 하고 자빠졌네. 누나 많은 막내 남동생처럼 징징거리지 마!" 그는 평범한 직장인이었다. SNS에 공개된 그의 삶은 굉장히 진보적이었다. 하지만 '남자가 여성의 평등 어쩌고'라고 주장하는 건 도무지 남자로서 인정할 수 없었던 모양이다. 그래서 저딴 소리를 하는 인간은 아마 '누나가 많아서' 저렇게도 수다쟁이가 된 것이라 생각한 듯하다. 태중에서부터 시작되는, 성별에 따른 '다른' 교육은 이토록한 인간의 시야를 가로막는다. 진보정당에서도 페미니즘 논쟁이 상시적으로 이루어진다는 건 '이 주제만큼은' 다르게 해석하는 데 익숙한 남자가 이 나라 어디에나 많다는 것을 뜻한다.

대한민국에서 가장 창의적인 기업이기에, 생각이 열린 젊은이가 너도나도 지원하는 회사라고 소문이 자자한 곳에서 나의 강연 전에 질문을 취합했는데 이런 수준이었다. '페미니즘은 왜 한국에서 변질되었는가?', '페미니스트들은 왜 남성이 갖는 고된 사회적 의무와 억압, 관습에는 침묵하며 여성 인권만을 강조하는가?' 인터넷 댓글에서만 볼 수 있던 내용이 버젓이 등장한다. 그 회사에 이상한 사람이 있는 게 아니라, 우리가 마주한 그 일관된 댓글들이 많은 남성의 일관된 인식이었던 거다. 그러니 얼굴을 공개하고 성폭력을 당했다고 증언하는 이 판국에 '이제 컵은 자기가 씻자'라는 순수하기 그지없는 반응이 나오고, 이상한 책이나 읽는 여자들에게 잘못 걸리면 큰일 나니 '회식 때 여자는 여자끼리, 남자는 남자끼리 모여 앉자'라는 놀라운 상상력이 등장할 수 있는 거다.

여성이 기권을 선언한 곳에서 남성은 거침이 없다

상식적으로 생각할 때, 미투 운동은 남성에게 인생 절호의 기회다. 자신의 고통을 증명하는 여성 덕택에 남성은 타인을 고통스럽게 하지 않을 가능성이 조금이라도 높아졌으니 말이다. 살아생전에 이런 기회가 왔음을 천만다행이라 생각해야함이 마땅하다. 하지만 '펜스 룰'이라는 놀라운 대안을 끄집어낸것에서도 알 수 있듯이 남성 문화는 상식적으로 흘러가지 않는다. 남성 문화는 곧 지배 문화이기 때문에 이 위세가 쇠락하는것을 본능적으로 막는 특성이 있다. 페미니즘 말만 들으면 "젠더평등이라면서 왜 남성의 권리를 뺐으려고 하느냐"라고 따지는 사람들이 곳곳에 존재하는 이유다.

여성은 누군가의 '미투'에 용기를 내고 자신의 입으로 피해자의 진정성을 증명한다. 혹은 자신이 겪은 유사한 경험을 공론화하여 이것이 개인 간의 문제가 아니고 사회 구조적으로 만들어진 '남성의 악질적인 습관'이라고 주장하는 사람에게 힘을보냈다. 하지만 남성은 피해자에게 공감하는 것보다 자신이 혹시나 (이들의 표현을 그대로 빌리자면) "실수한 적은 없는지"를 걱정하기 바쁘다. 나쁜 태도는 아니지만 곱씹어 보면 남자는 '실수로' 누군가에게 위해를 가할 수도 있었다는 말이다. 반대의 성별이 실수로라도 그럴 가능성이 매우 낮은 것을 보면 이는 남성의권력일까, 한계일까? 여성에게 위력이나 어떤 식의 폭력도 행사한 적이 없다면 두 다리 쭉 뻗고 자면 될 일인데 '혹시 내가 무슨문제가 될 만한 행동을 했을까?' 하는 생각으로 전전긍긍한다는 것은 남자이기에 고통의 방향이 다름을 증명한다. 여자는 고통을 '받은' 순간을 선명하게 떠올리고 남자는 고통을 '준' 일상조차 제대로 기억해 내지 못한다. 많은 여성이 분노하겠지만 나는 '가해자' 남성이 사건을 회피하려는 목적인 양 내뱉는 "기억이 안 난다"라는 말이 거짓이 아니라고 생각한다. 남성은 여성을 성적 대상화하여 바라보는 걸 '그냥' 한다. 일기장에 적어 가면서 스스로를 다독이지 않아도 '그냥' 한다. 그냥 그렇게 하는 게 자연스러운 것이라고 길들었기 때문이다. 그냥 그렇게 해도 별 문제가 된 적이 없기 때문이다. 어찌 기억이 나겠는가.

이런 남성이 '남자가 무엇을 조심해야 하는지'를 가르쳐 주는 세상의 흐름을 보며 생뚱맞게 '앞으로 여자 조심하고 살아야지'라는 이상한 다짐을 하는 건 놀랄 일이 아니다. 여성이 아주 약간씩, 보편적인 인간의 권리를 향해 한 걸음씩 이동할 때마다 마치 남성 인권이 침해라도 당하는 양 "어디 여자 무서워서 맘 편하게 살겠냐?"라는 조롱의 말이 부유했는데 그것과 하나도 다를 바 없다.

결국엔 억울하다는 거다. 남자를 힘들게 하는 사회에 책임을 묻는 것이 바로 페미니즘이라는 것을 아무리 말해도 "왜 남자 힘든 것은 몰라 주냐"라는 볼멘소리를 상습적으로 하는 이유는 이 억울함의 정서가 원체 크기 때문이다. 이게 얼마나 남성 전체에게 퍼져 있냐면, "진정한 성평등은 여자도 군대 가는 것 아닌가요?"라는 질문을 거의 전 연령대가 던진다고 보면 된다. 초등학교 '남'학생에서부터 내일모레면 환갑인 기업 '남자' 임원까지 마치 동전을 넣으면 튀어나오는 종이컵처럼 이들은 즉각적이다. 여성이 불평등하다는 논의를 들으면 이 질문을 비장의 카드로 던지도록 길들었기 때문일 게다. 재미난 사실은 내가 그런 생각이 왜 문제인지를 짚어 주면 더는 따지지 않는다는 거다.

그 남자는 왜 어른이 되지 못했을까

남자가 군대에서 죽을 고생을 하니, 여자도 함께 죽을 고생을 해야 정의롭다는 말입니까? 행복의 평준화가 아닌 고통의 평준화를 위해 법과 정책이 만들어지는 게 과연 좋은 사회일까요? 여러분은 내가 하는 고생을 저 사람도 함께하면 마음이 평온해지십니까? 우리가 던져야 할 질문은 아직도 남자를 군대에 끌고 가는 이 현실이 과연 타당한지에 관한 것이어야 합니다. 남자가 군대에서 죽을 수도 있는 현실에 '군대에 가지 않는' 여성이 어떤 원인을 제공했단 말입니까? 아, 여자도 군대에 와서 죽으면 이제부터 누구도 군대에 대해 문제 제기 못 하겠네요? 저는 그러기 싫습니다. 제 딸과 아들이 다 군대 가서 내가 노심초사하는 게 정의라고 생각하지 않습니다. 저의 아버지와 제가 경험한 군대라는 경험을 수십 년이 지나 제 아들이 또 해야 한다는 게 싫습니다.

비장의 카드지만 전투력은 강하지 않다. 단언컨대 이 반론에 재반론을 하는 남자는 없었다. 여러 이유가 있다. 첫째, 내가 남자이기 때문이다. 둘째, 내가 군대 갔다 온 남자이기 때문이다. 셋째, 내가 군대에서 남자가 개고생 한다는 것을 누구보다 강력히 주장하기 때문이다. 마지막으로 내 말이 사회가 지향해야 하는 가치에 부합하기 때문이다. 제일 중요한 이유겠지만, 애초에 논리가 아니라 감성으로만 이 문제를 이해하는 상대에게는 중요치 않을 거다. 첫째에서 셋째까지의 조건이 완성되었기에 마지막 나의 논리가 더 빛났을 뿐이다. 만약 여자가, 더

욱이 군대를 경험하지 않는 여자가 같은 말을 했다면 어떤 일이 벌어졌을지 쉽게 상상된다.

이처럼 허술한 질문을 강연장에서 당당하게 손 들고 할 수 있다는 건 일상에서는 이 질문이 효력이 있었음을 경험했기 때문이다. 몇 번 시도할 때마다 상대가 아무 말도 못 하는 걸 보았으리라. 그래서 이 지점만큼은 남자가 억울한 게 확실하다고 생각하고 자신이 논리적으로 완벽하다는 착각에 빠져 두려움 없이 자신감으로 무장할 수 있었던 거다.

여성도 이 주장에 꽤나 동의하는 사람이 많다. 논리적으로 동조해서가 아니라, 이 질문을 해결하지 않으면 남성이 한 걸음도 움직이지 않는다는 걸 알기 때문이다. 라디오에서 여성 차별을 이야기하니, 군대 다녀온 두 아들이 있다는 중년 여성은 이런 댓글을 올렸다. "부자끼리 군대 얘기하면 난리도 아니에요. 나는 그냥 입 다물고 있어야 하죠. 차라리 여자도 군대를 간다면 남녀가 서로를 잘 이해할 수 있을 것 같아요." 대학 특강을 갔는데 여학생이 말한다. "무슨 말만 하면 여자는 군대도 안 가면서 그런 식으로 생각하느냐고 하니, 차라리 여자도 군 복무를 하면 쓸데없는 논쟁에서 자유롭지 않을까 생각도 합니다." 남성에게 두 손 두 발 다 들었다는 거다. 논리의 부족 때문이 아니라, "어쨌든 여자는 군대 안 가잖아!"라면서 저돌적으로 밀어붙이는 한쪽이 논리적으로 설득할 수 있는 대상이 아니기에 선택한 전략적 침묵이리라.

그러니 남성이 발화하는 억울함의 정서는 상대를 짓누른다. 억울하다고 말하는 아버지 눈치를 봐야 하는 자녀, 억울하게 살기 싫다는 남편 옆에서 아무 말 못 하는 아내, 억울해 죽겠다는 아들을 달래는 엄마가 우리 주변에 많은 건 '여자도 군대 가야 성평등이다'라는 주장이 시도 때도 없이 등장하는 것과 결코 무관하지 않다.

이 글 처음에 등장한 돈 번다고 억울해 죽겠다는 내 친구 말이다. 그 친구의 아내는 '남자는 원래 저렇다'라고 이해, 아니 체념하고 산다. 몇 번 이야기하며 교집합을 찾아보려고 했지만 경제 활동을 '남자만 하는 것을 억울하다고 생각하는' 사람의 목소리는 그냥 컸다. 체념을 하니 속은 편해졌다. 돈 벌어서 억울하다는 것은 경제 활동 외의 역할을 여성이 책임지라는 것 아니겠는가. 그래서 '여자라서' 해야 할 일을 철저하게 하고 있다. 아이들 교육을 혼자서 꼼꼼하게 챙긴다고 힘들어도 단 한 번도 남편 앞에서 '독박 육아'라는 말을 한 적 없다. 그냥 이 역할 분담이 인류의 평등에 어울리지는 않더라도 가정의 평화는 보장한다고 생각하기 때문이다. 가부장제를 탄탄하게 유지하는 윤활유 역할을 하더라도, 복잡한 마음이 차분해져서 정서적으로는 차라리 다행이라고 여긴다. 기권했다는 말이다. 그러니 내 친구는 '억울하다'라고 말해도 아무도 문제 제기를 하지 않는 환경 속에서 끊임없이 억울한 심정으로 세상을 바라보았고 이것이 타당하다고 여겼다. 그래서 누구나 카페에서 차 마시고 이야기를 하지만 그 대상이 전업주부일 때는 '남편은 회사에서 뼈 빠지게 고생하는데 허구한 날 카페에서 수다나 떠는 게으른 여성'이라는 놀라운 이미지를 만들어 낸다. 이게 여성혐오가 아니면 무엇이겠는가.

정당하다고 여기는 그 억울함이 생애 과정 내내 외부로 발화된 만큼, 정말로 억울함이 줄어든다면 그러라고 하고 싶다. 하지만 애초에 여성이 '남성의 억울함을 몰라줘서' 남성이 힘들어진 것이 아니니까 그 전략은 효과도 없고 오히려 남성에게 덫이 된다. 남자의 억울함 호소 전략은 중요한 성찰의 순간을 놓치게 한다. 스스로가 틀린 생각을 했음을 알면서도 억울하다는 말부터 하는 내 친구는 물론이고, 남자의 고충을 동일한 비중으로 다루지 않는다면서 의미 있는 주제들을 무작정 무시하는 사람 모두가 젠더 감수성을 함양할 기회를 스스로 차 버린 꼴이다. 자신의 발목에 연결된, 성별에 따른 고정화된 사회적 이미지라는 쇠사슬을 끊지 못한 자들은 앞으로도 억울하다는 말을 습관처럼 내뱉으며 살아갈 것이다. 한국 사회가 이토록 불평등한 건, 이들이 어른이랍시고 젊은 세대에게 온갖 조언을 하기 바빠서다. '어른답게'보다 '남자답게'에 길든 이들이 만들어 가는 세상의 풍경이 어디까지 괴기스러워질지 나도 궁금하다.

그 남자는 왜 어른이 되지 못했을까

여성살해에

맞

서다_____

3부

현장과 운동

스피크 아웃,
한국 반성폭력 운동의
외침

피해자 연대와 투쟁의 여정

1장

김보화

김보화

성폭력 가해자의 가해 행위 구성 과정을 주제로 석사 논문을 쓰고, 박사 학위 논문을 준비하고 있다. 지금은 한국성폭력상담소 부설 연구소 울림에서 반성폭력 운동 현장의 고민을 언어화하는 일에 집중하고 있다. 특히 성폭력 피해자의 정체성이 스스로에 의해 다양하게 재해석되는 조건을 살펴보는 것에 관심이 많고, 남성 중심적인 사법 질서와 담론 속에서 피해자의 경험이 타자화되는 과정에 관해서 고민하고 있다. 최근에는 피해자가 경험하는 미투 운동의 의미와 내적 역동, 피해자에 대한 각종 보복적 공격으로서 성폭력 역고소, 사법과 비사법의 경계를 넘나드는 성폭력 사건 해결의 의미를 연구하고 있다. 함께 쓴 책으로『그럼에도 페미니즘』,『스스로 해일이 된 여자들』,『페미니즘 교실』등이 있다.

반성폭력 운동은 계속되어야 한다

아직 인간이 되지 못한 '여성'들이 '여성'이라서 죽어 갔고, 성폭력은 '처신을 잘못한 네 잘못'이라고 비난받던 여성들의 인내심이 바닥날 무렵, 2018년의 시작과 함께 한국발 미투 운동이 본격화되었다. 여성은 대통령도 바꿔 낼 수 있는 참정권이 있는 시민이었지만, 광장과 시민은 '남성화'된 얼굴을 하고 있었다. 법과 제도는 평등한 듯했지만, 평등은 여성과 남성의 비대칭적 구조를 무시한 채 '양성평등'과 같은 기계적 도식 아래 숨죽이고 있었다. 그리고 이러한 '갭'gap 속에서 '안전한 곳'은 없었다. 일터와 삶, '공'과 '사'의 중간 어디쯤에서 계속되던 '보통의 경험', 성폭력이 수면 위로 드러나기 시작한 것이다.

2018년 한국의 미투 운동은 단지 할리우드에서 파생된 운동이 아니다. 2016년 강남역 살인 사건을 경유하며 스스로의 경험에 바탕을 둔 언어를 갖게 된 여성들이 그동안 호명하지 못한 불편한 경험들을 '성/폭력'으로 명명하고, 서로의 말하기에 공감하면서 또 다른 피해를 막고자 거대한 변화의 물결을 만들어 나간 정치적 실천이었다. 그뿐만 아니라 미투 운동은 그동안 끊임없이 피해를 말해 왔지만, 이를 무시해 온 한국의 법과 문화가 얼마나 많은 성폭력을 은폐해 왔는지 드러낸 계기이기도 하다.

그러나 2018년 이전에도 여성들의 저항과 투쟁은 존재해 왔고, 한국의 반성폭력 운동 역시 지난 30여 년간 매우 활발하게 계속되었다. '성폭력'이라는 말조차 낯선 시절, 성폭력이 개인의 불운한 문제가 아니라 사회와 구조의 문제임을 선언하며 활동을 시작한 여성 운동 단체들은 '상담'을 적극적인 운동 전략으로 삼으며 '여성주의'를 지향하는 활동을 펼치고 있다. 이 글에서는 한국의 여성 운동 단체들이 지난 30여 년간 활동해 온 과정과 성폭력과 관련한 주요 쟁점을 되짚어 가면서 역사적 맥락 속에서 미투 운동을 살펴볼 것이다. 이러한 작업은 숱한 시간 동안 성폭력에 대항해 온 투쟁의 역사를 잊지 않기 위해, 그리고 우리가 서 있는 위치에서 더 '잘' 싸울 수 있는 운동의 지형을 만들기 위해 필요한 작업이다.

스피크 아웃의 역사,
1986년 공권력에 의한 성폭력부터 2018년 미투까지

한국 여성 인권의 향상은 수많은 피해자의 '스피크 아웃'Speak Out으로 이루어졌다. 아직 반독재·민주화 운동이 한창이던 1986년 위장 취업 혐의로 구속된 여대생에 대한 부천 경찰

서 경찰의 성고문 사건을 시작으로, 1987년 파주여자종합고등
학교에서 일어난 체육 교사에 의한 성폭력, 같은 해 전남 고흥
에서 만삭의 임신부가 경찰에게 성폭력 피해를 입은 후 자살한
사건, 1988년 낯선 남성에 의한 성폭력에 저항하다 가해자의 혀
를 자른 여성이 구속된 사건, 같은 해 대구에서 다방 여종업원
이 경찰들에게 집단 성폭력을 당했음에도 무고와 간통으로 구
속된 사건 등이 발생했다. 그러나 1983년 설립된 한국여성의전
화, 1987년 설립된 한국여성민우회, 한국여성노동자회, 한국여
성단체연합을 비롯하여 각 지역의 시민 사회와 종교 단체가 연
대해 해당 사건들에 강하게 문제를 제기하면서 피해자의 억울
함을 알리고, 특히 공권력에 의해 자행된 성폭력들을 폭로했다.

　　한편 1980년부터 한국교회여성연합회는 한국의 '기생관
광'을 문제 삼으며 '정신대'를 경험한 피해자 자료를 수집해 왔
다. 마침 1990년 일본 사회당의 모토오카 쇼지本岡昭次 의원이
'종군위안부'에 대한 정부의 책임을 질의했는데, 일본 정부는 '민
간업자들이 한 일'이라며 발뺌했고, 1991년 이러한 상황에 격
분한 고故 김학순 여성 인권 운동가▲가 기자 회견을 열고 일본
군 '위안부' 경험을 폭로했다. 김학순 여성 인권 운동가는 이후
1997년에 돌아가실 때까지, 이 문제를 국제 사회에 알리고자 최
선을 다했다. 일본군 '위안부' 문제는 성폭력이 단지 남성 개인
에 의한 것뿐만 아니라 국가, 자본주의, 민족주의, 제국주의 등

▲　　그간 일본군 '위안부' 피해 여성을 '할머니'라는 호칭으로 불러 왔으나, 이
　　　글에서는 운동가로서의 삶을 강조하고자 '여성 인권 운동가'로 표기한다.

227　　　　　　　　　　　　　　　　스피크 아웃, 한국 반성폭력 운동의 외침

도1 　　　1992년 제6차 김보은·김진관 공동대책위원회 기자 회견[2]

도2 　　　1994년 직장 내 성희롱 예방과 대책을 위한 공청회[3]

이 결합하여 발생하는 구조적 폭력임을 드러냈으며, '전시 강간'에 대한 심각성을 인식하게 하는 계기가 되었다.

1991년에는 한국성폭력상담소를 창립했고, 같은 해에 피해자가 21년 전 자신에게 성폭력을 가한 가해자(이웃집 아저씨)를 살해하는 사건이 있었으며, 1992년에는 여자 친구가 의붓아버지에게 성폭력 피해를 입어 왔다는 사실을 안 남자 친구가 가해자를 살해한 사건도 있었다. 이 사건들은 친족 성폭력, 어린이 성폭력 피해의 현황과 후유증을 알게 했으며, 1994년 성폭력특별법을 제정하는 데 밑받침이 되었다. 특히 1993년 서울대학교에서 발생한 교수에 의한 조교 성희롱 사건은 6여 년간의 법적 소송 끝에 가해자가 피해자에게 민사상 손해 배상금 500만 원을 지급하는 것으로 마무리되었다. 이 사건은 1995년 여성발전기본법과 1999년 남녀차별금지법을 비롯하여 성희롱 관련 법과 제도가 제정되고 성희롱 예방과 처리를 명문화하는 데 중요한 밑거름이 되었다.[1]

1990년대 중반부터는 일상적인 남성 중심적 성 문화에 문제 제기를 시작한 대학 내 여학생 운동, 일명 '영페미니스트' 운동이 활발하게 진행되었다. 2000년 초에는 운동사회내성폭력뿌리뽑기100인위원회의 주도로 운동 사회 내 성폭력 피해를 폭로하고 가해자의 실명을 공개하는 운동이 일어났는데, 이러한 활동으로 대학 및 공동체 내 성폭력 사건 해결과 성 문화 운동이 가속화되었다. 또한 여성 운동 단체들은 2004년 제주도지사 성폭력 사건과 한나라당 국회의원 성추행 사건에 대응했고, 2006년 용산 어린이 성폭력 살해 사건, 2008년 조두순 성폭력 사건 등에도 대응 활동을 펼쳤다. 특히 2009년에는 고 장자연 씨의 죽음을 통해 여성 연예인에 대한 인권 문제가 폭로되었으나 당시 가해자 및 관련자가 철저하게 수사되지 못했고 최근에야 재수사에 착수했다.

그리고 2013년 6월, 여성 운동 단체들이 오랫동안 주장해 온 친고죄 폐지가 결정되고, 강간의 객체가 '부녀'에서 '사람'으로 바뀌는 등 성폭력 관련 주요 법이 개정되는 성과가 있었다. 이것은 성폭력에 대한 인식을 전환하는 데 매우 중요한 사안이었는데, 이때까지 성폭력 관련 범죄의 고소 기간은 1년이었고, 당사자만이 고소할 수 있는 친고죄였다. 그러나 대부분의 성폭력 피해는 가족, 학교, 직장, 친밀한 관계에서 발생하며, 가해자는 주로 피해자보다 사회적으로 권력이 많은 사람이기 때문에 바로 고소하기가 어렵다. 그럼에도 불구하고 고소 기간이 1년이라는 것은 1년이 넘도록 고소하지 않았다면 그것은 '진짜 성폭력'이 아닐 것이라는 통념을 전제하고 있다. 더불어 피해 당사자만이 고소할 수 있다는 것은 성폭력은 '수치스러운 일'이기 때문에 다른 사람이 알아서는 안 된다는 인식에서 기인한다.

그러나 2013년 6월 이후로 성폭력은 고소 기간 없이 대부분 공소 시효가 10년이며, 당사자가 아닌 제3자도 신고할 수 있게 변경되었다. 이로 인해 이전에는 피해자와 가해자가 합의하면 고소가 취하될 수 있었지만, 이제는 합의를 한다고 해도 양형에 참고가 될 뿐 고소가 취하되지는 않는다. 이러한 변화들은 성폭력은 숨겨야 할 일이 아니라 공적이고 사회적인 범죄임을 명확히 했다고 평가할 수 있다.

그리고 2015년 '메갈리아'의 '미러링' 등에 영향을 받으며 성차별을 인식한 세대가 등장하고 온라인을 기반으로 한 성폭력 폭로도 나타나기 시작했다. 2015년, 진보 진영 내 데이트 성/폭력 피해 여성들이 SNS로 가해자를 폭로했고, 2016년 강남역 살인 사건 전후, "#○○계_내_성폭력"과 같은 해시태그 형태로 문학계, 영화계, 연예계, 게임계 등에서 성폭력 피해 말하기가 이어졌다. 2017년에는 김○○ 영화감독이나 남배우에 의한 성폭력, 대기업 내 직장 상사에 의한 성폭력도 폭로되었다. 그리고 2018년 1월 29일, 서지현 검사의 검찰 내 성폭력 폭로 이후, 지난 몇 해 한국에서 진행된 '성폭력 피해 경험 말하기 운동', 즉 스피크 아웃은 '미투'라는 언어와 결합되면서 빠르게 대중적인 운동으로 확장되었다. 그리고 2018년 3월 15일, 340개 여성·노동·시민 사회 단체는 '미투 운동과 함께하는 시민행동'을 결성해 '2018분 이어말하기', '성차별·성폭력 끝장집회' 등을 진행하면서 한국 사회의 근본적인 변화를 위해 활동하고 있다.

이처럼 여성 운동 단체들은 수많은 성폭력 사건을 지원하면서 집결했고, 대항 운동을 펼쳐 왔다. 피해자와 함께하다 보니 피해자 수만큼 다양한 피해 이후 삶의 재해석 과정을 알게 되었고, 법적 지원을 하는 과정에서는 법의 남성 중심성과 허점을 파악해 가면서 반성폭력의 언어를 만들었다. 무엇보다도 성폭력 피해 경험을 말한다는 것에는 스스로에 대한 자책을 지지로, 죄책감을 용기로 변화시키는 힘이 있음을 배워 갔다. 그래서 성폭력은 피해자 개인이 부끄러워해야 할 일이 아니라 사회 구조적으로 발생하는 문제이며, 침묵을 깨고 세상에 알리는 것이 통념을 해체하는 데 무엇보다 필요한 일임을 절감해 나갔다.

여전히 위태로운 피해자의 위치

그런데 성폭력 피해자들은 왜 '폭로'의 형식으로 피해를 말할 수밖에 없었을까? 성폭력 피해를 입은 후 먼저 가족이나 주변인에게 도움을 요청할 수도 있고, 경찰서에 고소를 할 수도 있고, 학교나 직장에 있는 각종 성희롱·성폭력 고충 처리 기관에 신고를 할 수도 있었을 것이다. 그러나 아쉽게도 피해자는 대부분 위와 같은 절차를 밟지 못하는 경우가 많다. 그것은 현재 법과 사회적 통념이 생각하는 성폭력과 실제 피해자가 경험하는 성폭력이 매우 다르기 때문이다. 피해자는 주변인에게 도움을 요청하고 싶어도 '밤늦게 모텔에 따라간 여자' 혹은 '성관계 동영상을 찍은 네 잘못'이라는 말을 듣거나 '폭행·협박이 없었으니 성폭력이 있었다고 볼 수 없다'라고 판단되거나 최악의 경우 성폭력을 신고·고소했다는 이유로 무고나 명예훼손 등의 각종 역고소 피해를 입기도 한다. 그래서 피해자들은 그동안 성폭력 문제를 제기할 시도조차 하지 못하거나, 때로는 그동안 시도한 어떤 것도 가해자에 대한 처벌로 이어지지 않자 마지막 남은 힘을 다해 삶을 걸고 '저 사람은 성폭력 가해자다'라고 외칠 수밖에 없었던 것이다.

'전형적인' 피해자는 없다

성폭력 피해자가 성폭력을 경찰에 고소하더라도 무혐의 처분을 받거나 오히려 금전적 이익을 위해 성폭력이라고 거짓말하는 것이 아닌지 의심하는 배경에는 '최협의설'과 이를 뒷받침하는 성폭력 '피해자다움'이라는 통념이 있다. 현재 성폭력과 관련된 법은 형법 제32장 '강간과 추행의 죄'에 제시되어 있으며, 대표적으로 강간죄는 "폭행 또는 협박으로 사람을 강간한 자"에 대하여 처벌하도록 되어 있고 여기에서 폭행 또는 협박은 "상대방의 항거를 불가능하게 하거나 항거하기 현저히 곤란하게 할 정도"를 의미한다. 다시 말해서 피해자가 강하게 저항했거나 저항을 불가능하게 할 정도의 폭행·협박이 있어야 강간죄가 성립되며, 이는 강하게 저항하면 성폭력은 일어날 수 없다는 의미를 담고 있기도 하다.

2017년 한국성폭력상담소 상담 통계 분석에 따르면 20~64세 사이 성인 강간 피해 상담 124건 중 가해자의 폭행·협박이 있었거나, 피해자의 강한 저항 또는 도망친 행위가 존재하는 사례는 15건(12.1%)에 불과했고, 이러한 행위가 부재한 경우가 54건(43.5%), 확인 또는 판단이 어려운 경우가 55건(44.3%)이었다. 여기에서 강한 저항과 도망친 행위가 부재한 54건의 피해자가 자신의 피해가 강간임을 호소한 이유로는 가해자의 지위나 주변인과의 관계로 저항하지 못했거나 지속된 폭력 피해 경험으로 인해 저항하지 못하는 등의 경우가 24건(44.4%), 울면서 거부하거나 거절 의사를 표시한 경우가 19건(35.2%), 그런데도 가해자가 회유와 강요를 하면서 혹은 속이거나 급작스럽게 가해한 경우가 14건(25.9%)에 이르렀다.[4] 그러나 최협의설에 따르면 가해자의 폭행이나 협박의 수준이 피해자의 반항이 불가능하거나 현저히 곤란할 정도에 이르러야 하므로 위 피해자들의 경험은 강간죄로 인정받기 어려울 가능성이 큰데, 이를 통해 수사·재판부의 판단 기준과 실제 피해자의 경험이 괴리되어 있음을 알 수 있다.

또한 성인 피해 중 가장 많은 경우인 직장 내 성폭력에서 가해자가 직장 상사일 때, 피해자는 도망가거나 강한 저항을 표현하면 향후 불이익이 있을까 봐 문제를 제기하지 못하는 경우가 많다. 이는 가해자가 피해자의 '취약성'을 활용하기 때문인데, 가해자는 대부분 피해자보다 우월한 위치에 있기 때문에 물리적인(폭행·협박이 있음을 증명할 수 있는) 방식으로 성폭력을 행할 필요가 없다. 전국 네 개 상담소의 1년 치 상담 일지를 분석한 연구에서 전체 3,484회(638건) 상담 중 폭행·협박이 없는 성폭력은 80.9%(516건)에 이르렀다. 가해자는 위력을 이용해 피해자의 '자발적 무기력' 상태와 '경제적 취약성'을 활용하거나, 신뢰 관계를 구축하여 피해자를 '심리적 취약' 상태로 만든 후 술을 '먹이고' 강간한다. 이때 폭행·협박 없이 강간에 성공한 남성/가해자의 책임은 최소화되고, 자발적 참여에 대한 자기 비난이 내면화된 여성/피해자의 책임은 강해지면서 술과 약물에 의한 성폭력이 은폐될 수 있는 침묵의 구조가 탄생한다.[5]

또한 성폭력이 아는 사람에 의한 피해가 대부분임에도 불구하고 법적인 대응이 많지 않은 이유는 직장·학교·친족·데이트 관계 등 친밀한 사이에서의 성폭력은 그것을 성폭력으로

'명명'하는 것도, 추후 신고·고소하는 것도 상당히 어렵기 때문이다. 이러한 관계에서 동의/비동의 사이의 경계(예를 들어 조름, 토라짐, 성관계에 동의했으나 마음이 바뀜, 동의하지 않았으나 합의하지도 않은 성관계, 약간의 거래와 집착, 동정심, 기억이 안 남, 거절 시 해코지의 두려움, 피해를 말했을 때 주변인들의 비난에 대한 우려 등)는 '사랑'과 '폭력', 그리고 '친밀함'과 '권력'의 경계에서 언어화되기 어렵기 때문이다.

'전형적인' 성폭력 피해자는 존재할 수 없다. 모든 성폭력 사건, 그리고 피해자와 가해자는 각각의 다른 맥락과 관계, 조건 속에서 반응하고, 인간이라는 존재는 매뉴얼화될 수 없는 여러 방식으로 판단하며 사고하기 때문이다. 특히 여성/피해자는 남성 중심적 경험이 '객관'으로 사고되는 사회에서 항변할 언어가 부족하다. 믿고 도움을 구할 사람도 부족하고, 가해자보다 물리적·인적·경제적 자원이 부족한 경우가 많기 때문이다.

이런 상황으로 인해 그동안 피해자는 피해를 말하지 못하거나, 도움을 요청해도 무시되어 왔다. 그래서 미투 운동은 숙명이었는지도 모르겠다. 향후 성폭력의 판단 여부는 폭행·협박이 있었는지, 왜 저항하지 않았는지, 어떤 피해자인지 판단하는 것이 아니라 상대에게 어떻게 동의를 구했고, 상대의 무엇을 동의라고 생각했는지를 가해자가 입증하도록 해야 한다. 더 나아가 성폭력의 판단 기준은 '의사에 반한', '동의 없는' 성적 행위를 넘어 '적극적 합의'[6] 여부로 가야 한다. 성폭력은 극도의 수치심과 두려움의 문제라기보다 성적 자기결정권에 대한 침해이며, 여성/피해자에 대한 성적 온전성/통합성integrity을 해치는 권리 침해의 문제로 봐야 한다.

성폭력 역고소라는 위협

미투 운동이 확장되는 데 가장 큰 걸림돌은 피해자에 대한 무고, 명예훼손 등 각종 역고소[7]다. 이러한 역고소는 결코 새로운 현상은 아니지만, 가해자들은 2013년 6월 친고죄 폐지 이후, 금전적 합의로 고소가 취하되지 않는 상황과 양형 강화, 미투 운동으로 인한 사회적 이미지 실추를 막고자 성폭력 가해 사실을 적극적으로 방어하고 있다. 이는 최근 변호사 업계의 무분별한 홍보나 시장화와 함께 더욱 가속화되고, 현행법과 수사관·재판관 및 일부 남성의 성폭력 통념 속에서 옹호되고 있다. '무고하게 고소당한 억울한 남성'에 대한 신화와 두려움이 광범위한 연대를 만들어 내고 있는 것이다.[8]

성폭력 역고소 중 가장 대표적인 유형은 무고와 명예훼손, 그리고 민사상 손해 배상 청구 소송이다. 2013년 6월부터 2018년 5월까지 한국성폭력상담소의 역고소 상담 통계 분석에 따르면, 검사가 수사 과정에서 피해자를 무고로 인지한 경우가 11건, 가해자가 무고로 고소한 경우가 22건, 가해자나 주변인이 명예훼손으로 고소한 경우가 33건이었다.[9]

무고죄는 타인으로 하여금 형사 처분 또는 징계 처분을 받게 할 목적으로 허위 사실을 신고했을 때 해당하는 범죄인데, 유독 성폭력 피해자는 무고의 의심을 많이 받는다. 검사는 성폭력 수사 과정에서 피해자 진술에 신빙성이 있는지를 판단하는데, 피해자가 바로 저항하거나 도망가지 않거나 신고·고소하지 않았을 때, 혹은 피해 이후 평상시처럼 가해자와 메시지를 주고받았을 때, 심지어 피해자가 너무 당당하게 행동할 때에도 피해자 진술을 의심한다. 이는 수사관이 '피해자다운' 피해자가 아니라고 판단할 때 발생하며, 가해자 역시 이러한 통념을 빌미로 피해자를 고소하기도 한다.

명예훼손 역고소는 피해자가 피해 사실을 SNS, 미디어, 언론 등에 폭로하거나 주변에 알렸을 때 발생하는데, 본인이 가해한 적이 없는데도 '허위 사실'을 유포했다거나 때로는 그것이 사실이라고 하더라도 그 사실이 알려져 명예를 훼손당했다며 고소하는 것이다. 종종 가해자뿐 아니라 가해자의 가족, 회사, 주변인 등이 고소하거나 민사상 손해 배상을 청구하기도 한다.

이러한 각종 역고소는 피해자에 대한 지지를 막고, 가해자가 자신의 억울함을 강조하면서 피해자의 위치를 '전유'하여 '피해자화'하고 시간을 끌기 위한 전략이다. 또한 형사 고소를 결심한 피해자의 의지와 사법적 처벌에 대한 기대를 무력화하며, 피해자의 문제 제기에 대한 보복 수단으로서 기능하고 있다. 가해자가 실제 고소에 이르지 않더라도 역고소하겠다는 협박만으로도 피해자는 크게 위축되어 대응을 포기하기도 한다. 그래서 최근 성폭력상담소들에서 피해자가 '미투'를 고민하는 상담은 고소 시에는 무고에 대한 우려를, 공론화 시에는 명예훼손을 함께 걱정하는 경우가 많았는데, 그만큼 미투 운동과 성폭력 역고소는 밀접한 관계에 있다.

이것은 언론의 보도 방식과도 관련이 있는데, 성폭력 무혐의와 무고를 혼동하거나 무고 사건 전체를 성폭력 무고 사건인 것처럼 설명하는 보도는 '억울한 가해자'가 많은 것처럼 포장하면서 성폭력 피해자에 대한 통념을 확장한다.[10] 성폭력 무혐의와 무고는 같은 말이 아니며, 가해자 입장에서의 언론 보도 태도는 피해자의 피해를 가중시킬 수 있으므로 공정하고 정확한 보도가 필요하다.

성폭력 피해 경험 말하기는 성폭력이 개인적인 문제가 아니라 사회적이고 공적인 문제임을 확인하는 과정이다. 그러나 피해를 공개적으로 말했을 때, 각종 역고소의 위협을 감내하면서도 피해자가 말하기를 선택한 이유는 단 한 가지다. 또 다른 피해자가 생기는 걸 막기 위해서, 즉 '공공의 이익'을 위해서다. 그리고 현행법상 '공공의 이익'을 위한 말하기는 명예훼손죄에 해당되지 않는다. 그러나 피해자의 공적인 말하기를 사법 절차를 이용한 보복으로 대갚음하는 가해자와 이를 활용하는 변호사 업계, 그리고 그들을 비호하는 사법 시스템은 문제시되어야 한다. 피해자의 말하기가 법적 처벌의 대상이 되어서는 안 될 뿐 아니라, 오히려 더욱 안전하게 말할 수 있는 사회적 안전망이 갖춰져야 한다.

사이버/디지털 성폭력,[11] 착취되는 여성의 몸

2015년, 강간을 모의하고 실행하는 '소라넷' 사이트의 존재와 헤어진 전 연인에 의한 '리벤지 포르노'Revenge Porn, 이른바 비동의 성적 촬영 및 유포 문제가 사회적 공분을 사면서 온라인·사이버 공간에서 발생하는 성폭력의 심각성이 대두되었다. 2016년에는 여러 대학의 '단톡방'에서 여학생을 성희롱한 사건들이 기사화되었으며, 이에 2017년 9월 27일 정부는 범정부 차원에서 디지털 성범죄 피해 방지 종합 대책을 발표했다. 그럼에도 불구하고 피해는 줄어들지 않았고,[12] 2018년에는 불법 촬영의 수사 과정이 성별에 따라 다르게 진행되고 있다며, 누적 인원 30만 명 이상의 여성들이 여섯 차례에 걸쳐 거리 시위를 하기도 했다.[13]

이미 1990년대 후반, PC 통신 활용이 증가하면서부터 온라인·사이버 공간에서 여성을 대상으로 한 폭력이 끊임없이 발생해 왔다. 한국성폭력상담소에서는 1997년부터 1999년까지 세 차례에 걸쳐, 통신 이용자와 함께 성폭력에 관한 사이버 토론회와 '사이버 성폭력 의식 및 실태 조사'를 진행했고, 2001년에는 『딜리트Delete! 사이버 성폭력』 발간을 통해 사이버 성폭력의 유형·특징·대처 방안에 관한 매뉴얼을 제시한 바 있다.

2000년대 초반까지만 해도 사이버 성폭력은 주로 온라인 공간에서 이루어지는 언어적 폭력이 많았다. 그러나 1997년 신촌 그레이스 백화점의 여자 화장실 천장에 설치된 '몰래카메라'가 알려지면서 1998년에 되어서야 성폭력처벌법 제14조에 '카메라등이용촬영죄'가 신설되고 법적 근거가 마련되었다. 그리고 20여 년이 지나면서 온라인 공간에서 성적 영상물의 상업화와 여성에 대한 성적 대상화, 혐오 표현, 욕설의 내용과 공간, 수위는 더욱 다양해지고 확장되었다. 카메라와 스마트폰의 대중화로 비동의 성적 촬영이나 유포, 특히 당시에는 동의하에 촬영했다고 하더라도 이별 후 전 애인에 의해 보복성 영상물이 유포되는 경우가 증가했고, 공공 화장실, 지하철, 직장, 대학, 집

할 것 없이 여성의 신체는 찍히고 저장되고 공유되기 시작했다. 영상물이 웹하드, P2P를 타고 전파되면서 피해는 국경을 넘어서는 수준까지 확장되었다. 그러나 법적으로 '성적 욕망 또는 수치심을 불러일으키는 신체 부위'가 촬영되어야만 범죄가 승인되어 매우 협소하게 이해되고 있고, 동의하에 촬영한 경우에는 향후 동의 없이 유포되었다고 하더라도 처벌되지 않는 경우가 많았다. 다른 성폭력과 마찬가지로 법관의 주관적 해석에 크게 영향을 받으면서 여성/피해자의 경험은 반영되지 못하고 있다.

그러나 문제는 사이버 성폭력은 아무리 조심해도 예방할 수 없다는 데 있다. 한국성폭력상담소 부설 연구소 울림의 2015~2016년 카메라 이용 촬영 상담 통계에 따르면, 피해자와 가해자가 서로 아는 사이인 경우가 71%에 달했으며, 특히 성인 피해자는 동의 없는 촬영을 포함하여 이별 보복의 형태로 현/전 데이트 상대로부터 피해를 경험하는 경우가 40%로 가장 높았다. 더군다나 이 피해는 유포/유포 협박, 강간, 준강간, 주거 침입, 길거리 괴롭힘, 스토킹 피해 등과 함께 발생하고 있었는데,[14] 한때 동의하에 촬영한 성관계 동영상이 이별 통보 시 영상물을 유포하겠다는 협박의 물건으로 둔갑하여 일종의 '보험'처럼 활용되는 것이다.

이처럼 사이버 성폭력은 '현실' 성폭력과 밀접한 관계가 있으며, 단지 '가상 상황'이 아니다. 최근 남성 연예인들의 집단 성폭력, 비동의 성적 촬영과 유포 사건에서 볼 수 있듯이, 이제 현실 성폭력과 사이버 성폭력의 경계는 느슨해지고 술과 약물을 이용하여 강간하고, 촬영하고, 유포하는 행위는 동시에 벌어진다. 누군가의 말처럼 "(단톡방의) 그들에겐 성범죄가 놀이 같았고, 여성은 물건이었고, 불법 촬영 영상은 기념품처럼" 보인다.[15]

그러나 피해자가 유포된 사실을 알기까지 시간이 오래 걸리는 경우가 많고, 피해 사실을 안 후 디지털/사이버 장의사를 고용하여 한 달에 수백만 원의 사비를 들여 삭제를 의뢰하기도 한다. 그러나 이미 유포된 이미지나 영상은 완전한 삭제가 거의 불가능하다. 특히나 영상 플랫폼의 시장화나 '웹하드 카르텔'[16]은 이를 방조하거나 적극적으로 유포하도록 유도하며, 결국 여성의 몸은 '착취'[17]되고 있다. 따라서 친밀한 관계에서도, 모르는 사이에서도 무작위로 발생하는 카메라 촬영과 유포에 대한 우려는 여성의 일상적인 두려움을 강화함으로써 여성이 사회적으로 통제되는 결과를 낳고 있다.

사이버 성폭력은 '신종 범죄'가 아니다. 사회가 남성 중심적으로 구조화되고, 여성의 몸이 돈이 되어 팔리는 곳에서는 그 어떤 것도 여성을 향한 폭력으로 둔갑할 준비가 되어 있기 때문이다. 따라서 사이버 성폭력은 단순히 '개인의 프라이버시/사생활 침해'라는 성 중립적이고 자유로운 '인간'의 문제가 아니라 사회 구조적으로 발생하는 여성에 대한 젠더에 기반을 둔 폭력 Gender-based violence against women[18]이자 성적 자기결정권을 침해하는 성폭력으로 이해할 필요가 있다.

최근 몇 년간 각종 사이버 성폭력의 심각성을 체감한 여성들의 분노는 그동안 학교와 직장에서, 가족 내에서 겪은 성폭력 피해 경험과 연결되면서 미투 운동의 확산과 연대로 이어졌다. 그러나 사이버 성폭력은 피해 경험을 공개적으로 말하기가 매우 어려운 성폭력 유형이기도 하다. 말함과 동시에 그 피해 영상물에 관한 관심이 높아지며 심지어 공유·유포하려고 애를 쓰는 사람들이 즐비하기 때문이다. 일대일의 신체적인 행위를 동반한 성폭력만이 성폭력이 아니다. 타인의 몸을 불법적으로 촬영한 영상을 보는 것도 성폭력이며, 이를 공유하는 것도 성폭력이다. 여성의 몸이, 그리고 각종 성폭력이 '돈'이 되어 팔려 나가지 않으려면 과학 기술과 각종 온라인 산업이 성차별적으로 구조화되어 있다고 끊임없이 문제 제기를 해야 할 것이다.

반성폭력 운동, 여성을 통제하는 문화에 저항하다

미투 운동은 그동안 법적인 성폭력 판단 기준과 현실의 불일치, 피해자의 말하기를 막는 비난과 의심으로 인해 '제대로 해결되지 못한' 성폭력 사건이 임계를 넘어 폭발한 것이다. 그리고 이러한 거대한 사이클이 유지될 수 있었던 것은 무엇보다도 성폭력을 '여성만의 문제'로 떠넘기거나, 피해자 개인의 문제로 치부해 온 남성 중심적 사회 통념에서 기인한다. 이에 여성 운동 단체들은 법의 제정·개정 운동과 더불어 성 문화를 바꾸기 위한 운동을 진행했다. 그간 한국성폭력상담소(이하 상담소)가 해 온 활동을 간단히 살펴보자.

성폭력 '생존자' 말하기의 힘

1990년대 중반이 지나면서 성폭력 경험을 드러낸 자전적

242

소설인 김형경 작가의 『세월』[19]과 박서원 작가의 자전적 에세이 『천년의 겨울을 건너온 여자』[20]가 출간되었다. 특히 박서원 씨는 18세 때 겪은 성폭력 사건을 털어놓았는데, 당시 언론과 사회의 관심을 받으며 공개 강연을 진행하면서 피해자에게 용기를 가지라고 당부하기도 했다.[21] 상담소는 성폭력 피해에 대해 침묵을 강요하는 사회에 맞서 말하는 행위는 치유하는 힘을 준다는 확신을 가지게 되었고, 한 사람 한 사람의 말하기를 넘어 집단적으로 그 힘이 공유되기를 바라며 2003년부터 '성폭력생존자 말하기대회'를 개최했다.

이때 즈음부터 성폭력 피해자를 '생존자'로 명명했는데, 피해자라는 말이 성폭력이라는 행위와 사건에 고착된 표현이라면 생존자라는 말은 사건을 넘어 피해 이후의 삶을 살아가고자 하는 의지를 포함한 말이다.[22] 또한 '수동적이고 약한 존재로서 고정된 피해자상을 벗고 자신의 삶이 직면한 문제에 예민하게 반응하며 삶을 이끌어 온 살아남은 생존자로서, 주체적 존재로서 그/녀를 다시 보'[23]려고 시도한 것이기도 했다.

제1·2회 말하기 대회는 용기를 내어 말해 준 말하기 참여자와 마음을 다해 공감해 준 듣기 참여자의 공감 속에서 비공개 원칙하에 '너무나 슬프고 애절하고 비통한' 증언으로 진행되었다고 한다. 또한 생물학적 '남성'은 참가자로 받지 않았으며, 피해 생존자가 말하기 편안한 환경을 조성하고자 애썼다. 제4회까지의 말하기 대회는 생존자의 증언과 음악인의 지지 공연으로 이루어졌다면, 제5회부터는 생존자가 생존자라는 정체성을 넘어서 작사가이자, 가수이자, 미술가이자, 예술가로서 적극적으

도3   2003년 제1회 '성폭력생존자말하기대회' 포스터

도4   2018년 제14회 '성폭력생존자말하기대회' 포스터

로 무대를 만들어 가는 형식으로 진행하고 있고, 현재까지 총 14회의 대회가 진행되었다.[24]

　2007년부터는 매달 마지막 주 수요일 저녁, '작은말하기' 형태로 생존자의 자조 모임도 열고 있다. '이야기해, 다시 살아나', '괜찮아도 괜찮고, 괜찮지 않아도 괜찮아', '말해 줘서 고마워', '너는 아주 특별한 용기를 가지고 있는 사람이구나'와 같은 말들이 서로 함께 울게 했고, 싸우게 했고, 일어서게 했다. 성폭력 피해가 나만의 경험이 아니라는 것, 많은 피해자가 견디고 맞서서 살아가고 있다는 것을 절감했다. 이렇게 이미 '미투'와 '위드유'는 한국 사회의 역사 속에 끊임없이 있어 왔고, 그 목소리는 대항의 언어를 견고하게 만들며, 더 큰 무대를 기다려 왔다. 다만, 그 목소리가 왜 그동안 들리지 않았는지, 혹은 왜 듣지 않았는지를 계속 질문해야 할 것이다.

달빛시위, 자기방어 훈련, 길거리 괴롭힘 반대 운동

　한국 사회에서는 여성이 스스로 조심해야 성폭력을 예방할 수 있으며 문제가 발생하면 조심하지 못한 여성의 책임이라고 곧잘 이야기해 왔다. 그러나 여성 운동 단체들은 왜 소녀와 여성은 싸우는 방법을 배우는 게 아니라 알아서 조심해야 하는지, 왜 위험한 상황이 발생했을 때 몸이 얼어붙는지 등의 질문을 던지기 시작했다. 단지 여성이 생물학적으로 '약한' 존재여서가 아니라 자기 몸을 쓰는 법에 대해서 배운 적이 없으며, 그래서 남성보다 약하다는 인식이 내면화되어 자존감을 낮추는 것은 아닌지 고민하면서 '자기방어'에 관심을 갖게 되었다.

이미 미국에서는 그러한 고민 속에서 1970년대부터 '피스 오버 바이올런스'PEACE OVER VIOLENCE[25]와 같은 여성 운동 단체가 자기방어 훈련을 진행하고 있고, '모델 머깅'Model Mugging, '임팩트 재단'Impact Foundation, '풀파워'FullPower 등의 단체에서도 20여 년 이상 실제적인 방어 기술을 익히고 가상의 가해자와 대면하여 현실적인 싸움을 익히는 방식[26]으로 자기방어 훈련을 진행해 오고 있다. 한국성폭력상담소는 자기방어 훈련이 '스스로 몸을 보호한다'라는 수준의 호신술을 넘어, 여성의 몸을 통제하는 가부장적 질서에 맞선 소녀와 여성의 '임파워먼트'Empowerment 운동의 의미를 담아 '여성주의 자기방어 훈련'이라고 명명했다. 2003년 『으랏차차 청소녀를 위한 호신가이드』를 시작으로 관련 책들을 발간하고, 2005년부터 현재까지 매해 10대, 성인 여성, 성소수자, 피해 생존자 등 다양한 대상에게 여러 방식으로 자기방어 훈련을 진행하고 있다.[27]

여성주의 자기방어에 관한 고민이 진행되던 2004년, 한국 사회를 발칵 뒤집을 만한 연쇄살인 사건이 발생했고, 범인인 유○○은 특히 부유층 노인과 성매매에 종사하는 여성을 살해하면서 "이번 일로 인해 부유층들이 각성했으면 좋겠고, 여자들이 함부로 몸을 놀리는 일이 없었으면 한다"라는 유명한 말을 남겼다. 그리고 언론과 가족, 주변인은 너 나 할 것 없이 가까운 관계에 있는 여성의 밤길을 단속했다. 이에 여성 운동 단체들은 '달빛시위 공동준비위원회'를 열고 '2004년 8월 13일, 달빛 아래, 여성들이 밤길을 되찾는다'라는 제목으로 성명서를 내고 서울의 종로 안국동에서 달빛시위를 개최했다. 당시 드레스코드는 흰

색으로, 가능한 짧은 바지, 끈 나시 등을 입음으로써 여자가 조신하게 옷을 입지 않아서 문제가 생긴다는 사회적 비난에 저항하고자 했다. 당시 참가자들은 "남자니까 집에 일찍 들어가!"라는 구호를 외치는 등 피해 책임은 여성에게 있는 것이 아니라 가해자/남성에게 있다는 점을 강조하기도 했다.[28] 이러한 표현들은 '친절하지 않게 말하기', '입장 바꿔 생각하기'를 실천한 2015년 메갈리아의 '미러링' 전략과도 맞닿아 있는데, 여성주의 자기방어는 단순히 몸을 '보호'하는 것에 그치는 것이 아니라 기존의 언어를 전유함으로써 듣는 이의 인식을 바꾸고 말하는 이를 '임파워먼트'하는 실천이기도 하다.

제2회부터는 더 확장되어, 더 많은 지역에서 다양한 방식으로 시위가 진행되었고, 시위는 2009년까지 계속되었다. 그리고 2016년 5월, 강남역 살인 사건이 일어난 직후 자발적으로 모여든 여성들은 "그래도 우리는 어디든 간다"라는 모토하에 달빛시위를 다시 부활시켰고, "착한 여자는 천국에 가고 나쁜 여자는 어디든 간다" 등의 구호와 함께 전국 각지에서 시위를 계속했다.

'길거리'라는 공간은 이렇게 전혀 공공적이지도 중립적이지도 않은 공간이다. 비단 여성뿐 아니라 여성답지 않거나, 남자답지 않은 소위 성별 이분법적 도식에 어긋나 보이는 사람에 대한 괴롭힘도 계속되어 왔다. 괴롭힘은 지하철, 버스, 공중화장실, 거리 등에서 이루어졌으며, 여성/소수자에 대한 폭력은 불편한 시선, 희롱, 추행, 불법 촬영뿐 아니라 살인에까지 이르렀다. 이에 상담소는 2014년과 2015년에는 '넌NON 진상' 길거리

도5   2006년 성인 여성 대상 주말 도장
           '우리는 지금보다 강하게, 그리고 자유자재로' 활동 사진

도6   2016년 자기방어 훈련 특강 '싸우는 여자' 활동 사진

괴롭힘 소멸 프로젝트를 진행하면서 길거리에서 일어나는 사회
적 소수자에 대한 차별을 알리고 공론화했다. 유명 웹툰 작가들
의 도움을 받아 길거리 괴롭힘의 문제점을 지하철에 광고로 게
시하기도 했고, 부스를 차려 피해 실태를 파악했다. 또 2016년
에는 『공공장소와 섹시즘SEXISM』이라는 연구 포럼을 개최하기
도 했다.

　　성폭력은 피해자가 아무리 조심해도 예방할 수 없다. 성
폭력의 유일한 예방법은 가해를 하지 않는 것뿐이다. 또한 성폭
력은 '괴물' 같은 가해자만의 문제가 아니라 '평범한' 가해자를
두둔하고 비호하는 남성 중심적 문화 자체의 문제이기에, 여기
에 대항하는 여성들의 투쟁은 체육관에서, 거리에서, 밤길에서
계속되어야 한다.

대법원 판례 바꾸기와 모의법정 운동

　　성폭력을 사법 절차로 해결하는 과정에는 생각하지 못
한 어려움이 존재하기도 한다. 2003년, 밀양 집단 성폭력 사건
에서 수사관들은 피해자에게 "네가 밀양 물을 다 흐려 놨다"라
는 등의 언급을 하여 2차 피해를 주었는데, 사건을 지원한 한국
성폭력상담소는 피해자와 함께 국가를 상대로 민사상 손해 배
상 청구 소송을 진행하여 3천만 원의 배상금을 받아 내기도 했
다. 성폭력을 말하기 어려운 분위기에서 용기를 내어 신고했다
고 하더라도 담당자의 왜곡된 통념이나 비난을 감내해야 하는
상황이 벌어지는 것이다. 이는 법조인의 성 인식에 대한 고민으
로 이어졌고, 당시 상담소 부설 성폭력문제연구소는 '법조인들

의 성 의식·성평등 의식 실태 조사'를 시행했다. 조사 결과, 법조인의 성 인식이 보수적이며, 이들이 인식하는 법의 합리성과 객관성, 일반인의 통념이라는 것이 얼마나 남성/가해자 중심적이며, 피해자에게 추가적 고통을 주는지 확인하는 계기가 되었다.

이에 2006년 7월부터 1년간 '성폭력 조장하는 대법원 판례 바꾸기' 운동을 진행했다. 폭행과 협박을 매우 협소하게 판단하는 강간죄의 최협의설, 항거 불능 상태임을 입증해야 하는 상애인 성폭력, 성폭력 성립 자체를 부정당하는 아내 강간, 진술의 일관성이 부족하다는 이유로 인정받기 어려운 어린이 성폭력을 중심으로 한 달에 한 번씩 판례 평석 자료집을 발간하여, 법원과 검찰 등 법 실무가에게 배포했다. 또한 성폭력을 피해자 여성의 입장에서 새롭게 해석한 판례도 수록하면서 반성폭력 운동이 법과 어떤 위치에서 조우할 수 있을지 고민을 이어 갔다. 이를 통해 최협의설을 문제점을 극복하고자 '위력'이라는 개념을 도입하고, 장애인 성폭력의 '항거 불능' 조항을 삭제하는 성과를 이뤄 내기도 했다.

2015년에는 '성평등한 사회를 위한 성폭력 판례 뒤집기' 사업으로 두 차례의 좌담회 및 대토론회를 개최하여 사회적으로 이슈가 되고 있는 '위계·위력 개념'과 '업무상 위력'에 관한 사회적 논의의 장을 형성했고, 2016~2017년에는 토론회뿐 아니라 모의 법정 형태로 판례 뒤집기 사업을 이어 나갔다. 원고와 피고의 법정 진술 과정, 검사와 변호사의 설전이 오가는 공판 과정, 재판부의 고민 과정 등 사법부의 시선을 모의 법정 형태로 재연함으로써 성평등한 판결을 위해 피해자 관점이 중요하다는 점을 깨닫고 우리 사회에 필요한 인식이 무엇인지 공유하는 자리를 만들어 나갔다.

성폭력의 사법적 해결 과정은 법적 판단의 문제일 뿐 아니라 해석의 문제라는 점에서 결코 고정되어 있지 않다. 그간 페미니스트들이 법 제정·개정 운동에 주목한 것은, 현실의 낙후한 법 체계에 대한 문제 제기일 뿐 아니라 그 과정에서 법관/남성/사회의 주류 담론과 인식이 변화할 수 있기 때문이었다. 최근 굳건해 보이던 법의 해석이 조금씩 바뀌어 가는 과정을 보면, 법과 사회가 어떻게 서로 소통하고 반영하는지를 알게 한다. 그러나 반성폭력 운동에서 법을 바꾸고 해석하는 과정은 하나의 전략일 뿐 전부는 아니다. 성폭력 피해 경험은 때때로 법의 울타리에서 오해되거나 왜곡되기 때문에 대항 운동이 필요하지만, 법이 인정하거나, 인정하지 않는다고 해서 변하는 경험이 아니기 때문이다. 따라서 법이 왜, 어떤 조건과 상황에서 어떤 사람의 경험을 중시하는가와 더불어 피해자의 경험이 반영될 수 있는 다양한 운동들이 계속되어야 할 것이다.

연대의 힘, '임파워먼트'로부터

미투 운동은 그동안 말하지 못했거나, 말하기가 무시된 피해자의 경험에 새로운 언어를 불어넣어 주었고, 또 다른 피해를 막기 위한 연대 의식과 실천으로 강화되었다. 이제 피해자는 단호한 사건 해결 의지를 세우는 동시에, 피해 원인이 차별적이고 불평등한 구조적 문제 때문이었음을 '간파'하고 본인이 속한 공간의 변화를 요구하기 시작했다. 이는 '피해자다운 피해자'는 만들어지는 것이며, 이와 반대로 '강한' 피해자, '싸우는' 피해자 역시 사회적 조건 속에서 만들어질 수 있음을 의미한다. 피해자는 약하고 고통스럽기만 한 존재가 아니다. 성폭력은 없었으면 좋았을 일이지만, 평생 회복할 수 없는 상처가 아니다. 오히려 그 경험 '덕분에' 분노와 고통 속에서도 생존에 대한 에너지와 지각력을 지니고, 부정적인 삶과 긍정적인 삶의 경계를 오가며 새로운 생명력을 지닐 수 있다.[29]

최근에 만난 한 피해자는 가해자에게 수년간 여러 가지 역고소 피해를 입었는데, 매 공판에 적극적으로 참여하면서 증거를 수집하고 검사와 재판부에 연락을 취했다. 현재 법 조항에 없는 폭력은 연구 자료를 뒤져 서류를 제출했고, 때로는 본인의 변호사와 논쟁하고 변호사를 설득하기도 했다. 그 과정에서 피해의 언어를 재구성하고 객관화하면서 '임파워먼트' 되고, 그 힘은 또 다른 피해자들과의 연대로 이어졌다.

당신한테 돌을 던지는 사람이 열 명이라면 당신과 연대하고 싶어 하는 사람 백 명이에요. 대부분 그 열 명에 갇혀 있거든요. 저도 그랬고, 초반에 그랬고. 근데 인제 그렇지 않은 사람들이 백 명이 있으니깐, 그런 여성들과의 관계를 유지하면서 연대를 해 나가고 우리 잘 싸울 수 있다는 이야기를 다른 피해자들에게 하고 싶어요.

— 성폭력 피해자와의 인터뷰 중

피해자의 말처럼, 많은 피해자가 '당신에게 돌을 던지는 사람보다 연대하고 싶어 하는 사람이 더 많다'라는 사실을 기억했으면 좋겠다. 그러나 대응하는 것도, 침묵하는 것도, 포기나 체념도 자유이며, 꼭 강하게 대응해야 한다는 '강박'도 없어도 된다. 그 모든 것이 '살아남은' 피해자가 선택할 수 있는 다양한 선택지이기 때문이다.

한국성폭력상담소는 2011년 출간한 『보통의 경험』에서 '피해자다움'의 이미지를 넘어 피해 경험자가 가진 다양한 힘을 '피해자 리더십'으로 명명했다. 사건에 대해 제일 잘 알고 있는 사람은 피해 경험자라는 것, 피해자는 다양한 선택을 할 수 있고, 자신을 위해 순간순간 많은 판단과 행동을 이미 해 왔다는 것, 상처받아 본 사람이 세상을 더 깊이 보게 된다는 것이다. 그리고 다른 존재와의 공존에 대한 성찰 능력을 발휘할 힘을 주는 것이 '피해자 리더십'이다. 이미 많은 피해자에게 리더십이 존재한다. 다만 그것을 어떠한 언어로 명명하고, 어떻게 이끌어 낼 것인가가 남아 있는 과제일 것이다.

2018년, 한국의 미투 운동이 본격화될 수 있었던 기반에는 지난 30여 년간 성폭력 피해자의 경험을 중심으로 법과 제도, 성 문화를 바꾸고, 이 사회의 불평등함을 외쳐 온 수많은 피해자, 여성 운동가, 그리고 여성 운동 단체가 있다. 어느 날 갑자기 시작되는 변화는 없다. 이 글에서 언급하지 못한 훨씬 더 많은 개인과 단체가 함께 힘을 주고받으며, 역사의 한 순간을 만들어 왔다.

1987년 파주여자종합고등학교에서의 성폭력 폭로 이후,

2018년 '#스쿨 미투'가 일어나기까지 꼭 30년이 흘렀다. 누군가는 그때나 지금이나 아무것도 변하지 않았다고 체념할지도 모르겠다. 그러나 그때의 싸움이 없었다면 지금의 싸움도 없을 것이고, 우리가 미처 알지 못하는 더 많은 싸움도 있었다. 무엇보다 그때의 싸움이 학생들'의' 싸움이었다면, 지금은 페미니스트 교사가, 학부모가, 그리고 숱한 동지가 학생들'과' 함께하는 싸움이다. 세상이 진보해 갈수록 남성 중심적 사회는, 가해자들은 더욱더 있는 힘을 다해 반격하지만, 우리는 더 치열하게 방법을 찾아 왔고, 의연히 계속 찾아 갈 것이다. 이제 우리에게는 미투 운동이 만들어 낸 또 다른 저항의 역사가 있기 때문이다. 다음 반성폭력 운동의 30년은 어떠한 투쟁의 기록들로 채워질지, 그 페이지들은 우리가 함께 만들어 갈 미래의 다른 모습일 것이다.

그날 이후의
페미니즘

포스트 강남역의 목소리

2장

김홍미리

김홍미리

여성주의 연구 활동가. 서울여자대학교에서 여성학을 가르치고 있다. 2012년까지
한국여성의전화 활동가였고, 일상 업무 중 하나는 언론에 보도된 살해당한 여성의
수를 세어 집계하는 것이었다. 끝이 없는 죽음의 행렬을 멈추려고 광장에 나갔고, 그
때의 기억과 경험은 지금의 광장을 들여다보는 렌즈가 되어 주었다. 여성에 대한 폭
력을 어떻게 끝낼 수 있을지 고민하며 산다. 함께 쓴 책으로는 『가정폭력: 여성 인권
의 관점에서』, 『처음부터 그런 건 없습니다』, 『페미니스트 모먼트』, 『우리 시대 혐오
를 읽다』 등이 있다.

20년 전 시인 문정희는 물었다. '그 많던 여학생들은 어디로 갔는가'[1]라고.

이 글은 묻고 있다. '그 많은 여성들이 어디에서 나왔을까'라고.

2016년 5월 17일. 그날 이후 잃어버린 목소리subaltern는 점점 더 힘 있게 광장에 모여들고 있다. '여자'로 호명 받아 온 생명이 '죽여도 되는 생명으로 살아가지 않을 것'이라고 외치는 장면은 말 그대로 장관이었다. '여성을 죽이지 말라'라는 이 당연한 말을 입 밖으로 내뱉는 데에 너무 오랜 시간이 걸렸지만, 덕분에 많은 사람이 죽음과 연결된 여성의 일상에 다가갈 기회를 얻었다. 여성학자 정용림·이나영은 이것을 '포스트/강남역'으로 이름 붙이며 새로운 페미니스트 주체 구성의 가능성을 전망했다.[2] 여성살해는 그날 최초로 일어난 범죄가 아니었지만, 일군의 사람들은 마치 생애 최초로 여성살해를 목격하기라도 한 것처럼 전에 없이 다르게 움직였다. 숱한 여성살해를 보면서도 무감하고 무덤덤했던 감각은 그렇게 우리와 단절의 절차를 밟기 시작했다.

그날 이후의 페미니즘

누가 먼저랄 것도 없이 전국 곳곳에 추모 공간이 만들어졌다. '네가 곧 나다'라는 공통 감각이 광장을 에워쌌다. 주목해야 할 것은 새로운 주체의 등장뿐만 아니라 이들이 움직일 때마다 드러나는 심하게 낙후된 세계였다. '여성 상위 시대' 운운하는 시절에 '설마 그 정도는 아니겠지'라며 품었던 기대는 전장 곳곳에서 반복적으로 무너져 내렸다. '페미 요정'▲을 끝도 없이 쏟아내는 세계는 마치 여성혐오의 화수분 같았다. 그리고 이런 낙후된 반격은 여성을 모여들게 하고 멈출 수 없게 만드는 동력이 되었다.

강남역 여성살해가 일어난 지 수년이 지났고 그사이 또 많은 변화가 일어나고 있다. 이 변화는 그날의 강남역을 다시 돌아보게 하고 또 '그날' 이전의 시간을 돌아보게 한다. 그것이 바로 역사her-story라고 말 걸어 온다. 그 많은 여성은 어디에서 와서 어디로 가는 중일까.

그것은 '어쩔 수 없는 문제'가 아니다

강남역 여성살해 가해자에게 범행 동기를 묻자 그는 "여

▲ '페미 요정'은 여성혐오 발언이나 젠더 감수성 없는 행동을 하는 사람들을 비꼬아 부르는 말로, 2015년 개그맨 장동민을 '페미 요정'이라고 불렀다. 그 덕분에 페미니즘에 전혀 관심 없던 사람들이 관심을 갖기 시작했다는 의미다. 〈고함20 어워드〉 응답하라 2015'의 '페미 요정' 부문 수상자가 장동민이다.[3]

자들이 나를 무시해서"라고 답했다. 이 문장은 '여자들(만)이 나를 무시한다'라는 의미가 아니라 '여자들(까지)도 나를 무시한다'라는 의미에 가깝다. 적어도 여성보다는 우월한 자리에 있다는 그의 신념은 '여성'을 어렵지 않게 그의 칼끝에 데려다 놓았다. 남성이 살해 대상으로 여성을 선택하는 이런 장면은 그리 놀라운 일이 아니다. '계집년들은 사회의 암적인 존재다', '살해 순위는 애새끼들, 계집년, 노인, 나를 화나게 하는 순이다', '죽이지 못할 것 같은 놈들은 건드리지 않는다', 이 문장들은 2014년 강남의 한 주택가에서 여성을 살해한 남성이 살인 수첩에 적어 둔 열두 가지 행동 수칙 중 일부다. 유○○이 롤 모델이라던 그는 총 일곱 명을 살해할 계획을 세웠고 계획대로 한 여성을 집 앞에서 무참히 살해했다.[4] 이 사건이 일어났을 때 세상은 잠시 떠들썩했지만 이내 가라앉았다. 여성살해는 드물게 일어나는 범죄가 아니었고, 그래서인지 사람들은 처음에는 놀라다가 다시 익숙한 일상으로 돌아갔다. 피해자 가족이나 여성살해에 저항하는 몇몇 운동가 정도만이 빠르게 식는 세상을 안타깝게 지켜봤을 뿐이다. 한국여성의전화가 2009년부터 2017년까지 집계한 바에 따르면, 남편이나 애인 등 친밀한 관계에 있던 남성에게 살해당한 여성은 최소 824명, 살인 미수를 포함하면 그 수는 1,426명에 달한다.[5] 헤어지자는 여성의 결정을 '승인'하지 않는 남성과, 살려 달라는 여성의 급박한 요청을 묵살하는 사회가 연합해 만들어 낸 콜라보다.

여성살해 사건 앞에서 사람들의 호흡은 느긋했고 박자는 엇박자였다. 일어날 수 없는 일이라고 깜짝 놀라면서도, 있을 수 있는 일이라며 놀란 마음을 접었다. 사연 있는 남성 개인의 일탈이나 조심하지 않는 여자의 문제로 빠르게 이동했다. 그 결과 여성살해는 '안타깝지만—어쩔 수 없는' 문제로 귀결되곤 했다. 누구도 그것을 문제가 아니라고 인식하지는 않았지만, 그 문제를 해결할 수 있다고 생각하는 사람도 많지 않았다. 분명히 나쁘긴 한데 없앨 방법이 있겠냐고 손 놓은 문제, 사회는 그것을 '여성 문제'라고 불러 왔다. 여자들이 어쩔 수 없이 당해야 하는 문제인 양, 여성이 조심하면 될 문제인 양, 여성단체들이 해결해야하는 문제인 양, 그 명명은 의심받지 않고 오랫동안 유지되어 왔다.

어쩌다 그것은 '사회 문제'도 아니고 '젠더 문제'도 아니고 '여성 문제'가 되어야 했을까? 인종혐오로 인해 일어난 범죄를 흑인 문제라 부르지 않고, 노동자 탄압을 노동자 문제라고 부르지 않는 것과 마찬가지로 이 범죄는 '여성 문제'로 불려서는 안 됐다. 그 호명은 여성 대상 범죄자의 성별이 대다수 남성이라는 사실을 삭제하며, 여성에 대한 남성의 지배와 빈번한 공격을 남성의 본능이라고 합의한, 잘못된 전제를 문제 삼지 않는다. 정작 드러나서 보여야 할 것들이 통째로 '여성 문제'라는 이름의 바깥으로 빠져나간다. '남성의 폭력성, 남성의 성욕, 남성의 욱하는 성질' 등을 들어 (일탈적 남성 개인이 어쩔 수 없이 범죄를 저지르므로) 여성도 어쩔 도리가 없지 않겠냐는 이 어처구니없는 인과론은 남성에 의한 여성 대상 범죄를 자연재해처럼 다루는 데 일조해 왔다. 태풍·홍수·지진을 대비할 수는 있지만 어떻게 인간의 힘으로 막을 수 있겠냐고 말하는 방식 그대로, 여성 대상 범죄 또한 (사회가) 최대한 노력하겠지만 완전한 해결은 어려우니 (여성은) 유사시를 대비하고 발생 시 감당하라고 말해 왔다. 덕분에 '여성 문제'에 대한 공동의 책임감은 증발하거나 유예되었다. 여성의 불안한 삶의 조건은 이런 부당한 '합의'에 의해 만들어질 수 있었다. 여성이 합의한 바 없는 일상이고 여성의 안전이 포기된 합의이며, 이것이 바로 느리게 일어나는 제노사이드 genocide(집단 학살)인 페미사이드의 본질이다.

2016년 멕시코에서 열린 페미사이드 반대 시위 영상에서 한 여성은 만연한 여성살해를 두고 '느리게 진행되는 제노사이드'라고 설명했다. 그의 표현은 정확하며 이때의 핵심은 '느리게'다. 여성이 겪는 위험은 기한의 정함이 없고, 그러니 서둘러 일어나지 않는다. 언제까지 무엇을 어떻게 조심해야 하는지 묻는 건, 그러므로 난센스다. 돈이 많아도 (적어도), 문을 걸어 잠가도 (잠그지 않아도), 도시에 살아도 (농촌에 살아도), 혼자 살아도 (여럿이 살아도), 성인이어도 (성인이 아니어도), 집 안에서도 (집 밖에서도), 바지가 길어도 (바지가 짧아도), 몸집이 커도 (몸집이 작아도), 아이가 있어도 (아이가 없어도), 밤에도 (낮에도), 겨울에도 (여름에도) '여성'은 표적이 된다. 피해 갈 방법은 없다. 그러나 빈번하게 일어나고 피할 길 없다고 해서 남성에 의한 여성살해가 자연재해인 것은 아니다. 정치학자 캐롤 페이트먼Carole Pateman[6]의 말대로 그것은 자연의 질서가 아니라 여성을 차지하고자 남성들이 공모한 성적 계약sexual contract의 집행일 뿐이다.

'여자들의 무질서' 때문에 모든 민족이 망한다던 사상가 루소Jean Jacques Rousseau, 여자들은 문명에 적대적이고 대립한다던 정신분석학자 프로이트Sigmund Freud, 공동체는 여성을 '내면의 적'으로 삼으며 여자들은 공동 세계의 '영원한 아이러니'라던 철학자 헤겔Georg Wilhelm Friedrich Hegel[7] 등이 일관되게 가리키는 것은, '본래 이성적이고 품위 있고 합리적인 남성 시민'을 '위험하게 만드는' '여성'의 자리였다. 사회는, '남성은 이성적이고 여성은 감정적'이라는 근대의 이분법적인 편견을 주입하면서도 유독 여성 대상 범죄에 있어서만은 기존의 규칙에 반하는 '남성의 본능'을 호출해 왔다. 동시에 그 본능을 '위험하므로 통제되어야할 것'으로 규정하지 않았고, 대신에 그를 그런 상태로 만든 위험한 여성의 잘못이라고 주장한다. 남성을 위험하게 만드는 '여성'을 사건 발생의 진원지―악의 근원지―로 지목하는 '원죄 여성-무결 남성'의 순환론이다. '어쩔 수 없는 문제'로 수용되는 대목은 바로 여기다. 이때 '어쩔 수 없다'라는 대목은 이성을 잃은 남성이 아니라, 합리적인 남성에게서 이성을 앗아 간 '여자들의 원초적 무질서'다. 그것이 여성이 통제되지 않는 데 대한 남성의 불안이 생성되는 자리고, 여성에 대한 통제를 정상화시키는 기제다. 여성에게 남성에 의한 침해를―종종 죽음을― 감당하라는 요구가 도달하는 이유이자, 해결하려는 절박함이란 찾아볼 수 없이 공적 책임감이 부재한 사회가 고착되는 경로다.

'여자라서 죽었다'라는 말이 불러온 것들, 사라진 주어의 소환

여성살해의 오래된 역사와 흔한 발생 빈도를 고려할 때, '그날' 이전에 대규모의 여성살해 반대 시위가 일어난 적이 없다는 사실은 의아하다. 또한 '달빛시위'(밤길되찾기시위)가 있었고 여성폭력 근절 캠페인이 수십 년간 진행되긴 했으나 '여자라서 죽었다', '여성살해를 멈춰라'라는 구호가 전면에 등장하지는 않았다. 일례로 유○○과 강○○ 등이 여성을 표적 살해했을 때 페미니스트들은 '여성살해를 멈춰라'라고 외치지 않았다. 살해라는 범죄는 너무나도 명확한 악으로 인식되기도 했고 누구도 그것이 문제가 아니라고 말하지는 않았기 때문일 것이다. 또한 사람들이 '여자들이 죽는다'라는 사실에 동의한다고 해서 '여자라서 죽었다'라는 명제에 합의하는 건 아니라는 사실과 대면하지 못했기(대면하지 않았기) 때문이다. 기껏해야 사람들은 여성이 지목되는 이유에 대해 여성이 남성에 비해 신체적 힘이 약하기 때문이라는 식의 물리적인 차이에 소극적으로 동의할 뿐이었다. 이것은 위계적인 젠더 관계가 보이지 않도록 만드는 방패막이였고, 걷어 내야 할 것들의 최전선이었다. 그때마다 페미니스트들은 단지 물리적 힘의 차이가 아니라 위계적인 젠더 관계에 의해 발생하는 구조적 문제라고 말해 왔지만, 그 목소리가 미치는 범위는 협소했고 방법은 조심스러웠다.

2012년 귀가 중인 여성을 납치 살해한 오○○ 사건이 일

도1 2012년 4월 오○○ 여성살해 사건 항의 거리 시위. 여성의 죽음을 방조하고 결과적으로 승인한 국가에 항의하는 시위였다. 2012년 4월 12일부터 열흘 동안 다섯 명의 여성이 남편과 남자 친구에게 살해됐다.[8]

도2 2012년 5월 17일, 여성의 죽음을 방조한 정부 규탄 시위가 열렸다. 이 시위 한 달 후 동거남에게 감금·폭행을 당하던 한 여성이 112에 신고했으나, 경찰은 "신고한 적 없다"라는 가해 남성의 말을 믿고 피해자를 구조하지 않았다.[9]

어났을 때 여성 단체들은 '수원 여성살인사건 긴급행동'을 결성
해 거리 시위에 나섰는데, 그때의 구호는 '안일하게 대처한 국가
가 살인자다' 혹은 '정부는 여성의 죽음을 더 이상 방치 말라'였
다.[10] 여성을 죽이지 말라는 요구는 생략되었고, 외치는 구호의
도착지는 법, 제도, 국가, 경찰이었다. 이 구호는 여성의 안전을
보장하는 국가 책임성을 묻고 있지만 여성살해와 연루된 당사
자인 '남성'을 불러내지 못했다. 사건 당사자로서의 '남성'을 불
러내지 않는 공론장에서 안전하게 보장된 것은 여성의 일상이
아니라 여성의 보호자임을 자처하는 남성의 자리였다.

　　근대 사상가들은 법과 규범, 합의된 절차에 따른 조화로
운 공동체로 표현되는 문명화된 사회라면 미개하고 야만적인
폭력이 통제될 수 있다고 믿었다. 하지만 오히려 문명화된 사회
에서 폭력은 사라지지 않았고, 철학자 한나 아렌트Hannah Arendt
가 '폭력의 세기'로 명명할 만큼 20세기는 파시즘과 전체주의,
전쟁으로 얼룩진 세기이기도 했다. 문명사회로의 이동이 폭력
을 통제할 수 있다는 기대에 부응하지 않았을 때, 야만이나 일
탈로 간주되던 폭력은 다른 방식의 설명을 요구받았다. 1963년
한나 아렌트가 제시한 '악의 평범성'Banality of evil 테제는 근대성
과 폭력의 관계를 숙고하게 했고, 1990년 철학자 바우만Zygmunt
Bauman은 『현대성(근대성)과 홀로코스트』Modernity and the Holocaust
라는 저서를 통해 나치의 유대인 집단 학살이 문명사회의 일탈
적인 광기나 문명화가 덜 진행되어 일어난 현상이 아니라 전형
적인 근대적 현상임을 밝힌 바 있다.[11] '잘 가꾸어진 국가'garden-
ing라는 아이디어 속에서 정돈되지 않는 잡초들을 제거하는 일

도3 　강남역 여성살해 사건 1년 후, 왁싱 샵을 운영하던 여성이 손님으로 가장한 30대 남성에 의해 살해됐다. 여성들은 SNS를 중심으로 '여성이 혼자여도 안전해야 한다'라고 말하며 'Men, STOP Killing Women'을 외쳤다.[12]

도4 　여성혐오 살인 공론화 시위 공식 트위터 계정에 올라온 포스터

은 창조적인 활동이지 파괴적인 것이 아니었고, 잡초 제거를 목표 삼은 국가는 근대식 공장 시스템을 십분 활용하여 과업을 완수해 갔다. 홀로코스트에서는 '살인하지 말라'라는 도덕 규범도 지켜지지 않았다. 그 당연한 명제를 사람들이 몰라서가 아니라 나와는 무관한 문제로 여길 수 있었기 때문이다. 자신의 결정이 만들어 낼 최종 결과를 알지 못하는 관료제는 자신의 말과 결정, 수행의 결과치가 '인간(성)의 살해'라는 것을 알려 주지 않는다. 가정폭력처벌법의 목적이 '가정의 보호'라는 사실이 가정폭력을 '누구 하나 죽어야 끝나는' 문제로 만들어 낸다는 것을 알려 주지 않는 것처럼 말이다. 가정을 보호한다는 그 법이 보호하는 것은 폭력 가정과 폭력 가장일 뿐이지만, 가정의 보호라는 아름다운 말로 폭력을 감쌌다. 그리고 그 대가는 폭력 가정을 살아 내야 하는 가족 구성원이 감당하라고 요구한다.[13]

합리적으로 잘 정돈된 국가라는 이상ideal은 ①그 정원의 모양, ②제거해야 하는 잡풀의 기준, ③솎아 내지 않아도 되는 것들의 역할과 배치 등을 누가 결정하는가 하는 질문을 남긴다. 흐트러진 것들의 정돈이 근대 국가의 책무이자 해결해야 할 과제일 때 무질서disorder의 원천으로 진단된 여성은 관리와 통제의 대상으로 의심 없이 지목될 수 있었다. 심지어 그것은 배제와 폭력이 아니라 보호나 배려라는 이름으로 칭송되었다. 잘 가꾸어진 정원인 국가에서 여성의 지정석은 온실glasshouse에 비유할 수 있다. 낙후된 그 세계에 여성이 포함될 수 있는 방법은 온실에 있는 것이었다. 그곳 아니면 위험하다는 경고를 사는 내내 들어 왔고, 경고를 무시하고 관리와 보호를 뿌리칠 경우 위험을 감수하라 요구받았다. 누구나 그곳이 안전하다고 말했지만 정작 온실도, 온실 바깥도 여성의 삶을 안전하고safe 온전하게integral 하는 것은 아니었다.

여성의 온전함을 상상하지 못하는 세계, 그 세계의 규칙대로 여성을 안전하게 보호하겠다고 나서는 이들은 그 낙후함으로 여성을 광장으로 불러 모았다.

남자에게 보호받고 싶지 않습니다. 남자 없이도 안전하고 싶을 뿐이에요. 삼가 고인의 명복을 빕니다.

밤늦게 길거리에 여자 혼자 돌아다니지 마라. 함부로 택시 혼자 타지 마라. 시비를 걸어도 그냥 피해라. 이젠 공중화장실엔 혼자 가지 마라. 그냥 남성 분들이 살인·강간을 하지 않으면 되는 간단한 문제입니다.

여성은 보호를 받아야 하는 존재가 아닙니다. 보호받지 않아도 누군가의 위협으로부터 안전해야 하는 게 당연한 겁니다.

이것은 강남역 10번 출구에 남겨진 살아남은 여성들의 목소리다.[14] 여성은 '남성이 여성을 안전하게 지켜 준다'라는 판타지를 거부했다. 여성은 보호의 대상으로 지정된 바 있지만, 통제와 응징의 대상이 될 뿐, 보호된 적 없었다. 복구해야 할 것은 쓸모없는 온실이 아니라 오랫동안 사용한 적 없어 거의 사라져 버린 온전함bodily integrity에 대한 감각이었다. 남성 스스로 보호자가 되고자 여성의 몸에서 떼어 내려 한 존엄은 저항의 몸짓 속에서 제자리를 잡았다. 그것은 떼어 낼 수 없는 것이었기에 온전함의 복원은 그리 오래 걸리지 않았다. 온전함의 감각을 살려 내면서, 사람들은 비로소 익숙한 '여성 문제'이자 자연재해처럼 어쩔 수 없다 여긴 여성살해를 낯설게 바라보기 시작했다.

익숙한 사건을 다르게 마주하는 데에는 남성도 예외가 아니었다. 강남역 살인 사건 피해자를 추모하러 온 남성들은 여성이 살아 내는 세상이 남성인 자신의 것과 달랐다는 사실에 깜짝 놀랐다. 보호자 없이도 여성이 안전할 수 있어야 하며, 그것은 여성 문제가 아니라 모두의 문제라고 목소리를 모았다. 그런 세상을 위해 나부터 노력하겠다는 약속도 전했다. 추모에 동참한 남성들은 그들 먼저 보호자 판타지를 거두고 문제 해결의 당사자로 자리를 바꿨다.

나는 늦은 밤 인적이 드문 길을 조심할 필요가 없었고, 공중화장실을 조심할 필요가 없었다. 그렇기에 나는 매일 살얼음판을 걸었던 여성들의 고통을 감히 가늠할 수 없다. 여성 멸시로 인해 일어난 범죄로 희생된 모든 이를 추모합니다. 여성들이 자유로워지는 세상을 희망합니다.

저는 밤길을 조심할 필요가 없었습니다. 남성으로 태어났기 때문입니다. 단지 여성이기 때문에 한 사람이 죽었습니다. 여성혐오 없는 세상을 위해 저부터 노력하겠습니다. 기억하겠습니다.

반반의 확률로 남자로 태어나 여성의 고통을 모르고 살
았습니다. 남자였기에 무지했고 남자였기에 무감했으며
남자였기에 무시했습니다. 너무 늦게 알아 버렸습니다.
이제부터라도 알고 공감하고 행동하며 노력하겠습니다.

그렇다고 해서 '보호자'를 자처한 모든 이가 응답한 것은
아니었다. 낙후된 누군가는 여전히 보호자의 자리를 꿰차고 앉
아 '(여성을 보호하는 등) 이렇게 선한 나를 잠재적 가해자 취급하
느냐'라며 광장을 위협했다. 한 무리의 사람들이 "남자·여자 편
가르지 말고 사이좋게 지내자"라는 피켓을 들고 추모 공간에 등
장했다. '나 빼고 남자는 다 늑대'라는 말을 습관처럼 해 대는 세
계에서 위험을 경고하는 발화자가 남성에서 여성으로 이동했을
때, 여성의 발화와 동시에 남녀 편 가르기라는 진단이 내려지고
거센 비난에 휩싸였다는 점은 주목해야 할 일이다. 여성에게(만)
"조심해서 들어가, 일찍 들어와, 늦게 다니지 마"라며 쉴 새 없이
다짐받던 사람들은 여성에게 조심해야 하는 역할을 부여하면
서도 여성들이 나서서 '이 사회는 여성에게 안전하지 않다'라고
말하는 것은 허락하지 않았다. 다른 한편으로 '여성혐오 살해'가
아니라 '묻지 마 살인'이라는 경찰과 검찰, 법원의 일관된 젠더
삭제는 '죽어서도 지워지는' 여성의 위치를 확인시켜 주었다.[15]
제거해야 할 것은 만연한 여성혐오가 아니라 '설치고 말하고 생
각하는 여성'이기라도 한 것처럼 그 움직임은 일사불란했다.

천안함과 강남역

살인의 성별성에 대한 집단적 각성과, 살인에 젠더 없다는 집단적 망각은 동시에 일어났다. 여성이 자주 범죄의 표적이 된다고 알려 주는 통계들은 '여자라서 죽었다'라고 말하기 시작한 직후부터 의심받았다. 지금까지 이 통계들은 의심받기는커녕 오히려 여성의 보호자를 자처하던 이들이 여성에 대한 통제와 단속을 합리화하는 방법으로 자주 써 온 근거였다. 하지만 신뢰받던 이 통계들은 '여성살해를 멈춰라'라는 여성의 목소리가 채 울려 퍼지기도 전에 '여자들이 위험한 거 정말 맞아?'라고 묻는 데 쓰였다. 사건 직후부터 올라온 '대한민국 치안 1위 국가'라는 기사는 '이렇게 안전한 나라에서 여자들이 괜한 두려움을 내세운다'라는 주장에 자주 인용됐다. '강력범죄 피해자의 80% 이상은 여자'라는 대검찰청 범죄 통계는 '강력범죄'의 기준과 범주를 문제 삼으며 의심받았다. 강력범죄에 '성폭력'을 포함했기 때문에 여성이 많을 수밖에 없지 않으냐며 통계가 객관적이지 못하다는 그들의 주장은 헛웃음을 자아냈다. 성폭력의 표적이 되는 성별이 여성인 현실은 그럴 수밖에 없지 않냐는 말로 덮을 수 있는 문제가 아니다. 이 과정에서 발견해야 할 것이 바로 강력범죄의 성별성이어야 했다. 하지만, 온라인 남초 커뮤니티 중심으로 통계가 잘못되었다는 주장이 힘을 받고 언론은 이를 설명하고 검증하는 보도를 내보내기에 이른다. 여성을 향해 입버릇처럼 '조심해'를 말하던 사람들의 집단적 망각 속에서 여성이

경험하는 일상적인 위험은 설득하고 입증해야 하는 문제로 이동했다.[16]

보호자의 자리를 더는 보존할 수 없는 일부 남성은 모두에게 안전한 사회를 만드는 방법을 말하기보다 '여성은 이미 안전하다'라는 말을 하고 싶어 했다. 남성과 다름없이 안전할 뿐 아니라 남성도 여성과 다름없이 위험하다는 말을 하고 싶어 했다.

여성들이 여성의 일상을 위태롭게 만드는 것이 남성 중심의 사회임을 알아차리는 동안 남성들은 자신의 특권과 직면하지 않으려고 애썼다. 무리 중 한 명은 "남자라서 죽은 천안함 용사들을 잊지 맙시다"라고 적은 근조 화환을 강남역 추모 공간에 보냈다.[17] 이를 본 추모객들은 '부끄러움의 끝은 어디인가'라고 물으며 성토했고 '오늘도 이런 시선들 가운데 살아남았다', '천안함 용사들을 모욕하지 말라', '부끄러운 줄 알라'라는 포스트잇을 그 위에 붙였다. 이 근조 화환은 천안함 용사의 죽음을 비아냥거림의 수단으로 사용했다는 점에서, 그리고 배타적이지 않고 적대적이지도 않은 두 죽음을 대척점에 놓는다는 점에서 문제적이었다. 그 죽음의 무게와 슬픔은 강남역의 죽음과 다르지 않았고, 죽음의 이유를 말하고자 할 때 가로막힌다는 점에서 오히려 닮아 있었다. 강남역 살인 사건 열흘 뒤에 구의역에서 스크린 도어를 정비하던 노동자가 사망하는 사건이 일어났을 때도 그 죽음은 남의 일일 수 없었다. 부끄러움 모르는 이들은 구의역 사고를 두고도 '남자도 죽지 않냐'라며 또다시 적대적 관계를 만들고자 했지만, 정작 구의역에 포스트잇을 붙인 이들은 그의 죽음과 나의 죽음을, 너의 죽음과 나의 죽음을 분리할 수 없었다. 세월호와 강남역, 천안함과 구의역의 죽음을 경유하며 우리가 마주한 것은 배제를 통해서(만) 이 사회에 포함될 수 있는 '벌거벗은 생명들'이었다. 그러니 천안함을 가져와 강남역의 목소리를 틀어막는다는 아이디어는 '여자라서 죽었다'라는 말을 '남자는 죽지 않는다'로 접수한 무지의 소치이며, 여성살해를 멈추자고 하는데 '징병제는 어쩔 거야?'라고 묻는 인과 관계 설정의 오류다. 그리고 천안함 희생자와 여성혐오의 희생자, 그들의 유가족과 추모를 전하는 이들에게 분노와 모멸을 전한다는 점에서 무사유thoughtlessness의 악행이라 할 만하다.

불행히도 이것은 비단 극우라고 알려진 '일베'만 범하는 오류가 아니다. '일베', '보배드림', '오늘의유머', '디시인사이드' 등 남초 커뮤니티에는 연평해전, 천안함, 군대 내 사고 등을 언급하며 '남자라서' 죽었다는 게시물과 댓글이 파도를 이뤘다. '대한민국 국민인 남성'의 병역 의무[18]에서 오는 억울함은 '남자라서 죽는다'라는 공통분모를 만들어 냈다. 그들은 '女자라서 죽었고 男자라서 살아남았다'라고 말하는 여성들을 불편해했고 이러한 불편함에는 진보와 보수의 구분이 없었다. 진보 논객 진중권이 '천안함 용사들이 남자라는 이유로 화장실에서 여자들에게 칼을 맞아 순국했었나?'[19]라며 그 죽음의 이유가 여자들에게 있지 않음을 분명히 했지만, 오인된 원한은 싸우는 여자들을 향해 쓰나미처럼 몰려왔다.

육식 동물과 '메갈'

강남역 10번 출구를 시작으로 광주, 대전, 대구, 부산, 울산, 부천, 전주, 수원 등 전국 각지에 추모 공간이 만들어졌다. '인터넷에서 소식을 듣고' 지인들과 추모 공간을 만들었다는 '전주오거리 총대', '나와 동갑인 친구가 단지 여자라는 이유로 죽임을 당했는데 사회적으로 아무런 이슈가 되지 않'은 것에 충격을 받아 '더 이상 여성을 향한 폭력이 당연시되어서는 안 된다는 생각'에 추모를 기획한 '대전 시청역 총대', '분노할 거면 행동해야 한다고 생각했고, 다른 지역을 보니 정해진 사람이 하는 것도 아닌 것 같아서' 추모 공간을 조성했다는 '울산 삼산디자인거리 총대'의 전언은 전국 각지에 마련된 추모 공간이 말 그대로 자유로운 개인들의 자발적 연대로 만들어졌음을 보여 준다.[▲] 이때의 자유로운 '개인'은 누군가의 결정에 따라 움직이는 조직화된 개인이 아니었고, 어디에도 소속되지 않은 무소속·무정형의 존재였다. 어디서 어떻게 시작해야 할지 몰랐던 이들은 SNS를 통해 정보를 구했고, 가족과 주변인의 마음을 모아 추모 공간을 열었으며, 포스트잇을 붙이러 나온 시민의 응원과 지지로 그 공간을 지켜 냈다.

포스트잇을 붙였을 뿐인데도 그것조차 허락하지 않는 낙후된 사회는 싸움의 이유를 점점 더 분명하게 해 주었다. '부천 시청역에 붙어 있던 포스트잇이 철거되었다는 이야기를 듣고'

[▲] 각 지역에서 추모 공간을 만든 개인들이 있었는데, 이들을 '총대'라고 불렀다. 강남역 10번 출구 추모 공간이 그랬듯이, 전국에 만들어진 추모 공간은 지역 단체의 기획으로 만들어진 것이 아니었다. 여성혐오 살인 사건을 기억하고, 다시는 일어나지 않도록 해야 한다는 정치적 책임감으로 전국의 총대들은 공간 침탈과 신변의 위협 속에서 추모 공간을 지켜 냈다.

부천역에 추모 공간을 만든 이('부천역 총대')나, 포스트잇을 맴돌며 위협하는 남자들과의 싸움을 지켜보면서 '그냥 가면 안 될 것 같아서' 5일간 그곳에서 밤을 새운 이('서울 강남역 총대') 등은 이 싸움이 무엇과의 싸움인지를 분명히 보여 준다. 그것은 '여자라서 죽었다'라는 한 문장을 지켜 내고자 하는 싸움이었으며, '남성이' 여성을 살해해 왔다는 문장의 주어를 삭제해 온 이들과 벌이는 전쟁이었다. '대구 계명대 총대'의 말대로 여성들은 '운이 좋게 살아남았다고밖에 할 수 없는 상황이 너무 암담했고 그 와중에 아직도 여섬혐오를 수면 위로 띄우기를 저어하는 이 사회에 분노했다'.[20]

전국 각지에서 추모 공간을 지킨 총대들은 추모 공간은 밤이 되면 '전쟁터'였다고 말한다. 불 지르고 욕하고 위협하는 남성이 끊이지 않았고 이들은 온라인 남초 커뮤니티를 준거지로 삼았다.

> 포스트잇 모으는 판을 반 토막 내거나 꽃을 사 났었는데 가져가 버리기도 하고 포스트잇 찢고 구기고 버리고 이런 일이 하루에 한 번씩은 있었어요. 너무 심해서 3일째는 경찰에 신고도 했어요.
> — 전주 전북대 총대, '전쟁터로 변한 추모 공간'

> 2일 오전 7시 22분경 평소처럼 추모 장소를 관리하기 위해 시청역 3번 출구에 도착했는데 포스트잇이 훼손되어 있었어요. 당황해서 인터넷에 이것저것 검색해 봤더니

그날 이후의 페미니즘

일베 회원이 포스트잇을 훼손한 뒤 일베에 올린 인증 글을 캡처한 PDF 사진들이 남아 있었고 그 자료를 통해 훼손자가 일베 회원임을 알게 됐습니다. (…) 가해자는 11월 24일 벌금형을 선고받았어요. 일베 등급을 올리려고 추모 게시판 20여 개를 들고 가 인근 공원 나무 밑에 숨긴 혐의로 기소됐어요.

— 대전 시청역 총대, '전쟁터로 변한 추모 공간'[21]

포스트잇 훼손과 추모 공간 침탈은 '메갈'에 대한 응징의 증거로 온라인 남초 커뮤니티에 전시됐다. '순수한 추모'에 찬성하나 남녀 싸움으로 변질된 추모에 반대한다는 것이 그들이 내세운 훼방의 이유였다. '육식 동물이 나쁜 게 아니라 범죄를 저지르는 동물이 나쁜 것'이라는 '핑크 코끼리' 팻말을 포함해서 '육식 동물은 죄가 없다'라는 문구가 강남역 추모객들을 비난하는 문구로 왕왕 등장했다.[22] 흥미롭게도 이 말은 가해자를 포식자로, 피해자를 포식자에게 잡아먹히는 고기로 묘사한다는 점에서 강남역 살인 사건의 본질을 꿰뚫는다. 하지만 포식자라는 자신의 위치를 실토하면서도 피식자로 지정된 이들의 일상에 접근하지 못하면서, '착한 포식자'도 많다는 변명에 그치고 말았다. 스스로 '육식 동물'이라 부르는 이들에게 '남성은 육식 동물이 아니며 여성도 그들의 먹잇감이 아니'라는 목소리는 해독 불가능해 보였다.

사냥터를 사냥터가 아닌 '삶의 터'로 만드는 싸움은 이때가 처음은 아니었다. 남성은 육식 동물이 아니고 여성은 그 먹잇감이 아니라는 주장, 요컨대 여성도 인간이라는 주장은 오래됐다. 프랑스 인권 선언(1789)이 말하는 '인간'의 범주에는 '여성'이 없다며 여성 운동가 올랭프 드 구즈Olympe de Gouges가 '여성과 여성 시민의 권리 선언'Déclaration des droits de la femme et de la citoyenne을 따로 외친 것▲이 1791년이고, 화가 나혜석이 조선 남성의 심사는 참 이상하다고 나무라며 '여자도 인간이외다'라고 받아친 것이 1934년의 일이다. UN이 선포한 '세계여성의 해'를 준비하면서 국내 여성 운동가들이 '여성 인간화 선언'을 작성해 발표한 것이 1975년이고, 뒤이어 1980년대 탄생한 여성 단체들은 창립선언문을 통해 활동 목적이 (여성의 지위 향상이 아니라) '여성의 인간화'에 있음을 밝힌 바 있다.[23] 이후에도 여성살해에 반대하고 여성폭력에 반대하는 여성 인권 운동은 멈춘 적이 없었다. 이 말은 여성에 대한 폭력이 멈춘 적 없다는 뜻이기도 하다. 여성이 인간임을 계속 외친다는 사실은 아직도 이 사회가 여성을 온전한 인간으로 초대하지 않는다는 의미인 것처럼 말이다. 낙후된 세계는 여성women을 인간hu-Man being으로 초대한다는 것이 무슨 뜻인지 인지하는 것에서부터 어려움을 겪었고, 2016년의 싸움도 예외는 아니었다. 바뀐 게 있다면 과거에 싸우는 여자들을 '마녀'라고 불렀다면 2016년에는 '메갈'이라 부르는 것 정도다.

▲ 프랑스 인권 선언(인간과 시민의 권리 선언)이 인간을 남성man/homme으로 칭하며 자유-평등-박애brotherhood를 외친 것에 대해, 구즈가 여성women/femme을 주어로 하는 선언문을 작성해 따로 발표한 바 있다.

(…) 너무 위험하니까. 그들이 5분 간격으로 오는데 죽을 것 같았어요. 특히 하얀 슬리퍼 신은 친구가 있었는데 계속 강남역을 돌면서 와서 욕을 했어요. 우리는 위험하니까 항상 다 같이 앉아 있었는데, 하루 종일 포스트잇 내용을 보면 감정적으로 거기 앉아 있는 게 너무 힘들 때가 있어요. 그래서 잠깐 혼자 있으면 그 슬리퍼 신은 사람이 따라와서 말을 걸어요. 너 메갈이지 ○○○야. 하루 종일 봉사자들 쫓아다녀서 같이 욕을 했더니 무슨 여자가 이렇게 욕을 해 이러고 가더라구요. 그 사람이 일베에 셀카를 찍어 후기를 남겼지만 경찰의 제지에 막혀 더 이상 우리에게 접근할 수는 없었어요. 그 이후로 봉사자들끼리 일베 사이트의 동태를 살피는데 또 글이 올라왔어요. 덩치가 좋은 근육질 남자가 칼을 들고 있는 사진을 찍어 '내가 오늘 저○들 다 죽이러 간다'라고 게시글을 올린 걸 봤는데 실제로 그 남자가 강남역에 나타나 품에 손을 넣고 돌아다녔어요. 그때 진짜 무서웠죠. 일베 사이트에 ○○○에서 만나자고 글이 올라왔다가 여기 몇십 명 모여 있다고 인증샷을 찍어 올리는데, 그러고 나면 그들이 왔어요.

— 서울 강남역 총대, '전쟁터로 변한 추모 공간'

남초 커뮤니티 유저들은 추모 공간 훼손 인증만이 아니라 여성 참가자의 사진과 이름을 공개하고 허위 사실을 유포하는 등 온·오프라인을 넘나들며 괴롭힘의 수위를 높여 갔다. 추모에 참여했다는 이유로 여성들은 입에 담지 못할 성적 욕설과 위협, 악플에 시달렸다.[24] 참가자들을 대상으로 악의적인 조롱과 비난을 퍼부을 때마다 등장한 건 '메갈' 서사였다. '메갈'이라는 단어를 강남역을 지키면서 '너 메갈이지? ○○○야'라는 욕설을 통해 처음 들었다는 강남역 총대는 그때서야 '메갈리아'가 무엇인지 찾아보기 시작했다고 후술하지만, 그가 진짜 '메갈'이었는지 아닌지는 중요하지 않았다. '메갈'이어서 모욕하는 것이 아니라 응징의 대상으로 필요한 게 '메갈'이었다. '편협하고 이기적이며 못생기고 괴팍한 메갈'은 낙후된 이들이 (죄책감이나 부끄러움 없이) 광장의 여성을 모욕하는 데 필요했고, 그렇게 투명 '메갈'은 그들의 환상 속에 자리를 잡았다. '메갈-쿵쾅이들'에 대한 집단적 대상화는 온·오프라인을 가리지 않았고 진보와 보수를 가리지 않았다. 심지어 가짜 페미니즘인 메갈 때문에 진짜 페미니즘이 오해를 받는다는 식의 페미니즘에 대한 걱정 서사까지 등장했다. 공론장에서 '메갈'은 여러 용도로 사용 가능한 전천후 로봇처럼 쓰였다.

사냥터를 '삶의 터'로 바꿔 내는 사냥감들

말하는 마스크

추모 공간에서 마스크가 필수 준비물이 된 건 포스트잇이 붙기 시작한 지 불과 하루만이었다. 강남역 추모 공간을 지킨 총대는 강남역 살인 사건이 일어난 지 6개월이 지난 후에 열린 '성평등을 향한 198일간의 기록과 기억'(서울시여성가족재단 주최) 발표회에 참석하면서도 검은 마스크를 벗지 못했다. 광장의 목소리를 지켰다는 이유로 남성의 위협, 신상털이, 오프라인에서의 공격이 일상이 되면서 마스크는 그의 몸이 되었다.▲

> 봉사단으로 활동했던 사람들 중에 '외상 후 스트레스 장애'PTSD로 고생한 사람들이 많았어요. 집에 갈 때 남자들이 따라왔고 일하던 가게까지 그들이 와서 문에 침을 뱉고 갔어요. 신상을 다 알아 버려 지금도 여전히 일상에서 마스크를 못 벗을 정도예요.
>
> ― 서울 강남역 총대, '추모 공간 운영, 그 후'

목소리를 기각할 힘이 스스로에게 있다고 여기는 위치, 그 위치는 여성의 몸에서 인격을 덜어 내는 과정 속에서 확보되며, 페미니스트는 그것이 가능한 정서 구조를 '미소지니', 즉 여성혐오라고 불러 왔다. 강남역 10번 출구를 시작으로 전국 아홉 개 지역에 붙은 35,350개의 포스트잇 물결이 여성혐오에 대한 집단적 자각으로 인해 가능했다고 할 때, 실상 그런 자각을 가

▲ 당일 행사에 참여해서 지역의 한 총대 옆에 앉았던 필자는 그의 혼잣말을 기억한다. 행사 사회자가 "여러분 강남역 이후 무엇이 달라졌나요?"라는 질문을 던지며 우리의 움직임이 불러온 변화를 환기시켰을 때, 그는 옆 사람만 들을 수 있는 목소리로 이렇게 말했다. "달라졌죠. 그날 이후 약 없이는 살 수 없죠." 그 말은 아직도 필자의 가슴을 후벼 판다. 역사가 보여 주듯이 싸우는 여자들에 대한 응징은 성평등에 가까워질수록 거세다. 그러니 신상털이와 신변 위협, 온라인 능욕 등의 저열한 공격은 성평등이 가까워지고 있다는 신호라며 연구자의 해석을 덧붙여 보지만, 그렇다고 해서 그가 감내할 고통이 줄어드는 것은 아니다.

능하게 한 것은 아이러니하게도 추모의 장소에 끊임없이 등장해서 이들의 입을 틀어막으려 한 낙후함들이다. 뛰쳐나온 사람들이 무엇을 말하려고 하고 왜 뛰쳐나왔는지 궁금해하거나 들으려 하기보다 "네가 말하려는 것이 무엇인지 이미 내가 알고 있으며 그것은 잘못됐다"라고 목소리를 차단한 바로 그 낙후함 말이다.

정당한 말을 하고 해야 할 일을 하면서도 마스크를 써야 했던 장면은 2016년 7월부터 이어진 86일간의 이화여자대학교 학내 투쟁에서도 목격할 수 있었다. 마스크를 쓴 이유는 학교 측의 불법 채증 때문이기도 하지만, 참가자 전원이 마스크를 착용하는 장면이나 선글라스는 물론 귀까지 덮는 작업 모자를 동원하여 신원 가리기에 힘쓴 장면을 마주하면서는 여성혐오(이대혐오) 없이 이것을 설명하기 어려움을 확인하게 된다. 실제로 본관 점거 사흘 만에 1,600여 명의 경찰 병력이 투입되어 학생들을 끌어낸 장면은 '일베' 등 온라인 남초 커뮤니티에 공유되면서 성희롱의 대상으로 소비됐다. 본관 점거 영상을 송출한 교내 방송국은 학생들의 항의에 사과했고 영상을 송출하는 대형 스크린은 영상 노출을 막기 위해 봉쇄됐다.[25] 이화여자대학교 학생들은 학내 민주화, 대학의 시장 종속화 거부, 총장 비리 척결을 외치고 있었지만 대중은 그들을 학내 투쟁의 주체가 아니라 '여성'으로 표지했고, 익숙하게 그들을 성적 대상으로, 혹은 미숙한 판단자로 끌어내렸다.

얼굴을 가리고 입을 막는 마스크는 이들이 말하는 주체로 온전히 표지되고자 할 때 해야만 하는 1차적이고 필수적인 장치였다. 그렇다고 해서 가리개 하나로 온전히 안전해지는 것은 아니었다. 그것은 말을 시작하기 위한 필요조건이지 수신자에게 다다르게 하는 충분조건이 아니었다. 마스크는 신상이 털리는 위험은 차단했지만 '이대'라는 집단적 표지를 없애지는 못했다. '이대'는 그 이름만으로 이미 편견이 집결되는 대상지가 될 수 있었고, 따라서 이화여자대학교 시위에 대한 단순한 해석과 얄팍한 질문, 괴팍한 추측은 마스크 너머에서 광범위하게 일어났다.

직장인 대상 평생교육 단과대학인 '미래라이프' 대학 설립에 반대한 이화여자대학교 시위는 초기부터 '학벌주의·엘리트주의'로 매도되었다. 교수와 학생은 학교의 독단적이고 졸속적인 처리 절차에 문제를 제기하고 대학을 돈벌이 수단으로 삼는 것에 반대한다고 말해 왔으나, '도도하고 이기적인 이대 나온 여자'라는 낡은 전자동 엔진이 가동되면서 그 목소리는 차근히 묻혔다. 외부 세력과의 연대를 거부한다는 소식이 전해지면서는 이 시위의 문제점을 두고 논평이 이어졌다.[26] 이대의 투쟁이 이기적일 거라는 편견, 그들은 순수와 불순의 구도를 가를 뿐 연대하지 않을 것이라는 확신은 그들이 왜 과거와는 다른 시위를 선택했는지에 대한 질문을 생략한 채 일어났다. 논객은 논객대로, 혐오발화객惡은 혐오발화객대로 이대 시위의 의미와 가능성에 다가서지 않는 방향으로 움직였다. 저들은 아직 뭘 모르거나 잘못하고 있다는 신념 체계, 그러니 '우리'야말로 '그들'의 투쟁을 평가할 수 있으며 이런 잘못된 투쟁을 하는 이대생을 꾸짖어도 된다는 자기합리화(모욕 댓글 유저)가 조화롭게 움직였다.[27] 이대생의 점거 농성은 부정부패에 연루된 총장과 명예총장을 끌어내렸고 '정유라 부정 입학'을 시작으로 적폐 청산의 청신호를 제공했을 뿐 아니라 대학의 시장화를 학생들이 막아 낸 최초의 싸움이었지만, 이 또한 '이대 나온 여자들의 승리'로 표지됐다. 힘겹게 싸워 이룬 중대한 승리의 대표어가 '이대 나온 여자'인 것은 한심하고 가당찮다.

하나로 소급될 수 없는 다양한 사람의 묶음임에도 불구하고 따옴표 안에 가두려는 시도가 끝이 없다는 점에서 '이대'와 '메갈'은 닮아 있다. 강남역 10번 출구에 포스트잇을 붙이러 온 여성들은 '메갈'이어야만 하고 이대생은 '이기적인 된장녀'여야만 하며, 촛불 집회 당시 박근혜에게 '년'이라는 표현을 쓰지 말라고 요구하는 이들은 '친박페미'여야 한다는 믿음 속에서 이들 여성에 대한 대상화는 최고점을 찍는다. 말하기가 허락되지 않은 몸이 위태로움을 뚫고 발화한다 하더라도 혐오의 세계는 그 말을 수신하지 않는 경로로 빼곡히 채워져 있다. 다시 침묵하게 하는 방향으로, 다시 입을 닫게 만드는 방향으로 끊임없이 안내하면서 말이다.

페미니스트 철학자 레이 렝턴Rae Langton은 여성을 대상화하는 방식에 침묵시키기를 포함한다. 말하지 않기를 선택함으로써 덜 왜곡되고 덜 해석당하고 덜 소비될 수 있다면 이때의 침묵은 삶의 전략이 되며, 말하는 것이 오히려 일상에 대한 위협으로 돌아올 때 침묵은 생존을 위한 조건일 수밖에 없다. 강남역의 말하기는 그런 위험을 뚫고 나온 목소리였다. 그간 살아내기 위해 침묵했지만, 이제는 죽지 않기 위해 침묵하면 안 되었기 때문이다.

여성에게 마스크는 침묵하기와 침묵하지 않기 사이를 매개하는 보호막이자 대상화를 거부하는 의지의 표식이었다. 그것은 입을 막는 마스크가 아니라, 말을 내뱉고 들릴 수 있게 하는 마이크였다. 그것은 신상 유포와 물리적 위험으로부터 말하는 입을 지켜 주었고, 필요시 마스크 밖으로 말을 내뱉음으로써 '내가' 필요할 때에 '내가' 말할 것이라는 발화 방향의 표식이 되어 주었다. 말함과 동시에 평가의 대상이 되는 목소리들은 그들의 경험을 이해받고자 지난한 설명과 설득을 이어 가는 대신 경험과 목소리를 모으는 일에 시간과 에너지를 더 집중했고, 목소리가 모인 다음에는 단호하게 옳지 못한 것에 맞서 싸웠다.[28]

착한 육식 동물에게 안녕을

2016년 5월의 강남역은 7월의 이화여대와 분리될 수 없고, 촛불 시위가 한창이던 11월의 광화문과도 분리되지 않는다. 강남역에서 '여성'을 살해한 일에 분노하여 맞서 싸운 이들을 '메갈'로 진단한 것처럼, 촛불 광장에서도 '여성' 사냥은 예외 없이 일어났고,[29] 싸우는 여자들은 광장의 단결을 헤치는 무리로 의심받았다. 남성은 '슴만튀', '보만튀', '엉만튀'를 운운하며 낄낄댔고,[30] 광장에서 박근혜는 '미스박', '닭년', '잡년' 등으로 불리며 여성이라는 표지를 떼지 못했으며 적폐는 '여성화'됐다.[31]

강남역 여성살해가 그러하듯이 여성을 상대로 한 남성의 성추행 범죄는 새로울 것 없고 여성성에 대한 대상화도 신선하지 않다. 달라진 건 그런 세상이 아니라 싸우는 우리였다. 오랫동안 경험해 왔고 새로울 것 없는 혐오의 메커니즘인 만큼 페미니스트는 담대하게 '페미답게 쭉쭉 가기'로 결정한다. 광장 안팎의 질긴 젠더 통치에 굴하지 않고 경계 밖으로 성큼성큼 걸어가는 힘이 만들어졌기 때문이다. 누군가 주체로 호명해 주지 않아도 이미 주체인 몸, 누군가 비정치의 영역으로 몰아넣거나 동의할 수 없는 기준으로 판단하려고 시도하더라도 그것에 굴하지 않고 소란을 일으킬 만큼 '깨어 있는 페미의 조직된 힘'이 균열의 장을 만들어 내고 있었다

"민주주의는 여성혐오와 함께 갈 수 없다."
"유신잔당 박살 내고 가부장제 퇴치하자"
"여성의 실패가 아니라 아재정치의 실패다"
"페미답게/퀴어답게 쭉쭉 간다"

이들은 지금까지 '촛불여중생', '촛불소녀', '하이힐', '유모차부대' 등으로 호명되어 온 시간을 과거로 밀어냈다. 그들이 우리를 뭐라고 부르던 페미답게 쭉쭉 간다고 선언한다. '여성'의 실패가 아니라 '여성'을 인격으로 초대하지 못하는 '아재정치'의 실패임을 강조한다. 따라서 "닭년"(미스박, 잡년)과 "저잣거리 아녀자"(강남아줌마), "더러운 음부"라는 말을 받아, 각각 "대통령 박근혜", "비선실세 최순실", "유신잔당"으로 고쳐 쓴다. 광장이 없애야 할 적폐가 무엇인지 직시해야 한다고 요구한다. 광장을 남성의 영토로 만들려는 곳곳의 시도에 균열을 내고, 곧 도래할 상상 속 공화국이 기존의 젠더 규범에 끼워 맞춰지지 않기를 요

구한다. 정치인 황교안을 여자로 만드는 일은, 권력에 기생하고 직권을 남용해 온 그의 죄를 1%도 설명할 수 없음에도 불구하고 그에게 비키니를 입히는 '진보'가 어째서 '진보'일 수 있는지 질문했고, 그런 패러디가 하는 일은 여성혐오의 재생산과 적폐의 여성화를 통한 또다른 '적폐의 유지'임을 알렸다. 광장의 시민이 한 부류의 단일한 시민일 수 없고, 저마다의 취약함과 저마다의 특권을 가질 수 있는 교차적 존재임을 알렸으며, 누구도 배제하지 않는 '다른' 민주주의를 함께 상상해 볼 것을 독려했다.

사실 이러한 힘은 하루아침에 생겨난 것이 아니다. 촛불의 역사를 살필 때 그 시작은 2002년 '김효순·심미순 미군 장갑차 압사 사건'으로 올라간다. 의정부 지역 여중·여고생의 저항을 시작으로 한국 사회는 '촛불'이라는 전 국민적인 저항의 수단을 만들어 냈다. 이후 한국 사회의 주요한 이슈마다 시민 주체는 자신의 정치적 행위 공간으로 열어 둔 '촛불' 광장에 모여들었고, 2016년 긴 겨울을 광장에서 보내면서 유신 시대를 청산하는 역사를 일구었다고도 할 수 있을 것이다. 요컨대 2002년의 촛불과 2004년 노무현 대통령 탄핵 반대 집회, 2008년 미국산 쇠고기 반대 촛불의 성과에 대한 엇갈린 평가와는 별개로, 광장에서 촛불을 든 몸-경험과 그 시간은 그것 자체로 '주권자'인 자기위치를 의심하지 않도록 도왔다고 할 수 있다. 꾸준한 촛불 경험 속에서 시나브로 스스로를 정치적 주체로 인식하면서, 손에 든 촛불이 무언가를 바꿀 수 있다는 신념을 안고 광장으로 모여들 수 있었다는 얘기다. 하지만 그 안에서 누구나 '시민'이 될 수 있었던 것은 아니다. '여자 뒤로, 남자 앞으로!', '여자 뒤로, 예비군 앞으로!'라고 누군가 외치는 순간, 스스로 시민이라 여기는 여성은 '시민'이 지켜 주는 2등 시민으로 강등됐다.[32] 2008년 촛불의 주축이었던 '삼국카페'를 두고 과연 이들을 정치적 주체라고 말할 수 있는가 하는 질문도 반복됐다. 하이힐을 신고 촛불을 든 시민을 상상할 수 없었던 광장은 이들의 정치성을 검증하고자 머리를 싸매야 했다. 이에 대해 사회학자 김예란·김효실·정민우[33]는 2008년 촛불에 대해 대중서와 학술서가 나타내는 담론의 상당 부분이 "촛불에 참여한 10대 소녀들, 20대 여성들, '아줌마 부대' 등은 '촛불'이라는 계기 앞에서 일상과 삶의 의제를 새롭게 제기하는 '정치적 주체'로 등장했다가, 어느새인가 충분히 '정치화'되지 못하고 사회적 연대로 나아가지 못한 '중산층 부르주아의 욕망'의 대리인으로 간주되곤 했다"라고 분석한다. 그들은 행위 여부에 따라 정치성이 설명되는 것이 아니라, 누가 그 행위를 하는가의 기준에 우선해서 정치화의 정도를 가늠 당했고, 이 방식은 여성·청소년·장애인과 같은 경계 바깥의 존재에게(만) 자주 적용됐다. 1987년 6월 항쟁 당시 광장에 쏟아져 나온 일군의 직장인이 의심 없이 곧바로 정치력을 탑재한 '넥타이 부대'로 공적 승인을 받은 것과는 다른 경로였다.

　　혁명이라 불리는 2016년 촛불 광장 집회에서도 예외 없이 여성은 성희롱의 대상이자, 분석의 대상, 보호의 대상으로 지목됐고, 격변의 타임라인 한가운데서 초식 동물을 지켜 주겠다는 '착한' 육식 동물도 (또) 나타났다.[34] 예비군의 이름으로 시민을 지킨다는 문장에 촛불 시민은 더는 '고맙다'라고 응답하지 않았다. 곁에 있어야 할 것은 사냥터를 '삶의 터'로 이동시킬 다양한 정치적 주체였지 '착한 육식 동물'이 아니었다.

디지털 네이티브, '여성'이 알아 버린 세계

여성을 살해하고 성적 대상으로 지배하면서도 보호자를
자처하는 남성 카르텔은 페미니스트가 맞서 싸워야 할 대상임
이 분명했으나, 다수의 '여성'이 '남성'을 겨냥해 집단적으로 목
소리를 높이는 장면은 여러 가지 이유로 선택되지 않았다. ①그
렇지 않은 남성이 있기도 했고 ②자원이 집중된 남성과의 적대
적 관계 형성은 여성 인권 관련 법 제도 정비 등 기초적인 토대
를 다지는 데에 도움이 되지 않았다. 제도를 정비하던 시기에
적대 관계 형성은 불가능해 보였다. ③무엇보다도 사냥터를 '삶
의 터'로 바꾸려면 사냥꾼과 사냥감이 누군지를 감별하는 것이
아니라, 사냥이 아닌 다른 삶의 방식을 상상하고 만들어 가는
것이 중요했다.

그런데 강남역 살인 사건 이후 거대한 집단으로서 '여성'
의 목소리가 모여들었고 그 목소리는 남성을 정확히 지목해 변
화를 요구하고 나섰다. 그것은 앞서 말한 그러지 않았던 이유들
이 설득력을 잃고 있다는 의미이기도 하다. ①그렇지 않은 남성
이 있기는 한가? 불법 촬영물 공유 등 성 착취에 대한 동조와 침
묵은 범죄의 예외인가? 혹은 그렇지 않은 남성도 있다는 사실
이 그들의 각성을 대놓고 촉구하지 말아야 하는 이유로 합당한
가? ②친절한 싸움이 남성에게 자원을 집중시키는 기존 질서를

지속시키는 것은 아닌가? ③사냥꾼과 사냥감을 감별하는 것은 누구인가. 사냥감이 사냥꾼을 감별할 수는 있나. 다른 삶의 방식을 상상하지 않는 낙후한 사냥꾼이 사냥감을 구별하고, 표지하고, 사냥하고, 나눠 먹는 일을 지속하는 중일 때, 심지어 사냥터의 크기를 무한히 키울 때, 다른 삶에 대한 상상력이 발붙일 곳은 과연 어디인가.

사냥터를 무한히 키운다는 것은 디지털 시대의 확장성을 의미한다. 사람들이 강남역 살인 사건을 이전과는 다른 감각으로 초대할 수 있었던 배경에는 디지털 시대로의 이동이라는 사회문화적 변동이 자리하고 있다. 여성을 성적 대상으로 합의한 성적 계약이 완전히 파기되지 않은 상태에서 성장한 디지털 네이티브♠는 미디어 콘텐츠를 (재)생산−변형−(재)유통하는 과정을 젠더화했다. 남성은 온라인에서 자신이 소비하고 거래할 '여성'을 찾아 헤맸고 한국 사회는 별다른 문제의식을 느끼지 않았다. 과거 여교사의 치마 속을 보던 도구가 거울에서 스마트폰으로 바뀌었을 뿐 그것은 그들에게 '놀이'이지 범죄가 아니었다. 빨간책과 '××양 비디오'를 빌려보고 돌려보던 그들의 습성도 '남자다움'이나 '남자가 되는 과정'이라고 합리화해 왔고, 성적 대상으로 소비된 불법 촬영 영상 속 그녀의 일상과는 접속하지 않았다. 잠깐 접속한다 하더라도 그건 몸을 함부로 굴린 그 여자가 감내해야 할 몫이라고 치부했고, 그 장면에서 여성은 스스로 조심하기만 하면 피할 수 있는 문제라고 오해해 왔다. 이런

♠ 　일상적 경험에서 디지털 테크놀로지의 이용이 익숙한 세대를 말한다.

착각과 오해 속에서 '남성은 여성을 성적 대상으로 소비할 수 있으며 그것이 본능이다'라는 그들만의 합의가 별 탈 없이 유지될 수 있었다.

　　반면 달라진 미디어 환경에서 여성은 남성과 다른 방식으로 움직였다. 익명이 보장되고 경험 공유와 논쟁, 결과의 재공유와 확산 등이 일어나는 장소에서 여성이 벌인 일은 '일상을 정치화하는 것'이었다. 스프레더블 미디어Spreadable Media 환경[35]은 지금까지 혼자만의 불편함이라고 생각한 것들이 실은 개인적인 문제가 아니라는 사실과 대면하게 했다. '눈팅' 하는 '외커' 유저user▲에서 '메르스갤러리'[36]의 탄생과 '메갈리아' 사이트로 독립하던 시기를 목격하며 적극적인 사용자가 된 정나라는 그 과정에서 "수년간 여성혐오 발언과 문화를 애써 참고 외면하며 괴로워하던 여성들이 분노하는 모습"을 볼 수 있었다고 회고한다. 또한 "메갈리아가 만들어질 당시 적극적으로 의견을 표명하고 참여한 수많은 여성을 보며, 뭐라 형용하기 어려운 뜨거운 감정"을 느꼈다고 한다. 이는 '메르스갤러리'가 몇몇 여성의 주도로 만들어진 게 아니라 '남성'에게 점령당한 온라인 영토에서 자신의 젠더를 감추거나 혐오 발언에 침묵하면서 생존해 온 무수한 여성 유저로부터 밀려나온 목소리임을 반증한다. 또한 그곳은 성폭력이 나 혼자만의 경험이 아니라는 오래된 진실과 만나도록 했다. 원래 진보 의제에 관심이 많은 '오유 여징어'였다는 유저 히연은 '오유'에 '메갈리아'를 욕하는 글이 '우후죽순' 올

▲　　'외커'는 여초 커뮤니티인 '외방커뮤니티'의 줄임말이다.

라오는 것을 보고 '대체 어떤 ○○들이길래 사람들이 이렇게 욕을 해댈까?'라는 생각에 메갈리아에 접속했고, 그때 만난 메갈리아가 "신세계를 열어 주었다"라고 기록한다.[37]

그곳은 의심받지 않고 성폭력 피해를 말할 수 있는 장소였고, '나도 그랬어'라는 회신 속에서 그것이 나 혼자만의 문제가 아니라 여성이 겪는 공통의 경험임을 확인해 주는 장소였다. '넌 너무 예민해'라는 피드백이 아니라 '나도 그래'me too라는 응답이 돌아왔고, 그것은 여성을 타자로 만들어 온 세상에 대한 질문으로 이동하도록 도왔다.

마지막으로 디지털 네이티브 여성들은 이제껏 접근이 허락되지 않았던 낙후된 '남자들의 세계'를 알 수 있는 환경을 제공받았다. 생산, 복제, 유포, 확산이 실시간에 일어나는 디지털 시대에 찍히고 유포되고 팔리는 몸은 '여성'이었고,[38] 여성은 남성이 그들의 놀이를 위해 가뿐히 '여성'의 몸을 소비한다는 사실과 대면했다. 그것은 범죄가 아니라 놀이와 남자다움으로 불린다는 사실을 알았고, 성적으로 소비되는 '여성'에 자신도 예외가 아니라는 사실과 직면할 수 있었다.

여자 화장실, 여자 탈의실, 여자 샤워실의 불법 촬영물은 음란물 시장의 주요 상품이 되었고 불법 촬영된 성관계 동영상은 '리벤지 포르노'(복수 포르노)라는 이름으로 낙후된 남성의 세계에서 유통되었다.[39] 낙후한 남성들은 온라인에서 익명으로 여성을 사냥했고, 그런 세계가 있다는 것을 뒤늦게 알게 된 여성들은 익명으로 그들의 사냥터를 고발했다. 스스로 사냥감이라고 생각하지 않았던 여성들은 남성들이 불특정 다수 여성의 몸

그날 이후의 페미니즘

을 불법 촬영하고 그것을 남성끼리 공유하며, 심지어 강간을 모의하고, 경찰은 수사조차 하지 않는다는 믿기 힘든 사실들과 마주하면서 그들이 발 딛고 선 이곳이 '사냥터'hunting ground임을 자각하기 시작했다. 보호자가 필요한 이유는 이곳이 여성에게 안전하지 않기 때문인 바, 남성이 여성의 보호자임을 자처하는 것은 사냥터를 사냥터로 남겨 두겠다는 결의는 아닌지 되물었다. 이곳이 사냥터인 한 온전하게 안전해질 방도란 존재하지 않았다.

아침에 일어나 보니 전날(2015년 11월 14일) 새벽 2시경 서울 왕십리의 한 모텔에서 실시간으로 강간이 중계되었다는 글이 올라와 있었다. 그때 느꼈던 참담함이란…. 어떻게 이런 일이 생겼던 걸까? 소라넷의 실체가 알려진 뒤부터 메갈리아에는 소라넷 모니터링 전담팀이 신설되었다. 소라넷에서 일어나는 범죄를 조금이나마 막아 보겠다고 모인 봉사자들로 꾸려진 팀이었다. 그런데도 그날 서울 왕십리 한 모텔에서는 한 여성이 몇 명인지 모를 '초대남'에게 강간당했다. 여성들이 사건의 심각성을 서로 공유하고, 경찰에 밤새 신고를 해도 경찰은 조작일지 모른다는 이유로 사건의 조사를 거부했다. 11월 14일 하루 동안 절망과 분노에 찬 글들이 얼마나 많이 올라왔는지 모른다. 새벽에 신고 전화를 하며 밤새 울었다는 사람부터 또 다른 골뱅이 사건의 피해자였던 사람까지. 모두가 피해를 알고도 막지 못했다는 것에 좌절했고, 모두가 언제든

'또 다른 피해자'가 될 수 있다는 것에 분노했다. 소라넷 모니터링 팀은 여성 안전을 심각하게 위협하는 '초대남 모집'이 최소한 하루에 4~5건은 된다며 어제뿐만 아니라 매일같이 이런 일이 발생하고 있다는 끔찍한 사실을 자유게시판에 공지했다. 공지를 보자마자 메갈리아 유저들은 당국이 방관한다면 우리가 소라넷을 폐쇄시키자고 입을 모아 말했다. 어디서부터 어떻게 해야 하는지 아무도 몰랐지만, 소라넷이란 괴물을 더 이상 가만히 두고 볼 수 없었다. 살아남은 자의 죄책감을 조금이나마 덜기 위해서 무슨 일이 됐건 행동을 취해야 했다.[40]

이들은 '소라넷' 폐쇄를 위해서 ①거대 여성 커뮤니티에 소라넷의 실태를 알려 여성의 관심을 환기하고 ②소라넷 실태를 다국어로 번역해 해외 사이트에 공유하는 한편, 각국 영사관에 소라넷 이용자들이 벌이는 범죄를 수집해서 메일로 보냈고, ③국회의원들에게 성범죄의 온상인 소라넷을 폐쇄시켜 달라고 지속적으로 청원했다. 그 결과 진선미 의원이 2015년 11월 23일 국정 감사에서 경찰총장에게 소라넷 폐쇄를 촉구하고, 경찰은 2016년 4월 1일 네덜란드에 있던 소라넷 핵심 서버를 압수 수색해 폐쇄했다.[41]

2016년 5월 강남역 살인 사건 직후 곧바로 '강남역 살인 사건 공론화' 트위터 계정(@0517am1)이 생기고, 강남역에 피해 여성을 추모하는 국화와 메시지가 모이기 시작한 건 이미 온라인에서 일상을 정치화한 이들이 움직이고 있었기 때문이다. 온·

293   그날 이후의 페미니즘

오프라인에서 숱하게 일어나는 여성살해를 보아 왔고, 보면서도 막지 못했으며, 그럼에도 불구하고 막으려 한 이들 말이다.

'달라질' 미래를 상상하며

　　강남역 사건 이후에도 여성은 살해되는 중이다. 이 글을 마무리하는 동안에도 인천에서(《매일경제》, 2018년 4월 19일), 경기에서(《뉴스1》, 2019년 4월 15일), 부산에서(〈YTN〉, 2019년 3월 26일), 진주에서(《동아일보》, 2019년 4월 17일) 남성이 여성을 흉기로 찔렀다.[42] 소라넷은 폐쇄됐지만 불황 없는 '성폭력 시장'에서 불법 유사 사이트들이 여전히 성업 중이다. 디지털 성범죄는 일상이 됐고, 페미사이드는 온라인 페미사이드를 생략하고는 설명할 수 없다. 오랜 저항의 시간에도 불구하고 '여성'을 소유와 거래의 대상으로 삼는 역사는 멈추지 않았을 뿐 아니라 초고속으로 진화했다. 어쩌면 페미니스트의 싸움은 더 나아지기 위한 것이 아니라 더 나빠지지 않기 위한 싸움일지도 모르겠다. 거래의 방식은 다양해졌고, 개인의 '자유'를 무기로 한 '안전한' 착취는 강화됐다. 디지털 시대로의 이행이 성평등을 가져올 것이라는 낙관론은 진작 예측 실패를 인정했어야 했다.

　　희망이 있다면, 덕분에 낙후된 사회를 더는 두고 볼 수 없다는 공동의 책임감이 두텁게 쌓여 가고 있다는 사실일 것이다. 서로에 대한 신뢰와 정치적 책임감으로 연결된 이 목소리('내가 너고 네가 나다')는 달라진 우리가 세상을 바꿀 것이라 선언한다. 여성학자 마정윤은 박노해 시인의 시 「아직과 이미 사이」를 인용하며, '희망은 이미 우리 안에 와 있는 것과 아직 오지 않은 것 사이에 있다'라고 말한다. '이미 우리 안에 와 있는 것은 지금 의미 있는 일을 하고자 하고 할 수 있는 우리 역량의 크기이며, 아직 오지 않은 것은 새로운 세계를 위한 상상력'이라고 강조한다.[43] 그의 말대로 우리에게 지금 필요한 것은 '폭망'한 세상이 품고 있을 '달라질' 미래다. 그리고 그건 아마도 '서로의 질문과 대답이 되어'[44] 줄 때, 조금씩 모습을 드러낼 것이다.

한국의
미투 운동

―――――――――――――――――――

사회 변혁을 향한
페미니즘의 새로운 물결

3장

이나영

이나영

중앙대학교 사회학과 교수. 포스트 식민 페미니즘의 관점에서 이론과 실천을 고민하면서, 일본군 성노예제·미군 기지촌 '위안부'·성매매·섹슈얼리티와 관련된 주제에 천착하고 있다. 함께 쓴 책으로『여성주의 역사쓰기』,『다시 보는 미디어와 젠더』,『젠더와 사회』,『2015 '위안부' 합의 이대로는 안 된다』등이 있다.

"새로운 페미니즘은 사회적 평등을 위한 진지한 정치 운동의 단순한 부활이 아니"라 "현존하는 가장 오래되고 가장 견고한 계급-카스트 제도를 뒤집어엎는 것"을 목적으로 한 "역사상 가장 중요한 혁명의 두 번째 물결"

— 슐라미스 파이어스톤Shulamith Firestone, 『성의 변증법』The Dialectic of Sex(1970)

2018년 대한민국 사회는 '미투 운동'이라는 거대한 역사적 파도를 일으켰다. 미국에서는 하비 와인스타인Harvey Weinstein이라는 할리우드의 거물 영화 제작자가 수십 년간 배우, 영화사 직원, 모델 등을 대상으로 성폭력을 저질러 왔다는 2017년 10월 5일 뉴욕 타임즈 보도가 촉발제가 되었고, 한국에서는 서지현 창원지검 통영지청 검사가 2018년 1월 29일 JTBC 뉴스룸 시간에 출연해 안태근 전 검찰국장의 성추행 사건을 밝힌 것이 분기점이 되었다.

당시 인터뷰 자리에서 서지현 검사는 사건에 대해 뒤늦게 알린 이유를 밝히면서, 성폭력을 폭로한 피해자가 더는 피해 입지 않고 근무할 수 있어야 한다고 강조한 바 있다. 무엇보다 "당신의 잘못이 아니"라고 말해 주고 싶었다고 했다. 권력 구조의 꼭대기에 있는 고위직 검사마저 단지 '여자'라는 이유만으로 성폭력 피해에 노출되고, 이에 문제 제기를 하는 데도 8여 년이나 걸렸다는 사실은 한국 사회 전반을 아래로부터 흔들었다. 그의 이야기처럼 "자신이 돌고 있는 것인지 세상이 돌고 있는 것인지" 몰라 "꾹꾹 삼키고 또 삼켜 냈던" 경험이 오랫동안 억눌린 여성들의 기억을 세상으로 끄집어내는 데 기여한 것인가. 이

도1   《타임》Time은 2017년 '미투 운동'을 촉발한 "침묵을 깬 사람들"을
        '올해의 인물'로 선정한 바 있다.

도2   안희정 1심 판결 직후인 2018년 8월 18일 미투 연대 집회 사진

후, 여성의 피해 사실 폭로는 문화예술계, 학계, 종교계, 정치계 등 전방위로 확대되었다. 2018년 가을부터는 중·고등학교를 중심으로 한 '#스쿨미투' 운동이 격렬하게 진행되었으며, 쇼트트랙 선수 심석희 씨를 성폭행한 조재범 코치가 2019년 새해 벽두를 흔들기도 했다. 또한 가해자로 지목된 고은 시인이 성추행 사실을 폭로한 최영미 시인과 언론을 상대로 제기한 손해 배상 청구 소송은 기각되었으며, 안희정 전 충남지사는 대법원에서 최종 유죄 확정 판결을 받았다. 특히 안희정 사건의 대법원 확정 판결은 '업무상 위력에 의한' 성폭력 개념에서 협소한 위력의 의미를 넓히고, '피해자다움'이 아니라 피해자의 일관된 진술의 신빙성에 무게를 두었다는 점에서 의미가 크다.

이 글은 서구의 '제2물결 페미니즘' 운동 당시 대표적인 활동가이자 이론가였던 슐라미스 파이어스톤이 쓴 유명한 문구에서 문제의식의 닻을 올린다. 필자는 현재도 진행 중인 대한민국의 '미투 운동'이 법적·제도적 평등을 위한 진지한 운동의 부활이 아니라 "현존하는 가장 오래되고 가장 견고한 계급-카스트 제도를 뒤집어엎는 것"을 목적으로 한, 대한민국 역사상 가장 중요한 혁명의 물결 중 하나라고 생각한다. 이러한 관점에서 미투 운동의 진행 과정과 배경, 반동의 조짐 등을 살펴보고, 전반적인 운동의 의의를 정리해 보려고 한다. 이 이야기를 기록으로 남기는 이유는 후대의 페미니스트가 뜨거운 '오늘'을 기억하고 그 정신을 계승해 또 다른 '미래'를 만들어 주길 진심으로 바라기 때문이다.

영화 〈공동정범〉(2018)[1]의 김일란 감독이 한 인터뷰에서 이야기했듯 차별의 경험은 가시적이지 않고 만져질 수도 숫자로 셀 수도 없다. 완벽한 재현이란 불가능하다. 그럼에도 불구하고 여성들은 고통스러웠던 '우리'의 이야기를 만지고 말하고 다른 가능성을 상상하며 모인다. 안태근(검사), 고은(시인), 이윤택(연출가), 김민기(배우), 안희정(정치인) 등의 이름이 차례로 거명되며 벌어지는 일련의 사태들과의 예상치 못한 조우 과정에서 이들은 타자 이야기의 결을 따라 연결된 자신의 경험을 소환하고, 단단히 봉인해 둔 기억을 필연적으로 대면하게 되었다. 고통스러운 경험은, 자신이 그 속에 늘 빠져 있기 때문이 아니라 생각지도 못한 곳에서 떠올라 과거의 시간으로 되돌려 놓기 때문에 현재 진행형이다. '그들'의 이야기를 경유해 '나'의 기억을 떠올리고, 그들의 아픔을 통해 나의 상처를 들여다보고, 그들의 경험으로 나를 다시 해석하게 된다. 문득문득 가시처럼 돋아나는 상처의 감각을 만지고 다시 이해하는 과정에서 미처 돌보지 못한 이들의 흉터도 다시 생각하고 쓰다듬게 된다.

미투 운동을 형성한 감정의 줄기를 하나씩 잡아 보자. 먼저 공감과 지지다. 사람들은 "사랑합니다", "응원합니다", "지지합니다", "힘내세요"라고 외치며 피해자 옆에, 혹은 뒤에 함께 서서 응원하고 손잡겠다고 선언한다. 타자의 고통에 대한 공감은 "나도 같은 여자다"라는 깨달음과 연결되어 자아 깊숙이 들어온다. "가슴이 터질" 듯, "한잠도 자지 못하고" "눈물이" 흐른다. '근근이' 살아남은 나는 이제 타자들이 사라져 간 이유를 묻는다. 심문의 과정에서, "너무 어려서", "그게 뭔지 몰라서", "내 잘못인 줄 알아서", "말해도 소용이 없어서", "꽃뱀 취급을 받을까 봐", "소문이 두려워" 묻어 둔 개인의 경험과 필연적으로 만난다.

수차례 주위에 상담했지만, 그러게 그 자리에는 왜 갔느냐, 왜 가만히 있었느냐 하는 물음과 질책뿐이었습니다. 교내에서 ○○○ 교수의 관심을 받는다는 건 소위 질투를 받을 만한 일이었고 유난히 ○○○ 교수에게 자주 불려 갔던 여학생들은 꽃뱀 취급까지 받아야 했습니다. 저와 다른 피해자들은 소문이 잘못 날 게 두려워서 입을 다물어야만 했습니다. 그냥 당하고도 가만히 있는 게 피해를 최소화하는 길이었습니다. 나는, 우리는 아무런 힘도 없으니까요.

— 한 피해자의 글, 페이스북 갈무리

잊고자 한 그 "봉인된" 기억 속으로 자맥질하다 보면, "치유된 줄(만) 알았던" 상처 내면에 깊이 잠복해 있던 두려움이 예상치 않게 돌출되는 경험을 한다. 끔찍한 피해를 당해도 그 피해 사실을 누가 알까, '뒷담화'의 먹잇감이 될까, '잘못 찍혀' 조직을 떠날까, 사회적 경력을 포기할까, '그 세계를 떠난 후'에도 가해자를 다시 만날까, 두렵고 무섭다. 보복할지 몰라 밤길을 되돌아보고, 발신인 없는 전화에 심장이 덜컹하고 머리가 쭈뼛 서

한국의 미투 운동

던 수많은 날을 떠올리면서, 그 공포가 가상이 아니라 생존의 문제였음을 환기한다. 생각만 해도 가슴이 두근거리는 그 일은 죽어도 잊지 못하는 생생한 두려움으로 몸 안에 내장되어 약간의 자극만으로도 드러나는 병인이 되기도 한다.

그리고 여성들은 지금, 여기, 늦은 밤길을 지날 때, 낯선 남자와 엘리베이터를 탈 때, 새로 사귄 애인과 함께 있을 때, 술자리에서, 혹은 남성 지배적 조직에서, 여전히 느끼는 일상의 불안 또한 과거의 그 감각과 '몸서리치게' 얽혀 있음을 깨닫는다. 그러므로 뜨겁게 올라온 감정의 분출은 기억의 퇴적층에 켜켜이 쌓여 있던, 억압된 경험의 집단 아우성이다. 여성이기 때문에 겪은 그 경험 때문에 사회적으로 실존적으로 이미 죽은 자, 죽어 가는 자, 죽을 자들이 함께 모여 하는 끝 모를 굿거리다.

의원실마다 천차만별이지만 여성을 일종의 '소모품'이나 '꽃' 정도로 치부하는 경우도 있다고 했다. ㄱ 씨는 "어떤 의원실에 예쁜 비서가 들어왔다고 하면 금세 소문이 나고 몇 달 있으면 '내가 ○○랑 잤는데 말이야…' 식의 '무용담'(?)이 돈다"라면서 "정작 그 여성 앞에서는 정중한 척, 예의 바른 척 행동하면서 온갖 성희롱·성추문이 일어난다"라고 했다. 현재 국회를 떠나서 사기업에서 근무 중인 ㄴ 씨는 "의원님이 수행비서도 아닌 여비서를 자꾸 업무에 대동하는 일이 있었다"라며 "몇 달 뒤 그 비서가 그만뒀는데 의원실 사람들은 대충 무슨 일이 있었는지 짐작하면서도 아무 말도 하지 못했다"라고 말했다. 그는 "아

마 그 의원님은 요즘 밤잠을 못 주무셨을 것"이라고 했다.

— 국회 대나무 숲[2]

두려움과 공포는 다시 두 가지 갈래의 감정으로 이어진다. 한 갈래는 가해자에 대한 공분이다. 적절한 처벌은커녕 무엇이 잘못되었는지 인지조차 하지 못한 채 지속적으로 사실을 부인하고, '지금도 멀쩡하게 잘 살고' 있으며, 심지어 피해자를 '꽃뱀'으로 몰며 사회적 타살로 몰아간 자들에 대한 분노다. 다른 갈래는 피해자를 향한 미안함과 죄책감이다. 그때 말하지 못한 나, 중단시키지 못한 나, 사과를 요구하지 못한 나, 다른 이들이 고통을 당할 때 선뜻 손 내밀지 못한 나, 외면한 나, 듣지 않은 나. 우리 모두 사건을 묵인하고 방조하고 동조한 자이자, 시스템에 순응한 자이자, 종내에는 차별적 구조 재생산을 공모한 또 다른 가해자라는 인식 때문이다. 우리는 공식적·비공식적으로 피해자를 응원하고 자신의 피해 경험을 들여다보며 쓰다듬는 데 그치지 않고, '각자의 반성문'을 쓰고 있었던 것이다.

요즘 여성들의 용기 있는 고발을 응원하면서, 가부장 체제에서 기득권적 위치에 있는 남성으로서 미안하고 부끄러운 마음이 드는 것은 어쩔 수 없다. 이 성폭력적 사회 속에서 나도 어떤 가해의 일부였는지 돌아보게 된다. 리베카 솔닛은 자신의 고통을 말하면 안 된다고 계속 교육받는 것, 도와 달라고 하는데 아무도 듣지 않고 믿지 않는 것, 결국 자신의 이야기를 할 수 없는 상태를 "살아 있는 죽음"이라고 했다. 한국 사회가 바로 그것을 강요해 왔다. '미투'는 전에도 있었지만 계속 사라지고 지워져 왔다. 최영미 시인의 「괴물」이 《황해문화》에 발표된 것은 반년 전이었지만, 그때 세상은 아무 일 없다는 듯 조용했다.

― 전지윤의 페이스북[3]

슬픔과 공감, 분노와 죄책감은 개인적 보복이나 모욕하기를 통한 감정적 해소가 아니라 구조의 부정의를 변화시키려는 결심으로 이어진다. 경험의 공유와 페미니즘이라는 해석 도구를 통해, 성폭력은 구조적 차별의 효과이자 차별을 재생산하는 토대로 인지되기 때문이다. 피해자에 대한 응원과 지지, 개별적 경험과의 연결, 가해자에 대한 분노, 무지와 무책임에 대한 자각과 죄책감을 넘어 마침내 변화를 위한 다짐으로 나가는 미투 운동의 서사 구조는 "마치 각본화된 것처럼",[4] 지난 '강남역 살인 사건' 때와 놀랍도록 유사하다.

오해와 반동, 어떻게 해석하고 대처할 것인가

여성들이 공유된 경험과 쟁투하며 문제의 핵심을 파고드는 사이, 반동의 기운도 스멀스멀 올라오고 있었다. 반격을 꾀하는 자들은 이해를 요구하는 오해의 외피를 입고 점차 거대한 힘을 형성하면서 물꼬를 틀거나 아예 틀어막으려 한다. 여성의 집합적 움직임을 '개별적 감정의 분출' 정도로 축소하고 역사적 흐름에 역행하려 한다. 피해자의 의도를 의심하며 평소 행실을 따져 묻고 자격을 운운하거나, 가해자를 '성도착증'으로 병리화하거나 악마화하여 자신들의 평상시 언행과 분리하는 방식은 차라리 너무 고전적이라 새롭지도 않다. '터치는 있었으되 성폭력은 없었다'라며 억지를 부리거나 남의 집 불구경하듯 희희낙락 정쟁에 활용하기 바빴던 보수 진영과, 음모론과 진영 논리로 '갈라치기' 하는 진보 진영의 전술도 놀랍지 않았다. '펜스 룰'이란 신종 외래어를 들먹이며 늘 있었던 여성 분리와 배제를 새로운 것으로 포장하기도 한다. 새로운 사실은, 성폭력의 본질인 성별 권력관계와 성차별적 구조에 문제 제기를 하는 여성을 '페미나치'('페미니스트 나치'의 줄임말)로 몰아 낙인화하기 시작했다는 점이다.

　　미투 운동이 진행되는 동안 필자가 가장 많이 받은 질문들을 중심으로 반동의 흐름을 몇 가지 명제로 나누고, 그 기저에 흐르는 논리를 반박해 보자.

　　첫째, 미투 운동의 본질은 남녀 관계나 개인 간 발생하는 성희롱과 무관한 "권력형 성폭력" 혹은 "갑질형 성폭력"의 문제인가.[5] 역으로 질문해 보자. 남성 지배 사회에서 성별 권력관계와 무관한 권력형 성폭력이란 개념이 성립 가능한가. 한국어로는 '성별'로 번역되는 '젠더'gender는 단순히 성화된 몸sexed body에 부과되는 혹은 이를 반영하는 사회적 범주가 아니다. 남성성과 여성성이라는 동등한 두 가지 특징(성별 정체성), 이에 따라 적절히 배분된 역할(성역할)로만 한정되는 개념도 아니다. 생물학적 차이 혹은 성기 중심적 성관계를 나타내는 섹스sex, 혹은 섹슈얼리티(성적 욕망)와 단순하고 직접적이며 인과적 관계에 놓여 있지도 않다. 페미니스트 역사학자 조안 스캇Joan Scott은 젠더는 "성차에 관한 지식"이자[6,7] "성차의 사회적 조직"이라고 지적한 바 있다. "몸적 차이bodily difference에 관한 의미" 자체이자, 이를 다시 구축하고 재생산하는 주요한 구조적 기제라는 의미다. 그러므로 젠더는 존재하는 권력관계의 효과이며 새로운 권력관계를 생성하는 원인이 되기도 한다.

잘 생각해 보자. 우리가 사는 세상에서 인간의 기준은 남성(성)이다. 반면, 여성(성)은 열등한 것, 부차적인 것, 성적인 것, 심지어 '낮은 사회적 지위' 자체를 의미한다. 남성은 일상에서 성별로 특정되어 호명되지 않으며, 문제가 발생하면 특정인 ○○○의 잘못으로 개별화된다. 반면 여성은 여기자, 여검사, 여의사, 여교수, 여배우, 여대생, 여성 노동자 등 성별로 특정되고, 문제가 발생하면 개인 ○○○의 잘못이 아닌 집단 여성의 문제, 여성성 전반의 문제로 과잉 일반화된다('역시 여자는 안 돼', '여자들이란 말이야', '여자치고', '여자의 적은 여자' 등). 남성은 모든 곳에 실제 존재하되 존재하지 않지만, 여성은 모든 곳에 존재하지 않지만 존재한다. 그러므로 젠더는 남성성/여성성이 아니다. 그 자체가 남성(성)을 중심으로 한 위계 체제이며 권력을 배분하는 사회 구조의 중심축이다. 중학교 남학생이 여성 교사를, 남성 환자가 여성 의사를 성희롱·성추행할 수 있는 이유는 바로 여기에 있다.

물론 그 여성과 남성은 계급, 인종, 성 정체성, 장애 여부 등에 따라 또 다른 경험을 하게 된다. 젠더가 다층적 권력의 매트릭스 구조에서 다른 차별 구조와 맞물리며 작동하기 때문이다. 성폭력이 젠더 권력관계에서 파생하지만, 다른 차별 구조와 교차할 때 피해가 더 심화되는 이유다. 예를 들어, 수직적이고 폐쇄적이며 남성이 지배적 권력을 장악하고 있는 집단일수록 비정규직 여성에 대한 성적 대상화가 손쉽게 일어나고, 성폭력 문화가 더 심각할 수 있다. 백인 이성애 남성 중심의 조직일수록 성소수자 이주 여성에 대한 편견과 차별이 심하고, 이들에 대한 성폭력이 발생할 확률이 높다. 흑인 성소수자 비정규직 여성은 백인 이성애 정규직 여성보다 성차별, 인종차별, 성소수자 차별, 계층차별 사회에서 훨씬 더 성폭력에 취약할 수 있다.

둘째, 성폭력은 "나쁜 손버릇", "자제하지 못한 성욕", 개인의 "비도덕적 행위"나 "성추문", 혹은 개인의 도덕적 흠결, "악마" 같은 특정인, 혹은 조직의 "특수문제"인가. 한 도지사의 성폭력이 왜 전 국민을 충격에 빠트렸는지 잘 생각해 보자. 그가 평소 자유와 인권의 수호자 역할을 자처했을 뿐 아니라, 통상 가해자를 옹호하는 사람들의 일성인 '그럴 사람이 아니다'라는 인식을 아래로부터 무너뜨렸기 때문이다.

'#MeToo'의 불길 앞에 차마 직면하지 못하고 가해자만 악마로 만들거나, 심지어 정치적 음모가 있다고 믿거나 하는 사람들도 마찬가지요. 과도하게 몰입해서 '#나도가해자다'에만 빠져들면 구조악을 드러내고 격파하는 힘이 모이지 않고, 그렇다고 '#가해자악마화'에 몰입한들, 그리하여 내가 도덕적임을 증명한들(사실은 누구에게 증명하는 건지?) 달라지는 게 없죠. 심지어 피해자이자 방관자 가

해자가 되면 피해자로 나서면 안 된다는 '#피해자자격론'
까지 나오는 판이잖아요. 그래도 이렇게 찢어지면서 탓,
탓질을 하는 사이, 그렇게 소모되는 사이, '왜 그런 일이
생겼나'라는 좀 더 큰 질문은 흘러 나갑니다.

— 노혜경의 페이스북[8]

성차별적 구조를 만들고 누리고 공기처럼 혜택을 마시고
재생산해 온 대다수 남성은 성폭력에서 자유롭지 못하다. 그럴
만한 '환자' 혹은 '악마'가 따로 있는 것이 아니라 가부장적 남성
중심 사회에서 남자로 키워진 사람은 가해 행위에서 자유롭지
못하다. 시대가 바뀌었고 시민 의식이 성장했음에도 여전히 가
부장적 인식에 사로잡혀 여성을 동등한 시민·동지·동료로 보지
않은(못한), 그래서 같은 일을 하면서도 여성은 성적 매력을 풍
겨야 하고 남성의 요구에 순종적으로 응해야 한다고 여기며, 배
제하고 비하하고 희롱하고 무시하고 때리고 폭력을 행사한 남
성은 이 문제에서 자유롭지 못하다. 그러므로 '악마의 제거', '환
자에 대한 치료'적 처방은 문제를 일시적으로 봉합함으로써 '위
장된 안도감'을 제공하고 근본적 문제 해결에서 멀어지게 하는
효과를 발휘한다. 미투 운동이 수직적 위계 문화 속에서 타인을
통제하고 지배하고 제압하고 군림해야만 남자답다고 여기는 사
고, 폭력적 남성성을 획득하고 실행하던 수많은 남성과 보편적
남성 문화에 대한 문제 제기인 이유다.

　　그럼에도 불구하고 일부 언론과 상당수 사람들은 특수한
가해자의 문제로 축소하거나, '피해자의 자격'을 질문하며 신상

털이를 하고 인격권을 무참히 짓밟는다. 성폭력의 구조적 원인을 은폐한 채 적반하장식 책임 전가를 하고 정치적 의도를 의심한다. 이 과정에서 가장 오래되고 뿌리 깊은 적폐—가부장제—는 역설적으로 그 숨겨진 얼굴을 드러낸다.

셋째, 한국의 '미투' 운동은 할리우드발 '#MeToo' 캠페인의 후속, 아류, 혹은 변종인가. 이 질문에 답하려면 길게는 구한말과 일제 강점기부터 진행된 동등권 운동, 반식민지 독립운동, 짧게는 1980년대 민주화 운동 시기에 본격화된 여성 단체 설립과 진보 여성 운동의 성장 등[9] 한국 여성 운동의 역사를 먼저 이해해야 한다. 특히 '김부남 사건'(1991)과 '김보은 사건'(1992) 등▲을

▲ 김부남 사건은 1991년 1월 30일, 전북 남원군 주천면에서 당시 30세였던 김부남이란 여성이 어릴 적 자신을 성폭행한 가해자 송백권(당시 55세)을 살해한 사건이다. 김부남은 21년 전이었던 9세 때 이웃집 아저씨 송백권에 의해 성폭행을 당했다. 당시 성범죄는 친고죄로 고소 기간이 6개월이었기 때문에 후일 성인이 된 김부남은 법적으로는 송 씨를 처벌할 수 없음을 깨닫고 스스로 송 씨를 처벌할 것을 결심, 그를 찾아가 식칼로 살해하고 현장에서 검거되었다. 김부남은 1심 3차 공판에서 "나는 짐승을 죽인 것이지 사람을 죽인 것이 아니다"라고 진술해 사회적 파장을 일으켰고, 이후 성폭력 법제화 운동에 큰 영향을 미친다.
김보은 사건은 1992년 1월 17일 충청북도 충주시에서 김보은과 그녀의 남자 친구 김진관이 12여 년 동안 자신을 강간한 계부를 살해한 사건이다. 계부는 김보은과 김보은의 어머니를 번갈아 강간했으며, 집에 식칼과 쥐약을 갖다 놓고 사실을 알릴 경우 가족을 몰살하겠다고 협박했다고 한다. 이 사건은 한국 사회에서 공론화가 금기시된 근친 성폭력의 실상이 드러나는 계기가 되었으며, 1991년에 일어난 김부남 사건과 함께 1993년에 성폭력특별법이 제정되는 데 직접적인 영향을 주었다. 당시 한국은 형법에 '정조에 관한 죄'로 강간죄가 있었지만 성폭력 피해자를 보호하고 가해자를 적절히 처벌하는 법이 부재했다. 한국의 진보 여성 운동 단체들은 두 사건의 피해자를 지원하고 구명 활동을 펴면서 한국 사회의 성폭력 인식을 제고하고 법을 제정하는 데 혼신의 힘을 기울였고, 그 결과 1993년

계기로 성폭력특별법 제정 운동이 격렬하게 진행되었고(1994년 시행), 2000년을 전후로는 진보 운동권 내 성폭력 문제를 제기한 '100인 위원회' 사건이 한국 사회를 흔들었으며, 2000년대 초반 한국성폭력상담소를 중심으로 한 '성폭력 피해 경험 말하기' 운동, 2016년 '강남역 10번 출구' 앞에서 진행된 '성폭력 필리버스터', '#○○계_내_성폭력' 해시태그 운동[10]에 이르기까지, 우리에게는 오랜 반성폭력 운동과 여성 인권 운동의 역사가 존재한다. 오늘날 미투 운동이 어느 날 갑자기 돌출된 것이 아니라, 관습과 문화란 이름으로 정당화되어 온 차별 구조에 지속적으로 의문을 던지며 저항하고, 시대를 거스른 여성의 역사 속에서 맥락화되어야 한다는 의미다.

물론 근대 초기 싹튼 짧은 페미니즘 운동의 역사는 전쟁과 분단, 군사 독재 체제를 거치며 단절되었고, 1980년대 중반 민주화 과정을 통해 본격적으로 발화되기 시작했다. 서구와 달리 한국의 페미니즘 운동은 동등 참여의 핵심인 참정권 운동을 결여한 채, 제도적·법적 동등함과 성차와 연관된 차별 구조에 대한 문화적·사회적 변혁을 동시에 추구하는 독특한 여정을 걷는다. 특이점은 분단 독재 상황에서 사회주의적 계급투쟁과 가부장제의 전복을 동시에 전개하면서 젠더가 섹슈얼리티, 계급, 민족 문제와 별개일 수 없음을 '이미' 인지하면서 성장했다는 것이다. 민주화 운동의 급진성과 추진력을 고스란히 물려받은 진보 페미니즘 운동은 이후 20여 년간 여성의 경험을 반영한 수많

성폭력특별법(처벌법과 보호법)이 제정되고 1994년 시행된다.

은 법적·제도적 성과를 달성했다. '정조에 관한 죄'는 성폭력이 되었고, '여자와 북어는 사흘에 한 번 패야 맛이 난다'라던 관습은 가정폭력으로 범죄화되었다. '분위기를 살리기 위한 농담'은 성희롱이 되었으며, 피해자를 '스스로 타락한 여성'이라 낙인찍던 '윤락 행위'는 여성 인권 침해의 극단적 징표인 성매매로 의미화되었다.

이 과정에서 한국의 페미니즘 운동은 오랫동안 기득권, 반민주, 독재, 부패 세력, 식민지 '백성 마인드'에 갇힌 보수 세력에 저항해 왔으며, 계급 부정의 이외의 다른 영역에는 무신경한 진보 세력과도 쟁투해 왔다. 진영을 넘나들며 형성된 남성 연대를 날카롭게 비판하면서 여성 인권 향상을 위해 전진해 왔다. 서구의 여성 운동에서 '물결'Wave이라는 용어가 파장, 파동, 물결, 파도 등 다중적 의미를 지니듯, 한국의 여성도 잠복과 돌출, 후퇴와 전진, 흩어짐과 뭉침, 진지전과 전면전 등으로 파장을 일으키고 커다란 파도를 만들며 세상을 변화시켜 온 것이다.

무엇보다, 우리나라 여성에 의해 주도되었으되 세계를 흔든 미투 운동의 원조로 일본군 성노예제로 고통당한 고 김학순 할머니의 1991년 커밍아웃을 기억해야 한다. 가해자의 지속적인 부인에 분통을 터뜨리며 세상에 나왔다고 했던 할머니의 공식적인 증언은 반세기 가까이 봉인된 끔찍한 성노예제의 실상을 폭로하며 전 세계 시민을 무지의 늪에서 나오도록 일깨웠다. 김학순 할머니 덕분에 국내는 물론 다른 나라의 피해자들 또한 앞다투어 세상에 나올 수 있었다. 가부장제와 식민지 체제 하에서 여성에게 가해진 중층적 부정의와 싸우며 피해자에서 생존자로, 다시 활동가로 변화하던 할머니들의 모습 덕택에 우리의 시민 의식도 함께 성장할 수 있었다.[11] 미국의 '#MeToo' 운동과 서지현 검사의 용감한 고백이 미투 운동의 도화선 혹은 변곡점은 될 수는 있으되 원인이 아닌 이유다.

그러므로 대한민국 미투 운동을 이해하려면 현재라는 현미경으로만 들여다봐선 안 된다. 특정 시기의 운동에는 당대 구조적 상황의 특수성, 이를 시정하려는 여성의 긴급한 집단적 요구, 그러한 요구가 들리는 특수한 맥락이 존재하기 때문이다. 1부 1장에서 언급했듯 새로운 페미니즘 운동을 이끄는 여성들도 시대적 특수성과 욕구를 반영한 운동의 전술과 전략을 펼치고 있다. 특히 가부장 가족 체제의 끝자락, 저출산 시대의 신호탄을 울리며 남아 선호 사상으로 가장 극심한 성비 불균형 시대에 탄생한 20대 여성은(1993년 셋째 아이 성비는 무려 206.6에 달함), 자본주의에 의해 침식되고 있으되 잔존하는 가부장 체제와 신자유주의적 질서를 동시에 모순적으로 체현하며 자랐다. 개인 간 극심한 경쟁 문화 속에 성장해, 집단보다는 개인이라는 주체 개념을 자연스럽게 익히고, 개인의 권리 침해에 대한 민감성을 증진시켜 왔다. 동시에 이들은 신자유주의 시장 경제 체제하에 불안정한 노동 시장의 피해자로, 부모 세대와 달리 자생적 신분 상승은 엄두도 내지 못한 채 안정적인 미래를 향한 희망을 포기한 세대다. 미완성의 복지 국가에서 아이가 가족 계급 재생산의 도구로 이해되는 저출산 시대에 나고 자랐으므로, 가족 내 성차별을 비교적 덜 받고 부모의 교육 투자를 온몸으로 받은 세대이기도 하다. '기러기 아빠', '매니저 맘', '헬리콥터 맘'이 득세한 시대였다. 한편으로 이들은 세상에서 가장 빨리 타인과 접속할 수 있는 능력을 지닌 디지털 네이티브 세대이며,[12] 지난 9년간 보수 정권과 사회 전반의 보수화를 겪고, '세월호 사건'으로 공유된 '심문되지 못한 죽음'에 대한 책임이 소진되지 않아서 잠재화된 상실감과 애도의 욕망을 내장한 사람들이다.

국가의 경제 발전으로 '이미 성취된 성평등'이라는 '착시 현상'과 역차별 담론이 확산되는 가운데,[13] 이에 대한 반격이 곧장 남성혐오 논란으로 이어지는 현실을 목도한 세대이기도 하다. 1980년대 이후 본격적으로 성장한 진보 여성 운동 덕분에 제도적 차별이라는 가시적 장애물은 제거된 듯하나, 여전한 여성혐오적 문화와 지속적인 성차별적 구조 전반에 잠재적 분노가 있던 사람들이다. 2016년 '강남역 살인 사건'은 이러한 배경 속에 축적된 감정을 촉발한 계기가 되었고,[14] 이때 만들어진 운동 근육이 이후 촛불 시민 광장과 미투 운동으로 이어지는 동력을 제공한 것이다.

넷째, 진보 진영 내에서 유독 사건화가 많이 되는 이유가 무엇인가. 보수 진영의 음모 때문인가. 진보 진영은 위선적이며 보수 진영이 사실은 더 '도덕적'이기 때문인가. 서구 여성 운동 '제2의 물결' 당시를 상기해 보자. 1960년대 후반 미국의 진보적 학생 운동과 시민운동 진영에 있었던 여성들은 남성 혁명가들이 지향하던 민주·평등·해방이라는 가치를 여성에게도 동일하게 적용해 달라고 호소하는 바로 그 순간 부인되는 상황에 직면한다. 일상 속에서 개인이 겪는 사적인 문제가 거대한 구조에 기인한다는 신좌파의 구호가 여성에게만 유독 적용되지 않았던 것이다. 특히 여성은 진보 남성이 적극적으로 받아들이고 실천한 '성 혁명'의 성별화된 결과를 목도한다. 성적 자유와 해방이 여성에 대한 남성의 무제한적인 접근권을 용인하는 것으로 이해된 것이다. 남성은 여성을 자신들의 성적 욕망을 배출하는 '쓰레기통', 혹은 언제든 받아 주는 '용기'로 취급하면서, 공적 영역에서는 여전히 보조적인 존재로 비하하고 배제했다. 이러한 남성들의 태도에 격분한 여성들은 분연히 일어나 의식 고양 모임을 구성하고 여성만의 조직을 만들며 '여성 문제'라 치부되던 사안들을 본격적으로 분석하기 시작한다.

'개인적인 것이 정치적인 것'이라는 구호는 그래서 당시 페미니스트의 핵심적인 상징이 된다. 개별적 문제가 결코 여성이 자발적으로 선택한 결과 때문이 아니며, 여성의 고통이 사소한 것이 아니라 구조적 차별의 결과이므로 주요한 정치적 의제로 다뤄져야 한다고 강조했다. 이들은 동등 참여, 동일 노동 동일 임금은 물론, 낙태죄 폐지와 재생산권, 성폭력, 가정폭력, 성매매, 데이트 성폭력, 음란물, 성 상품화 등을 공론화하고 이론화하며 변혁의 영역을 확장한다. 단순히 기계적 '양성평등'이나 형식적 권리 보장을 위한 법·제도 개선이 아니라 뿌리 깊은 성차별 문화의 근원을 캐고 해체하고자 전방위적 혁명을 요구한 것이다.

아이러니하게도 진보 운동권 내 성차별과 성폭력 문화가 결국 전 세계에 커다란 영향을 미친 페미니스트 운동의 거대한 물결을 일으킨 것이다. 해방의 주체와 대상 모두에 여성이 배제되어 있다는 인식, 진보가 지향하던 민주주의·평등·인권이라는 가치에 사실상 성평등이 부재하다는 인식이 많은 여성을 페미니스트로 각성시킨 것이다.

유사한 맥락에서 대한민국 진보 진영에서 성폭력 이슈가 유독 많은 이유를 생각해 볼 수 있다. 남성 우월주의적 문화에서 자유롭지 못한 진보 진영 남성들은 진보적 가치관을 체현하고 목소리 내기를 훈련받은 내부 여성들에 의해 문제 제기를 당하기 쉽다. 보수 진영에서 성폭력과 성차별에 대한 고발이 잘 나오지 않는 이유는 성평등 감수성이 높은 여성이 애초에 진입하기도 어렵거니와, 내부에 있는 여성들도 '여성 의식'이 부재하거나 성차별에 무감할 수 있다. 문제 제기를 한다 해도 뿌리 깊은 위계적·봉건적 조직 문화 때문에 사건 처리가 잘 안 될 수도 있다. 그러므로 보수 진영이 더 도덕적이기 때문이 아니라, 무엇이 문제인지 모르는 사람들이 압도적이라서 문제로 명명조차 되지 않은 채 사라지거나 '사건화'가 잘 되지 않기 때문이다.

다섯째, 여성들이 너무 '세게' 나가니 남녀 갈등이 심화되고 '펜스 룰'이 발생하는가. 미국의 한 부통령이 종교적 이유로 아내 이외의 여성과는 단둘이 식사도 하지 않는다는 사실을 빗대 생겨난 '펜스 룰'은 어느 순간 대한민국 언론에 의해 '최근'의 현상을 잘 묘사하는 용어로 채택되었다. 문제가 생기지 않게 여성을 피한다, 몸을 사린다는 수동적 의미에서 더 나아가, 남성들끼리 따로 논다, 여성을 배제한다는 적극적 의미로 확장되어 사용되었다. 여성 분리와 배제를 기반으로 한 뿌리 깊은 성차별 현상을 마치 새로운 것인 양 포장하여, 성폭력의 원인을 남성이나 성차별적 구조가 아닌, 여성 개인에게 전가하고 비난하는

한국의 미투 운동

전형적인 반동적 현상이다. 물론 새삼스럽지는 않다. 피타고라스Pythagoras가 이미 기원적 5세기경, "질서와 빛과 남자를 창조한 선한 원칙이 있다. 그리고 혼돈과 암흑과 여자를 창조한 악한 원칙이 있다"라며 여성 배제의 원칙을 강력하게 천명하지 않았던가. 성별 노동 분업, 성별 직종 분리, 유리 천장, 심지어 남녀칠세부동석 또한 오랜 '펜스 룰'의 다른 판본 아닌가.

　　역사적으로 여성은 성녀이거나 여왕이거나 유명한 남성의 적극적 내조자이거나 총애를 받는 애첩이거나 기생이거나, 사회면을 장식할 만큼 유명한 범죄극의 주인공이 아니면 세상에 이름을 남기지 못했다. 당대 사회적으로 기대되는 역할 이상을 요구하는 여성은 '미치광이', '괴물', '마녀', '더러운 ○○', '반역자', '배신자', '신경증 환자', '정신 나간 ○' 등 각종 조롱과 모욕, 손가락질과 공격을 받고 역사 속에서 사라지거나 왜곡되어 기록돼 왔다. 그런데도 '여성도 인간'이라고 외친 용기 있는 여성들이 있어 세상은 조금씩이나마 변화해 왔다.

　　대표적으로 일제 강점기, 김명순을 떠올릴 수 있다. 조선 최초의 여성 시인이자 소설가, 언론인, 영화배우, 연극배우였던 김명순은 일본에서 데이트 강간을 당했을 때 언론의 실명 보도로 인해 심각한 2차 가해의 피해자가 된다. 기생첩의 딸이라는 신분으로 인신공격을 당하고 문단으로부터도 "문학적 가치가 없는 글"로 조롱당한다. 작가 김기진은 「김명순 씨에 대한 공개장」(1924)이라는 글을 통해, "퇴폐의 미"와 "황량의 미"를 가진 타락한 여자로 김명순을 묘사하고, "처녀 때 강제로 남성에게 정벌征伐"을 받았다고 썼다. 동향 출신 문인인 김동인도 김명순을 모델로 한 「김연실전」(1939)을 써 공개적으로 비난한 바 있다. 김명순은 이런 자신의 처지를 「칠면조」(1921)라는 시에서 다음과 같이 한탄한다. "내 자신아, 얼마나 울었느냐. 얼마나 앓았느냐. 또 얼마나 힘써 싸웠느냐. 얼마나 상처를 받았느냐. 네 몸이 훌훌 다 벗고 나서는 날, 누가 너에게 더럽다는 말을 하랴." 사후에도 김명순에 대한 평가는 변치 않았는데, 예를 들어 작가 전영택은 「내가 아는 탄실 김명순」(1963)에서 김명순이 출생의 배경으로 인해 "변태적으로 살아가고 방종·반항의 생활"을 했다고 기술한 바 있다.

서구에서도 선구적 여성들의 경험은 크게 다르지 않다. 프랑스 혁명 시기 올랭프 드 구즈는 프랑스 인권 선언에 여성이 배제돼 있음을 깨닫는다. "인간은 누구나 평등하게 태어났다"라는 선언에서 인간은 과연 누구인가? 드 구즈는 1791년 "모든 여성은 자유롭고 평등한 권리를 갖고 태어난다"(제1조), "여성이 단두대에 올라야 한다면 연단에 오를 권리도 있어야 한다"(제10조) 등의 내용을 담은 '여성과 여성 시민의 권리 선언'을 발표한다. 여성의 보편적 권리를 담은 이 대담한 주장은 당대 모든 남성에게 던진 도전장이었다. 결국 그는 "남성의 혁명, 남성의 평등만을 위한 혁명에 제동을 걸었다"라는 죄목으로 사형을 선고받고 1793년 단두대에 오른다.

그의 죽음은 혁명기 남성이 보편적으로 지닌 여성혐오와 여성의 능력에 대한 두려움을 증명한 것이었다. 당시 남성들은 올랭프 드 구즈의 글을 '미친 여자의 허무맹랑한 주장'으로 깎아내리기 바빴고 온갖 개인적 비하, 사생활에 관한 공격을 감행했다. 심지어 '여성과 여성 시민의 권리 선언'을 "시집 못 간 여자들의 불평과 하소연" 또는 "시장 생선 장수 여자들의 권리"로 폄하하고 조롱한다. "남자 같은 여자"가 "자기 성별의 미덕을 망각"한 죄를 지었다고 처형을 정당화하면서 동등한 참여를 소망하는 다른 여성을 위협하는 도구로 활용하기도 한다. 드 구즈는 사후 거의 150여 년간 '개혁 망상증에 걸린 정신착란증 환자', '신경증 환자', '미친 여자', '괴물', '혁명 히스테리 환자' 등의 취급을 당하면서 역사 속으로 사라졌다.[15] 그는 서구 여성 운동 '제2의 물결' 이후에서야 비로소 페미니스트들에 의해 복원된다.

이렇듯 저항하는 여성에 대한 남성의 반격과 반동은 시공간을 넘나들며 늘 존재해 왔다. 그러므로 우리가 할 일은 반동의 근거로 사용되거나 반격을 정당화하는 논리의 모순점을 발견해 균열을 내는 것이다. 역사 속에서 반복되는 남성의 빈약한 논리 구조와 프레임을 조금씩 허무는 일이야말로 반동의 해일에 대비하는 일일 것이다. 그렇다면 미투 운동 이후, 구체적으로 우리는 무엇을 해야 할까.

구조적 부정의와 대면하는 우리의 자세

문단 내 성폭력 해시태그 운동을 통해서 내가 확인한 것은 재능 있고 의욕적이던 여성들이 성폭력 사건으로 인해서 문단과 업계의 주변부로 밀려나거나 반강제적인 탈출을 감행했다는 사실이었다. 이는 명백한 사회적 타살

이다. 여성들은 실제로 죽었고 또, 사회적으로 천천히 죽어 갔다.[16]

"사회적 타살"은 여성을 끊임없이 배제하고 주변화하는 일상적이되 제도화된 차별 속에서 여성이 공적 영역에서 본의 아니게 사라짐을 의미한다. 불인정과 무시가 (성)폭력으로, 불평등한 노동 시장과 재분배의 문제로, 극단적으로는 죽음과도 연결되는 구조적 부정의의 연속선에서 사회적 타살은 실존적 타살과 무관하지 않다.

페미니스트 정치철학자 아이리스 영은 보통의 일상적 상호작용 속에서, 관료제 위계 체제와 시장 질서 속에서, "선한 의도를 가진 사람들이 무의식적으로 지니는 이런저런 생각과 반응에서 야기된 결과물 때문에 일부 사람들이 겪는 극심한 부정의"를 구조적 억압이라 정의한 바 있다.[17] 억압은 경제적·정치적·문화적 주요 제도 속에서 체계적으로 재생산되기 때문에, 지배자나 독재자 일인 축출만으로 제거될 수는 없다.[18] 이후 영은 다른 책에서[19] "정의를 위한 공유된 책임은 정치적 책임"이라 주장하면서, 구조적 억압의 과정과 결과—부정의—에 책임 있는 우리 모두는 법적 책임에선 자유로울지 모르나, 정치적 책임에선 자유롭지 못하다고 지적한다. 그가 제시한 정치적 책임을 종합해 참고하면서,▲ 미투 운동이 남긴 과제를 짚어 보려 한다.

▲   아이리스 영은 ①구조적 균열을 드러내는 것, ②피해자의 적극적 요구, ③제3자의 역할, ④국가나 국제기구의 역할이라는 네 가지 측면에서 정

첫째, 피해자의 요구와 목소리 내기의 중요성이다. 피해자들의 이야기가 모두 옳다는 의미가 아니다. '절대적 약자'로서 '순수한 피해자'를 상정하자는 것도 아니다. 온몸에 각인된 아픔을 헤치며 갖은 위험을 무릅쓰고 개인이 계속 고백해야 한다고 강요하는 것도 아니다. 착취당하고 지배당하는 사람들이 권력자에게 지속적으로 정의를 요구해야 하는 이유는, "사람들이 겪는 특정 고통이 사실상 많은 사람이 참여해 발생한 구조적 부정의라는 것을 드러내고, 그 과정을 바꿀 수 있는 구체적 힘을 가진 사람이 실제 과정을 바꾸어 내야 한다는 도덕적 요구" 때문이다. 개인의 고통을 드러내고, 타자의 도덕성에 대한 비난만으로 연대를 유지하고 구조적 변화를 도모하긴 역부족이다. 피해의 경험이 중요한 이유는, 불의한 제도를 바꾸기 위한 정당하고 정의로운 투쟁의 대열에 서도록 하는 주요한 동력이기 때문이다.

그러므로 피해자는 자신의 지난 세월, 축적된 피해자성을 들여다보되 피해자라는 폐쇄적 격자 구조에 갇히지 말아야 한다. 유사한 경험을 폭로하고 분노하며 개개인의 잘잘못을 따지고, 그 과정에 다시 내가 상처 입는 도돌이표가 아니라, 나의 피해 경험이 우리 사회 속에 어떻게 위치 지어져 왔는지 고민하면서 사회 구조와 연결 지을 방안을 적극적으로 모색할 때 우리는 비로소 주체로 재구성된다. 고 김학순, 고 김복동, 길원옥 등 일본군 성노예제 피해자 할머니들은 우리 사회의 보이지 않는 유령에서 말하는 피해자로, 다시 구조를 변혁하는 활동가로

치적 책임의 과제를 고찰하고 있다.

변화하지 않았던가. 서지현 검사 또한 조직 내부에 '물의'를 일으키는 검사는 사직해야 한다는 관례를 깨고, 지금까지 검사직을 유지하면서 변화를 위한 내부 투쟁을 지속하고 있다. 그가 YWCA '젊은 지도자상', 광주 5·18 '들불상' 등 다수의 상을 수상하며 "미투 운동은 공격적 폭로가 아닌 공감과 연대의 운동"이라고 강조했듯, 스스로 적극적 운동의 주체로 변모하고 있는 것이다. 그러기에 2019년 3·8 세계여성의날 기념 한국여성대회에서 김복동 평화 인권 운동가와 서지현 검사가 나란히 한국여성대회 '여성운동상'과 '올해의 여성운동상'을 수상한 건 우연이 아니다.

> 저는 과거에 오랫동안 타인의 고통을 나의 것처럼 동일시하며 연대해야 한다는 당위를 간직하고 있었어요. 하지만 그런 당위는 현실에서 상대와 나의 차이를 확인하는 좌절로 이어졌어요. 돌이켜 보면, 그건 실패가 예정된, 타인의 고통에 대한 오만한 태도였어요.[20]

김일란 감독이 적절히 지적했듯, 절대적 다름을 전제한 타인과의 연대가 불가능하듯 피해(자) 간 동질성을 상정한 공감과 연대 또한 실패하기 마련이다. 동일성이 상정되면 작은 차이에도 좌절한다. 동일한 사람들이 연대하는 것이 아니라 차이를 지닌 다른 주체들이 연대한다는 사실을 잊지 말아야 한다.

둘째, 우리는 의식적/무의식적 가해자성을 스스로 들여다보면서, 구조적 부정의를 (재)생산하지 않고자 노력해야 한다. 영[21]은 "권력을 소유한 (특권 계층의) 행위자는 구조가 현상 유지되는 데서 이익을 얻고, 그렇지 못한 사람은 구조가 변화하는 데서 이익을 얻는다"라고 했다. 의료·보건·안전·교육·과학 체계뿐 아니라 정치·경제·사회 전반을 장악하고 있는 자는 누구이며, 그러한 구조로 인해 알게 모르게 혜택을 입은 자는 누구인가. 물론 특권층이 가장 큰 혜택을 입었을 것이다. 그러나 우리는 어쩌면 한 사안에서는 제3자일 수 있으나 다른 사안에서는 동조자, 방관자, 직접적 가해자일지 모른다. 구조적 부정의를 재생산하는 데 의도적으로 혹은 비의도적으로 가담해 왔으리라. 그러므로 우리는 차분히 자신의 일상을 성찰해야 한다. 특히 남성은 성차별적 구조 속에 일생을 통해 축적된 '가해자성'을 먼저 직시하고, 자신도 모르게 동참한 구조적 부정의의 (재)생산 회로를 끊고자 노력해야 할 것이다. 위계적 권력 질서 속에서 실질적 권력을 소유하지 못한 대다수 남성도 결국 구조의 변화로 이익을 얻을 것이기 때문이다.

이 가운데 연구자와 활동가는 권력과 이익을 둘러싼 투쟁에 참여하는 데 그치는 게 아니라, 영의 제안처럼 무엇이 옳은 것인가에 대한 공적인 논쟁을 지속적으로 촉발시킬 수 있어야 한다.[22] 공적 논쟁은 대안적·제도적 장치 마련을 위한 기반이 되며, 개인적 문제의식을 집단적 운동으로 엮어 내는 동력이 된다. 논쟁의 과정에서 우리 내부의 미세한 차이의 결들을 생산해 낸 구조를 인지하고, 그 구조를 생산하고 유지하고 재생산하고 혜택을 입은 우리의 정치적 책임을 환기할 때, 비로소 세상은 조금씩 좋은 방향으로 움직일 것이기 때문이다.

마지막으로 구조적 부정의를 시정할 정부의 역할이다. 정부는 구조적 과정을 보다 공정하게 변화시킬 수 있는 주요 행위자다. 부정의 해소를 위한 법과 제도 개선에 적극적으로 나서야 할 의무와 권한이 있다. 이에 미투 운동 이후 수많은 시민이 새로운 법과 제도를 제안하거나 정비를 요청했다. 헌법에 성평등 조항을 신설하고 포괄적 차별금지법 제정이 시급함도 강조했다.▲ 비동의 간음죄 신설, 사실 적시 명예훼손죄 폐지, 민사상 손해 배상 시효 확대, 젠더폭력 방지 기본법 제정, 교육 기본법의 교육 이념에 성평등 내용 규정, (프랑스처럼) 형법에 가중 처벌 등 성희롱 규제, 성희롱 당사자 범위의 확대(특수 고용자: 문화 예술인, 비공식 돌봄 서비스 종사자나 보험설계사), 징벌적 손해 배상 청구 소송 제도 마련, 성희롱 사주에 대한 피해자의 작업 거부권 및 노사 교섭을 통한 구제 등 법 제도의 정비를 강력히 요청했다. 그런데도 관련 법안은 대부분 국회에서 잠자는 신세가 되거나 '여성폭력방지 기본법'처럼 반쪽짜리로 제정되었다.

　　영의 주장에 따르면, 정부의 "규칙과 관행은 부정의를 약화시키려는 사람들보다 부정의를 생산하거나 영속화하려는 권력자나 과정"에 더 연루되어 있으므로 시민의 시도는 종종 "부분적으로 실패하거나 전적으로 실패"한다.[23] 정부는 구조적 과정을 변화시키고자 하는 투쟁에 직접 참여하거나 균형을 맞추

▲　독일은 연방 차원의 차별금지법인 '일반적 동등대우법'을 이미 2006년에 제정했고, 이를 토대로 각 주는 유사한 내용의 주 차별금지법(우리나라 지방정부의 조례에 해당) 제정한 바 있다.

려고 하기보다는 투쟁의 결과를 반영하는 경향이 크다. 그러니 우리는 정부에게 전적인 결정권을 주어서도, 지나치게 기대해서도 안 된다. 정부에 공적인 압력을 행사하는 일에 보다 적극적이어야 하는 이유다.

그러므로 이런 점에서 '#미투 운동과 함께하는 시민행동'(이하 '#미투 시민행동')▲의 의미가 환기되어야 한다.[24] 우선 단시간 안에 337개의 시민 단체와 161명의 각계 인사 참여로 성차별·성폭력 근절에 대한 지지와 공감을 이끌어 내고 여성계뿐만 아니라 노동계, 시민사회계에서도 폭넓은 연대를 구축했다는 점에 의의가 있다. 임윤옥 한국여성노동자회 상임대표의 말처럼, 여성계 이슈를 중심으로 시민사회계 전반이 광범위한 지지를 표명하며 결집한 것은 호주제 폐지 운동 이후 처음이다. 또 다른 의미는 여성 운동이 미투 관련 사회적 이슈를 이끌어 가면서 운동의 내적 역량을 강화했을 뿐 아니라, 기존 프레임의 변혁을 주도함으로써 외적 역량도 확장했다는 점이다. 실제 '#미투 시민행동'은 법·제도 개선뿐 아니라 사회문화적 변혁을 주제로 한 다양한 토론회 개최, 피해자 재판 지원, 영역을 넘나드는 이슈

▲ 2018년 3월 15일 발족한 '#미투 운동과 함께하는 시민행동'이 밝힌 출범 취지는 다음과 같다. "한국 사회는 이번 '#미투' 운동에 대한 책임을 통감하고, 성차별적인 권력관계와 성폭력을 가능케 한 사회 구조를 개혁하기 위해 적극적으로 나서야 한다. 2018년에는 '#미투' 운동을 통해 성차별·성폭력을 반드시 해결해야 하는 심각한 시국 과제로 인식하고, 성차별·성폭력 근절을 위한 전 사회적인 연대의 힘을 모아야 한다. 여성·시민·노동계뿐만 아니라 일반 시민들도 함께 '#미투' 운동을 지지하고 함께 연대할 수 있도록 '#미투 운동과 함께하는 시민행동'은 지속적이고 통합적인 대응 체계를 마련해야 한다."

화와 성명서 발표, 언론 보도 및 정부·국회의 법률과 제도 마련 안案에 관련한 비판적이고도 실질적인 개입, 여론화와 대중적 결집을 위한 집회와 시위 등을 주도했으며, 여섯 번의 집회를 공식적으로 주최한 바 있다.

무엇보다 기존의 정부 정책을 소리 높여 비판하고, 쟁점을 조직하고, 분노를 표출하고, 연대하며, 변화를 위한 공적인 압력을 끊임없이 행사하는 집합적 여성 시민의 존재를 인지시켰다. 법과 제도 마련은 변화의 전제 조건일 뿐이다. 미세한 세포 조직처럼 곳곳에 깊숙이 뿌리박힌 성차별적 의식과 다층적이고 다면적인 부정의 구조—우리 사회의 가장 오랜 적폐—를 개혁하는 데 나부터 적극 동참하겠다는 의지의 표명과 실천. 그것이 바로 '#미투 시민행동'이 던지는 메시지다.

젠더 혁명을 향해 진격하는 여성들

미투 운동 속에서 대한민국 여성은 사소한 일이라고 무시하거나, 무지로 '면피'하려 하거나, '물타기' 등 진영 논리로 끌고 가려던 이들의 갖은 '불순한' 시도를 돌파하면서, 생존자에서 증언자로, 다시 세상을 변화시키는 활동가로 나섰다. 여성 문제가 아니라 남성 문제라고 명명하며, 피해자의 자격을 묻던 이들에게 가해자의 보편성을 이야기한다. 개인의 아픔을 헤집고 직시하며 생을 걸고 살아남은 자들의 이야기를 전면화함으로써 기존의 선/악, 진보/보수라는 이분법을 넘어 자유, 민주주의, 인

도3   '#미투 운동과 함께하는 시민행동' 집회 공지 포스터[25]

도4   2018년 3월 '#미투 운동과 함께 하는 시민행동' 집회 현장에 붙은 여성들의 성폭력
경험

권, 정의라는 수사에 무엇이 빠져 있는지 직시하자고 외친다. '아직도 모두를 위한 나라가 아닌' 대한민국을 변화시키고자 행동하고 있다.

그래서 대한민국의 미투 운동은 한 세기 이상 진행된 대한민국 여성 운동의 역사에서 가장 커다란 해일 중 하나가 될 것이며, 젠더 혁명을 향한 중요한 이정표를 세웠다 할 것이다. 극심한 성별 간극gender discrepancy 속에서도 그 힘을 잃지 않는 '성평등의 신화'와 '역차별'의 착시 현상에 분노하여 아래로부터 분연히 일어났기에 혁명적이다. 일상 속 성차별적 관계와 관습적 문화, 그 문화를 지탱하는 구조를 전면적으로 해체하고자 하기에 혁명적이다. 촛불 혁명의 진정한 완성을 위해 일렁이는 횃불이자, 민주주의의 내용이 무엇인지 질문하면서 성평등한 민주주의를 지향하고자 하기에 혁명적이다. 한두 명의 희생적 영웅이 이끌던 운동을 넘어, 선배들의 유제遺制를 잇되 넘어서고자 하는 이들이 각자 변혁의 책임을 진 주체로 상호 연루되길 적극 요청하는 대규모 여성 민중 봉기이기에 혁명적이다.

'남성'의 시대는 전환점을 돌았다. 여성이 열등하고 무지하고 비이성적이라던, '몸뚱이'에 불과한 도구적 존재라던, 역사상 가장 오래된 '대여성 집단 사기 사건'은 들통이 났다. 여성은 더는 속지 않을 것이며 다시는 과거로 돌아갈 수 없을 것이다. 물론 민주주의가 단선적으로 발전하지 않듯 성평등한 사회도 순차적으로 도래하지 않는다. 그럼에도 불구하고 여성은 과거를 식민화하고 현재를 착취하고 미래마저 약탈하는 팔루스Phallus 연대의 해체를 위해, 그리하여 다음 세대의 '우리'가 조금은 더 인간답게 살 수 있도록, 넘어져도 또 일어서고, 흩어져도 다시 동맹하며, 퇴각하되 곧 진격할 것이다.

이제 당신이 응답할 차례다. 봉건적 사고로 케케묵은 남성성/여성성의 옷을 벗지 못해 우리 사회 전반을 다시 퇴행시킨 장본인이 될 것인가, 더 나은 사회를 위한 디딤돌이 될 것인가. 지금 당신이 서 있는 자리가 상반된 미래에 열려 있는 중간역이라면 무엇을 폐기하고 무엇을 새로 만들 것인가. 불확실성이 만연한 장에서 부정의를 제거할 가능성에 승부수를 던질 것인가, 역전의 위험에 몸을 내맡길 것인가. 미투 혁명은 이제 시작이며, 결국 이 싸움의 끝은 '우리'가 바라는 세상과 닮아 있을 것이다. 혁명은 여전히 진행 중이며 진행 중이어야 한다.

1부 여성살해를 목격하다

1장 여성혐오와 페미사이드

1 이 글은 《문화와 사회》 제22권에 실린 「여성혐오와 젠더차별, 페미니즘: '강남역 10번 출구'를 중심으로」(이나영, 2016)를 심화·수정했다.

2 Holland, Jack., 「Misogyny: The World's Oldest Prejudice」, Carroll and Graf Publisher, 2006

3 Bitzer, Johannes., 「The Pandemic of Violence against Women: the Latest Chapter in the History of Misogyny」, 《European Journal of Contracept Reproductive Health Care》, 20, 2015, p.3

4 Bitzer, 2015: 3; Boles·Hoeveler, 2004: 217; Holland, 2006

5 윤지영, 「현실의 운용원리로서의 여성혐오: 남성공포에서 통감과 분노의 정치학으로」, 《철학연구》, 115호, 2016, 208쪽, 209쪽

6 Gupta, Monobina., 「Of misogyny and Indian politicians」, 《The Times of India》, November 1, 2012

7 Chodorow, Nancy J., 「Individualizing Gender and Sexuality」, Routledge Press, 2012

8 Chodorow, Nancy J., 「The Enemy outside: Thoughts on the Psychodynamics of Extreme Violence with Special Attention to Men and Masculinity」 pp.235~269 in J. K. Gardiner (eds.). 「Masculinity Studies and Feminist Theory: New Directions」, New York: Columbia University Press, 2002

9 이나영·허민숙, 2014: 82~83

10 더 구체적으로 래드퍼드는 「페미사이드: 여성살해의 정치학」Femicide: The Politics of Women Killing(1992)에서 이미 남성 가해자의 여성혐오적 살해 행위를 언급하며 범죄심리학의 성맹성gender-blindness을 강하게 비판한 바 있다. 그는 성 판매 여성을 대상으로 한 연쇄살인 사건을 분석하면서 여성은 범죄자뿐 아니라 경찰·법원·대중으로 인해 다시 피해자화된다고 주장한다. 이 과정에서 여성은 다시금 남성의 성적 욕구를 만족시키는 성적 대상으로 재현되고, 여성은 유혹적이며 동시에 잠재적으로 위협적이기 때문에 억압해야 한다는 담론이 지지되어 왔다고 말

한다(Radford, 1992: 240).

11 Russell, Diana E. H., 「The Origin and Importance of the Term Femicide」, 2011(2016년 5월 26일 검색 http://www.sciencespo.fr/mass-violence-war-massacre-resistance/en/document/femicide)

12 Caputi, Jane., 「Age of Sex Crime」, Popular Press, 1987

13 Josie, Kaye., 「Femicide」, 2007(2016년 5월 26일 검색 http://www.sciences-po.fr/mass-violence-war-massacre-resistance/fr/document/femicide)

14 이에 대한 구체적인 내용은 이나영(2012; 2014)을 참고

15 맥도웰, 1999/2010: 263

16 경찰청 2014; 한국형사정책연구원, 2016

17 경찰청, 「2011~2014 범죄통계」

18 대검찰청, 「2014 범죄 분석」

19 서울시, 「2018년 서울시 성인지 통계: 통계로 보는 서울 여성의 안전」, 2019 (http://opengov.seoul.go.kr/analysis)

20 장민지, 2016; 이진, 2013: 14

21 김창완·오병돈, 2019

22 예를 들어, 온라인 커뮤니티 '소라넷' 폐쇄 주도한 진선미 의원 후원금 모으기 운동, 성평등 온라인 공간 만들기를 주도하는 여성 단체와 한국여성민우회 후원하기 등이 대표적이며, 최근 '메갈리아4'가 페이스북의 부당한 삭제 처리에 항의하면서 소송 진행을 위한 모금 활동에 적극적으로 나선 것도 이러한 활동의 연장선으로 볼 수 있다. 이들의 성장 과정과 구체적인 운동 전략에 관해서는 3부 2장을 참고하길 바란다.

23 권명아, 2016: 84

24 Fraser, Nancy., 「Rethinking the Public Sphere: A Contribution to the Critique of Actually Existing Democracy」, 《Social Text》, 25(26), 1990, pp.56~80

25 맥도웰, 1999/2010: 264

2장 여성에 대한 폭력은 혐오범죄인가

1 Rothschild, Eric, 「Recognizing Another Face of Hate Crimes: Rape as a Gender-Bias Crime」, 《Maryland Journal of Contemporary Legal Issues》, 4, 1993, p.268

2 Taylor, Kristin L., 「Treating Male Violence Against Women as a Bias Crime」, 《Boston University Law Review》, 76, 1996, p.587

3   McPhail, Beverly A., 「Gender—Bias Hate Crimes」, 《Trauma, Violence, and Abuse》, 3(2), 2002, p.131

4   Pendo, Elizabeth A., 「Recognizing Violence Against Women: Gender and The Hate Crimes Statistics Act」, 《Harvard Women's Law Journal》, 17, 1994, p.166

5   Angelari, Marguerite, 「Hate Crime Statute: A Promising Tool for Fighting Violence Against Women」, 《Journal of Gender and the Law》, 2, 1994, p.99

6   ibid, p.85

7   Copeland, L.·L. R. Wolfe, 「Violence Against Women As Bias Motivated Hate Crime: Defining the Issues」, Washington DC: Center for Women Policy Studies, 1991

8   Hodge, Jessica P., 「Gendered Hate: Exploring Gender in Hate Crime Law」, 2011, p.11

9   Campo-Engelstein, Lisa, 「Rape as a Hate Crime: An Analysis of New York Law」, 《Hypatia》, 31(1), 2016, pp.97~98

10   Walters, M. A.·J. Tumath, 「Gender 'Hostility', Rape, and the Hate Crime Paradigm」, 《The Modern Law Review》, 77(4), 2014, p.571

11   Walters·Tumath, ibid, p.575

12   Walters·Tumath, ibid, p.577

13   Stark, Evan, 「Rethinking Coercive Control」, 《Violence Against Women》, 15(12), 2009

14   Gill, A. K.·Mason-Bish H., 「Addressing Violence against Women as a Form of Hate Crime: Limitations and Possibilities」, 《Feminist Review》, 105, 2013

15   Walters·Tumath, ibid, p.577

16   Angelari, ibid, p.66

17   O'Brien, L. T.·Major B., 「Group Status and Feelings of Personal Entitlement: The Roles of Social Comparison and System-Justifying Beliefs」, 「Social and Psychological Bases of Ideology and System Justification」, UK: Oxford University Press, 2009, p.427

18   O'Brien·Major, ibid, pp.429~430; Dobash, R. E. and R. P. Dobash, 「When Men Murder Women」, UK: Oxford University Press. 2015, p.34

19   Taylor, ibid, p.580

20   《경향신문》, 「경찰, "강남역 살인 사건은 정신질환자의 '묻지 마 범죄'가 맞다"」, 2016년 5월 22일

21   Angelari, ibid, p.66

22 Pendo, ibid, p.160

23 이택광, 「강남역 여성 살인 사건은 무엇인가」, 『강남역 여성 살인 사건의 원인과 대책』 자료집 발표문, 2016년 5월 26일, 21쪽

24 이유미, 「한국 여자들은 어떻게 김치녀가 되었나?」, 《오늘보다》, 제18호, 2016; 천정환, 「강남역 살인 사건부터 '메갈리아' 논쟁까지: '페미니즘 봉기'와 한국 남성성의 위기」, 《역사비평》, 제116호, 2016

25 실비아 페데리치 지음, 황성원·김민정 옮김, 『캘리번과 마녀』, 갈무리, 2011, 63쪽

26 앞의 책, 240쪽

27 앞의 책, 281쪽

28 Anderson, Kristin, 「Gendering Coercive Control」, 《Violence Against Women》, 15(12), 2009, p1449

29 Holland, Jack, 『A Brief History of Misogyny: The World's Oldest Prejudice』, London: Constable&Robinson Ltd., 2006, p.268

30 Ibid, p.270

31 Young, Iris, 「Lived Body versus Gender: Reflections on Social Structure and Subjectivity」, 『On Female Body Experience: "Throwing Like a Girl" and Other Essays』, New York: Oxford University Press, 2005, p.20

32 아이리스 영 지음, 허라금·김양희·천수정 옮김, 『정치적 책임에 관하여』, 이후, 111쪽

33 앞의 책, 118쪽

34 앞의 책, 120쪽

35 허민숙, 「살인과 젠더 불평등: 그 죽음의 가장 깊은 본질」, 『강남역 여성 살인 사건의 원인과 대책』 자료집 발표문, 2016년 5월 26일

36 Walters·Tumath, ibid, p.586

37 Chen, Katherine, ibid, p.28.

38 ibid, p.300

39 Gill·Mason-Bish, ibid, p.13

40 Chen, Katherine, ibid, p.301

41 Hodge, ibid, p.10

42 McPhail, Beverly A., ibid, p.137

43 Angelari, ibid, p.103

44 Plumm, K. M.·C. A. Terrance, 「Gender-Bias Hate Crimes: What Constitutes a Hate Crime from a Potential Juror's Perspective?」, 《Journal of Applied Social Psychology》, 43, 2013, p.1471

1   이 글은 《한국여성학》 33권 3호에 실린 「'묻지마 범죄'가 묻지 않은 것: 지식권력
    의 혐오 생산」 논문을 보완·수정했다.

2   2012년 8월 18일 경기도 의정부시 지하철 1호선 의정부역에서 B 씨(39)가 수원
    역 전철에 탑승한 뒤 바닥에 침을 뱉었고 이때 승객 A 군이 "왜 침을 뱉느냐, 경
    찰에 신고하겠다"라고 항의하자 갑자기 바지 주머니에 있던 커터 칼을 휘둘러 승
    객 여덟 명을 다치게 한 사건, 같은 해 8월 22일 여의도 국회 앞 거리에서 김모 씨
    (30)가 전 직장 동료를 칼로 찌르고 달아나던 중 지나가던 행인과 부딪치자 흉기
    를 마구 휘둘러 다치게 한 사건, 직장에서 쫓겨나기 전 동료들이 자신을 험담하는
    것을 들었고 퇴직 후 무직 상태로 지내다가 전 직장 동료들에게 복수를 해야겠다
    고 결심하고 범행을 저질렀다고 진술한 사건을 지칭한다(윤정숙 외, 2014).

3   2012년 8월 18일부터 2012년 12월 31일까지 약 4개월간 '묻지 마 칼부림', '묻지
    마 상해', '묻지 마 살인' 등 '묻지 마 범죄'와 관련한 기사는 3,182건으로 그 전후
    해인 2011년 같은 기간 135건, 2013년 362건과 비교하여 10~20배 많다(네이버
    뉴스 검색 결과, 2017년 7월 2일 검색).

4   김상균, 2006; 임재식, 2007

5   박순진, 2004

6   김진혁, 2010

7   박형민, 2012

8   대검찰청, 2013a

9   대검찰청, 2013b

10 Best, Joel, 1999

11 FBI, https://www.fbi.gov/investigate/civil-rights/hate-crimes

12 박형민, 2012

13 대검찰청, 2013a: 9

14 폐지를 줍던 가해자가 식사하러 간 식당에서 식당 주인으로부터 이틀 동안 계속
    해서 쫓겨나자 폐지를 정리할 때 쓰던 커터 칼로 식당 주인 얼굴에 상해를 입힌
    경우, 정신질환자인 가해자가 교회에서 물건을 부수다 경비에게 걸리자 자신의
    범행이 들킬까 두려워 경비를 살해한 경우, 강아지를 데리고 이웃집에 놀러 간 조
    현병 가해자가 이웃집 할머니의 욕설과 비하에 격분하여 범행한 경우 등이다.

15 물질 남용 장애도 DSM(정신질환 진단 및 통계 편람, Diagnostic and Statistical
    Manual of Mental Disorders)에서 규정하는 정신질환의 일종이다.

16 윤정숙 외, 2014; 이수정, 2013

17 Brownmiller, Susan, 2005.

18 대검찰청, 2015

19 윤정숙 외, 2014

20 경찰청, 2016;《한겨레21》, 2016년 5월 31일에서 재인용

21 대검찰청, 2015

22 대검찰청, 2013a

23 박지선, 2016

24 유진, 2018

25 Gelles, Richard J.·Murray A. Straus, 1979

26 Rounsaville, Bruce J., 1978

27 김재엽, 1997

28 〈SBS CNBC〉, 2016년 5월 24일;《뉴시스》, 2016년 5월 23일

29 Belknap, Joel, 2001

30 서울시 여성가족재단, 2016

31 Daum 뉴스 검색 결과(2019년 8월 14일 검색)

4장 페미사이드, '여자라서' 죽은 이들에 관하여

1 배은경, 「연쇄살인 사건과 영화」,《사회와역사》, 2010, 115~148쪽

2 Russell, D. E. H.·Jill Radford, 『Femicide: The Politics of Woman Killing』, Twayne Puplishers, 1992

3 Russell, D. E. H.·Roberta A. Harmes., 『Femicide in Global Perspective』, New York: Teachers College Press, 2001

4 http://femicide-watch.org/topic/definitions-femicide

5 https://eu.boell.org/sites/default/files/feminicide_a_global_phenomenon.pdf

6 Wolfgang, M. E., 『Patterns in Criminal Homicide』, University of Pennsylvania, 1958

7 「2016년 분노의 게이지: 친밀한 관계에 있는 남성에게 살해당한 여성 통계 분석」 (https://hotline.or.kr:41759/board_statistics/31000)

8 경찰청, 「범죄통계」 재구성, 교통사고·과실치사상·실화 제외

9 Russell, D. E. H.·Roberta A. Harmes., 『Femicide in Global Perspective』, New York: Teachers College Press, 2001

10 울산지방법원 2012고합404

11 Luckenbill, D. F., 「Criminal homicide as a situated transaction」,《Social Problems》, 25(2), 1977, pp.176~186

12 Cohen, D. V., 「Ethics and crime in business firms: Organizational culture

and the impact of anomie」, F. Adler·W. S. Laufer(eds.), 『The legacy of anomie theory』, New Brunswick, NJ: Transaction, 1955; Mullins, C., 『Holding Your Square: Masculinities, Streetlife, and Violence』, Portland, OR: Willan, 2006

13 Messerschmidt, J. W., 『Masculinities and crime: Critique and reconceptualization of theory』, Totowa, NJ: Rowman&Littlefeild, 1993

14 Campbell, J. C., 『Risk factors for homicide in violent intimate relationships』, Washington, DC: National Institute for Health Funded Research, 1996; DeKeseredy, W. S.·Schwartz, M. D., 『Dangerous exits: Escaping abusive relationships in rural America』, New Brunswick, NJ: Rutgers University Press, 2009

15 대검찰청, 「보복범죄의 원인 및 분석을 통한 피해자 신변보호 강화 방안 연구」, 2017

16 전주지방법원 정읍지원 2013고합21

17 Britton, D. M., 『The Gender of Crime』, Lanham, Md: Rowman&Littlefield, 2011

18 손지선·이수정, 「가족살해 가해자의 특성과 양형 요인에 대한 연구」, 《한국심리학지: 사회 및 성격》, 21(1), 2007, pp.1~17

19 Dawson, M., 「Punishing femicide: Criminal justice responses to the killing of women over four decades」, 《Current Sociology》, 64(7), 2016, pp.996~1016; Rapaport. E., 「The death penalty and the domestic discount」, 『The Public Nature of Private Violence: The Discovery of Domestic Abuse』, New York: Routledge, 1994

20 Carlen, P., 『Women's imprisonment: A study in Social Control』, London: Routledge, 1983

21 마사 너스바움 지음, 조계원 옮김, 『혐오와 수치심』, 민음사, 2004

22 우에노 지즈코 지음, 나일등 옮김, 『여성혐오를 혐오한다』, 은행나무, 2010

23 청주지방법원 제천지원 2009고합19

24 제주지방법원 20123고합69

25 수원지방법원 성남지원 2005고합137

26 수원지방법원 안산지원 2009고합44

27 Matza, David, 『Delinquency and drift』, New York: Wiley, 1964

28 수원지방법원 2012고합290

29 Herman, Dianne F., 「The Rape Culture」, 『Seeing Ourselves: Classic, Contemporary, and Cross-Cultural Readings in Sociology』, edited by John L

Macionis·Nijole V. Benokraitis, Upper Saddle River, NJ: Prentice Hall, 1998, pp.45~53

30 서울중앙지방법원 2014고합401

31 대구지방법원 서부지원 2011고합93

32 광주지방법원 2009고합271

33 허민숙, 「젠더폭력과 혐오범죄」, 《한국여성학》, 33(2), 2017

34 Kelly, L., Hanmer·Maynard eds., 『Women, Violence and Social control』, London: Macmillan, 1987

35 최강식·정진화, 「성별 소득격차의 분해: 자영업과 임금근로의 비교」, 《경제학연구》, 55(4), 2007, 217~241쪽

36 문유경, 「여성 자영업자의 특성과 취업력」, 《한국인구학》, 25(2), 2002, 69~105쪽

37 수원지방법원 2011고합565

38 서울북부지방법원 2012고합9

39 서울고등법원 2007노2064

40 서울중앙지방법원 2011고합1099

41 대구지방법원 영덕지원 2014고합1

42 서울동부지방법원 2015고합84

43 인천지방법원 2015고합457

44 대구지방법원 2015고합99

45 대전지방법원 2014고합134

46 인천지방법원 2016고합18

47 서울동부지방법원 2015고합84

48 인천지방법원 2015고합457

49 정성국 외, 「한국의 존속살해와 자식살해 분석」, 《Korean J Leg Med》, 38, 2014, 66~72쪽

50 R. W. 코넬 지음, 안상욱·현민 옮김, 『남성성/들』, 이매진, 2013

1장 여성의 이야기는 어디로 갔는가

1 이 글은 2017년 9월에 《씨네21》에 기고한 「비윤리적 재현 관습적 여성폭력 연출, '장르'가 핑계로 쓰여서는 안 된다」를 심화·확장했다.

2 Teresa de Lauretis, 「Strategies of Coherence: Narrative Cinema, Feminist Poetics, and Yvonne Rainer」, 『Technologies of Gender』, Macmillan Press, 1987, p.107

3 이에 관해서는 "손희정, 「페미니즘 리부트」, 『페미니즘 리부트』, 나무연필, 2017" 참고.

4 미디어에서 남성이 과대 재현되고 여성이 상징적으로 소멸되는 현상과 그 개념에 대해서는 "Tuchman, Gaye, 『Making News』, Free Press, 1978" 참고.

5 IMF 이후 한국 영화에서 여성이 사라지고 오직 공포 영화에서만 여성 주인공을 만날 수 있었던 상황에 대해서는 "손희정, 「한국의 근대성과 모성재현의 문제: 포스트 뉴 웨이브의 공포영화를 중심으로」 중앙대학교 첨단영상대학원 석사 학위 청구 논문, 2005" 참고.

6 여성을 문제적인 존재, 불완전한 존재, 그리하여 소외된 존재로 그리려고 여성에게 정신장애나 신체장애를 부여하는 관습은 흔하고 또 오래되었다. 여기에는 남성 중심 사회의 여성혐오와 비장애인 중심 사회의 장애인혐오가 함께 작동하는 셈이다.

7 1950년대 할리우드에서 작업한 멜로드라마로 널리 알려진 감독 더글러스 서크Douglas Sirk의 말이다. 대표작으로는 〈천국이 허락한 모든 것〉All That Heaven Allows(1955), 〈바람에 쓴 편지〉Written on the Wind(1957), 〈사랑할 때와 죽을 때〉A Time to Love and a Time to Die(1959) 등이 있다.

8 2018년 한국에서는 이 '안경 쓴 여자'의 이미지를 둘러싸고 흥미로운 사건이 하나 터졌다. 2018년 전국동시지방선거에서 서울시장 후보로 출마한 녹색당 신지예 후보의 벽보 사건이다. 선거 포스터에서 신지예 후보는 안경을 쓰고 살짝 미소를 띤 얼굴로 등장하는데, 이 벽보는 서울 30여 곳에서 훼손당했다. 특히 미투 운동 등에서 진보적인 목소리를 낸 한 남성 변호사가 "시건방지고 오시한 눈빛" 등의 평가를 SNS에 올리면서 이 이미지는 화제의 중심에 섰다. 포스터를 디자인한 박철희·박지성 디자이너는 신지예 후보의 안경 착용 이미지에 대해 "당당한 느낌이 들도록 의도했다"라고 밝히고 "지난 평창 동계올림픽 당시 컬링 김은정 선수가 '안경 선배'라는 별명으로 인기를 끌었다. 여성 아나운서도 뉴스에 안경을 처음 쓰고 나와 이슈가 되지 않았나. 남성은 안경을 쓰는 것에 아무런 제약이 없고

오히려 전문적이라는 이미지를 가져가는데, 여성에게는 렌즈를 권하고 안경을 쓰면 이슈가 되는 게 현실"이라며 "안경을 쓴 후보의 모습이 더 당당하게 보였고 의미 있게 다가왔다"라고 덧붙였다.[《경향신문》, 「'시건방? 당당함!' 페미니스트 후보의 녹색 포스터 속 메시지」, 2018년 6월 7일(2018년 6월 17일 검색 http://news.khan.co.kr/kh_news/khan_art_view.html?artid=201806071441001&code=940100)]

9 전고운 감독이 어떻게 '담배 피우는 여자의 도상'을 전복시켰는가에 대해서는 "한국여성노동자회 팟캐스트 〈을들의 당나귀 귀〉 2018년 7월 5일 방송분 〈전고운 감독을 만나다〉 편"을 참고.

10 이 인터뷰는 최재원 대표가 《경향신문》과 함께한 인터뷰인데, 현재 온라인에서는 검색되지 않는다. 관련해서는 이 인터뷰를 인용한 다른 기사를 참고하시기 바란다[《쿠키뉴스》, 「〈한국 영화의 여성혐오②〉 '프로불편러', 불편 감내하지 않는 관객들을 조롱 말라」, 2017년 10월 6일(2018년 6월 17일 검색 http://www.kukinews.com/news/article.html?no=487658)].

11 파퓰러 페미니즘은 대중문화로부터 의식화 과정을 겪어서 대중문화와 긴밀한 관계 속에서 페미니즘의 의제를 발전시킨 페미니즘을 의미한다. 이에 관해서는 "손희정, 「젠더戰과 '퓨리오숙'들의 탄생: 2010년대 중반, 파퓰러 페미니즘에 대한 소고」, 『페미니즘 리부트』, 나무연필, 2017" 참고.

12 디즈니 애니메이션에서 드러나는 '디즈니 페미니즘'에 대해서는 영화학자이자 겸 대중문화 평론가 조혜영 출연한 "〈을들의 당나귀 귀〉 2016년 8월 22일 방송분 〈Girls Do Not Need a Prince, 디즈니 페미니즘〉 편"을 참고.

13 미셸 푸코 지음, 이규현 옮김, 『성의 역사-제 1권 지식의 의지』, 나남출판, 2010

14 이와 관련해서는 "영화진흥위원회, 『소수자 영화정책 연구: 성평등 영화정책을 중심으로』, 영화진흥위원회, 2018; 서울국제여성영화제, 『영화산업 성평등을 위한 정책과 전략들』 포럼 자료집, 2018" 등 참고.

2장 하나의 사건을 보는 두 가지 시선

1 이 글은 《언론정보학보》 83호에 발표한 「젠더화된 폭력에 대한 뉴스 보도: 4개 언론사(《조선일보》, 《동아일보》, 《한겨레》, 《경향신문》)의 강남역 여성 살인 사건 보도를 중심으로」(홍지아, 2017)를 보완·수정했다.

2 Berger·Luckmann, 『The Social Construction of Reality』, Anchor Books, 1966

3 Halim, S.·Meyers, M., 「News coverage of violence against muslim women: A view from the Arabian Gulf」, 《Culture&Critique》, 3, Communications, 2010, pp.85~104

4   Carter, 「When the 'extraordinary' becomes 'ordinary': Everyday news of sexual violence」, 『News, Gender and Power』, London, Routledge, 2002, pp.219~232; Meyers, 『News coverage of violence against women: Engendering blame』, CA: Sage, 1997

5   Nikunen, 「Murder-suicide in the news: Doing the routine and the drama」, 《European Journal of Cultural Studies》, 14(1), 2011, pp.81~101

6   김은경·이나영, 「성폭력, 누구에 대한 어떤 공포인가」, 《미디어, 젠더&문화》, 30권 2호, 2015, 5~38쪽; 최현주, 사이코패스 범죄보도의 젠더 담론, 《사회과학연구》, 21권 1호, 2010, 169~190쪽; 홍지아, 「신문기사 프레임 분석을 통해 본 성폭력의 의미 구성: 중앙일보와 한겨레의 보도를 중심으로」, 『한국방송학보》, 23권 5호, 2009, 458~498쪽; McDonald, P.·Charlesworth, S., 「Framing sexual harassment through media representations」, 《Women's Studies International Forum》, 37, 2013, pp.95~103

7   Carter, C., 「When the 'extraordinary' becomes 'ordinary': Everyday news of sexual violence」, 『News, Gender and Power』, London: Routledge, 2002, pp.219~232; Taylor, R., 「Slain and slandered a content analysis of the portrayal of femicide in crime news」, 《Homicide Studies》, 13(1), 2009, pp.21~49

8   Hanmer, J.·Maynard, M., 「Introduction: Violence and gender stratification」 In J. Hanmer·M. Maynard (Eds.), 『Women, violence and social control』, Atlantic Highlands, NJ: Humanities Press International, 1987, pp.1~12; Kleeman, J. K., 「Victims and the media: A semiotic analysis of hate crime reporting and the media」, 《The American Journal of Semiotics》, 17(4), 2008, pp.247~267; 권인숙·이건정, 「여성의 성폭력 두려움에 대한 연구」, 《한국여성학》, 29권 3호, 2013, 181~218쪽

9   기사의 제목은 다음과 같다. 「엿보고 찍고 덮치고… 잠금장치 없는 공포의 공용 화장실」(2016년 5월 19일); 「강남역 10번 출구 화장실 묻지 마 살인 희생자 추모 물결」(2016년 5월 20일); 「강남역 화장실 살인으로 본 조현병 환자 관리」(2016년 5월 23일); 「경찰, 범죄우려 정신질환자 72시간 내 강제입원」(2016년 5월 24일); 「강남 묻지 마 살인, 희생자 오빠의 분노」(2016년 5월 24일)

10   기사의 제목은 다음과 같다. 「강남역 뒤덮은 추모 포스트잇 5000장」(2016년 5월 20일); 「전국으로 번진 강남역 추모 포스트잇」(2016년 5월 21일); 「조현병, 1년에 주사 4회 맞으면 정상생활 가능」(2016년 6월 1일); 「묻지 마 범죄자에 묻고 싶다, 길 가는 사람에게 왜?」(2016년 6월 3일)

11   기사의 제목은 다음과 같다. 「여자라서 두렵다… 분노 넘어 절규"(2016년 5월 20일);

「혐오방조에 분노한 시민」(2016년 5월 21일); 「예뻐야 해, 여자박사 성격 나빠. 일상화된 편견과 멸시」(2016년 5월 24일); 「여성차별의 구조적 문제, 사회가 응답해야」(2016년 5월 26일)

12   기사의 제목은 다음과 같다. 「여성이란 이유로⋯ 묻지 마 살인 아닌 여혐살인」(2016년 5월 19일); 「"나도 피해자" 또래 여성들 공감·분노 폭발」(2016년 5월 21일); 「여혐 항의 발언에 조롱·위협하는 사회, 정상 아니다」(2016년 5월 23일); 「지금 SNS에선 #살아남았다」(2016년 5월 23일); 「일상적 폭력에 슬픔 대신 저항을 택하다」(2016년 5월 25일); 「"함께" 행동하는 여성들⋯ '시민 주도형' 여혐 근절 운동 불붙어」(2016년 5월 26일); 「거울에 비친 당신도 여성혐오 피해자 될 수 있다」(2016년 5월 27일); 「여혐 반대 이끄는 두 지원씨 평등한 사회가 가장 안전」(2016년 6월 3일)

13   「나는 살아남았다, 이제 행동하겠다」(2016년 5월 24일)

14   「남성들은 여혐 두고 공감, 반감 엇갈려」(2016년 5월 23일)

15   기사의 제목은 다음과 같다. 「나도⋯ 우연히 살아남았다」(2016년 5월 20일); 「"너무나 오싹했지" 꾹꾹 눌렀던 경험 털어놓다⋯ 옆집 여성들의 필리버스터」(2016년 5월 21일); 「여성에게 조심을 강요하는 이 사회에 화가 난다」(2016년 5월 21일); 「"나도 잠재적 가해자입니다" 스스로를 돌아보는 남성들」(2016년 5월 23일); 「가부장적 억압 덜 받았던 2030여성 분노 더 큰 이유는」(2016년 5월 24일); 「엉만튀, 슴만튀, 바바리맨⋯ 길거리 괴롭힘 대처법은?」(2016년 10월 28일)

16   기사의 제목은 다음과 같다. 「"여성 살해, 사회가 답해야"⋯ 강남역 '포스트잇 추모 물결'」(2016년 5월 19일); 「추모로 끝나선 안 돼, 공론화 필요 느껴」(2016년 5월 21일); 「○○녀 만드는 언론도 가해자다」(2016년 5월 23일); 「여성혐오, 왜 김 씨 망상에 자리 잡았는지 사회 맥락 살펴야」(2016년 5월 23일); 「차별에 뿌리를 둔 여혐 수면 위로」(5월 24일); 「여성혐오 침묵 깼으니 끝까지 갔으면 좋겠다」(2016년 5월 28일); 「페미니즘은 선택이 아니라 생존의 문제예요」(2016년 10월 15일)

17   기사의 제목은 다음과 같다. 「"여성 공격 말라" 호소마저, 마스크 쓰고 외쳐야 한다니」(2016년 5월 23일); 「여성 '무시'에서 '적대'로⋯ SNS와 결합해 공격성 증폭」(2016년 5월 24일); 「"나는 군대 가고 취업도 힘든데⋯" 비뚤어진 표적」(2016년 5월 25일); 「강남역 추모행동 참여 여성들, 사이버 성희롱에 법적 대응」(2016년 7월 28일)

3장 '좋아요'가 만드는 '싫어요'의 세계

1   이 글은 "김수아·김세은 지음, 「'좋아요'가 만드는 '싫어요'의 세계」, 《미디어, 젠더&문화》, 한국여성커뮤니케이션학회, 31(2), 2016"을 수정했다.

2   Del Vicario, M.·Vivaldo, G., Bessi, A.·Zollo, F., Scala, A.·Caldarelli, G.·Quattrociocchi, W., 「Echo chambers: Emotional contagion and group polarization on facebook」, 『Scientific reports』, 6, Springer, 2016

3   마사 누스바움 외 지음, 김상현 옮김, 「대상화와 인터넷상의 여성 혐오」(마사 누스바움), 『불편한 인터넷』, 에이콘, 2011, 117~146쪽

4   Nussbaum, 2011/2012, 118쪽

5   Nussbaum, 2011/2012, 124쪽

6   누스바움(2011/2012, 119~121쪽)은 대상화 방식을 다음 열 가지로 분류하고 있다. 도구성, 자율성 거부, 비활성inertness, 대체 가능성fungibility, 가침성violability, 소유권, 주체성 거부, 신체로의 축소, 외모로의 축소, 침묵시키기.

7   Nussbaum, 2011/2012, 136쪽

8   Nussbaum, 2011/2012

9   주창윤, 「젠더 호명과 경계 짓기」, 『한국 사회의 소통 위기: 진단과 전망 특별세미나 자료집』, 한국언론학회, 2011년 5월, 299~314쪽

10   홍찬숙, 「개인화와 '젠더사회': 개인화 시대의 사회불평등 양상」, 《한국사회학》, 47권 1호, 한국사회학회, 2013, 255~276쪽

11   주경희·최지은·이성규, 「인터넷 댓글문화에서 플레이밍 행동에 영향을 미치는 요인에 관한 연구」, 《문화산업연구》, 13권 2호, 한국문화산업학회, 2013, 47~57쪽

12   Spears, R.·Postmes, T.·Lea, M.·Wolbert, A., 「The power of influence and the influence of power in virtual groups: A SIDE look at CMC and the Internet」, 《The Journal of Social Issues》, 58, SPSSI, 2002, pp.91~108

13   한세억, 『정보편식과 생산적 정보활용 교육방안』, 한국정보문화진흥원, 2009, 30쪽

14   Andrejevic, M., 「The Work That Affective Economics Does」, 『Cultural Studies』, 25(4-5), Routledge, 2012, p.615

15   윤보라·임옥희·정희진·시우·루인·나라, 「김치녀와 벌거벗은 임금님들」(윤보라), 『여성혐오가 어쨌다구?』, 현실문화, 2015, 9~46쪽

16   엄진, 「전략적 여성혐오와 그 모순: 인터넷 커뮤니티 '일간베스트저장소'의 게시물 분석을 중심으로」, 이화여자대학교 여성학과 석사 학위 논문, 2015

17   페이지 관리자 게시물, 2015년 4월 22일 게시(현재 삭제되어 볼 수 없음)

18   Michel, F., 「L'ordre du discours」, Paris: Gallimard, 1971(이정우 옮김, 『담론의 질서』, 새길, 1993)

19   이재경, 「한국사회 젠더 갈등과 '사회 통합'」, 《저스티스》, 134권 2호, 한국법학원, 2013, 94~109쪽

20   백영경, 「성적 시민권의 부재와 사회적 고통: 한국의 낙태 논쟁에서 여성 경험의

재현과 전문성의 정치 문제」,《아시아여성연구》, 52권 2호, 숙명여대아시아여성
연구소, 2013, 43~71쪽

21 배은경, 「'청년 세대' 담론의 젠더화를 위한 시론: 남성성 개념을 중심으로」,《젠더
와 문화》, 8권 1호, 계명대여성연구소, 2015, 7~41쪽

22 이정희, 「근대과학에서 시각적 재현의 의미」,《철학논총》, 55집, 새한철학회,
2009, 299~322쪽

23 Gaut, B., 「Just joking: the ethics and aesthetics of humor」,『Philosophy and
Literature』, 22, JHU Press, 1998, pp.51~68

24 《조선일보》, 「갈수록 심각해지는 '데이트 폭력'… 여성 절반이 피해 경험」, 2016년
3월 20일(http://news.chosun.com/site/data/html_dir/2016/03/20/2016032
000589.html)

4장 그 남자는 왜 어른이 되지 못했을까

1 《한겨레》, 「"성폭력될라" 말도 행동도 조심, '미투'가 바꾼 일상」, 2018년 3월 8일
2 《아시아경제》, 「'82년생 김지영'이 뭐길래」, 2018년 3월 31일
3 수전 팔루디 지음, 황성원 옮김,『백래시』, 아르테, 2017, 47~48쪽
4 오찬호,『그 남자는 왜 이상해졌을까?』, 동양북스, 2016, 115쪽
5 김대현 외 지음, 연세대학교 젠더연구소 엮음, 「'남자다움'의 안과 밖」(김대현),
『그런 남자는 없다』, 오월의봄, 2017, 105쪽

3부 여성살해에 맞서다

1장 스피크 아웃, 한국 반성폭력 운동의 외침

1 각 사건의 좀 더 상세한 내용과 시대적 배경은 "한국정신대문제대책위,『강제로
끌려간 조선인 군위안부들』증언집, 한울아카데미, 1996", "한국여성의전화 엮음,
『한국여성인권운동사』, 한울아카데미, 1999", "한국여성의전화연합 기획, 민경자
엮음,『여자, 길을 내다』, 한울아카데미, 2009", "한국성폭력상담소 엮음,『성폭력
뒤집기』, 이매진, 2011", "한국여성단체연합,『한국여성단체연합 30년의 역사: 폭
력을 넘어 빈곤을 넘어 성평등의 세상으로』, 당대, 2017"을 참고
2 출처: 한국성폭력상담소
3 출처: 한국성폭력상담소
4 한국성폭력상담소,『한국성폭력상담소 2017년 상담통계』, 한국성폭력상담소,

2018

5　김보화·허민숙·김미순·장주리, 『성폭력 피해 상담 분석 및 피해자 지원방안 연구』, 여성가족부, 2018

6　적극적 합의란 성적 행위에 참여하는 것을 자발적으로 혹은 자유롭게 동의한 데에 있어서 드러나는 공통 요소를 말한다. 항변하거나 저항하지 않았다고 해서 합의가 이루어졌다고 볼 수 없다. 성적 행위에 대한 동의는 의식적으로 이루어지거나, 동의했다는 자각하에 이루어져야 한다. 적극적 합의란 성적 행위에 참여하는 것에 대한 적극적이고, 의식적이며, 자발적인 동의다. 성행위에 관여한 모든 사람은 그 또는 그녀가 상대방과 성적 행위에 대한 적극적 합의를 이루었다는 것을 보장해야 할 의무가 있다(캐나다 온타리오 법원 2016년 7월 21일 선고, 2016INCJ448 판결 중 일부, 한국성폭력상담소 홈페이지 자료실).

7　이 글에서 성폭력 역고소란 "성폭력 피해자가 성폭력을 고소한 후 가해자 및 검사가 피해자를 무고, 위증 등으로 고소·기소하거나, 성폭력 피해 사실을 알린 것에 대하여 가해자 및 가해자 주변인이 피해자 및 피해자 주변인 등을 명예훼손, 모욕 등으로 고소하거나 이들에게 민사상 손해 배상 청구 소송을 제기하는 것"을 말한다. "김보화 외, 『성폭력 피해 상담 분석 및 피해자 지원방안 연구』, 여성가족부, 2018" 참고. 형법에 근거한 대표적인 고소 유형으로는 무고죄(형법 제156조), 명예훼손죄(형법 제307조), 출판물에 의한 명예훼손(형법 제309조), 위증죄(형법 제152조), 협박죄(형법 제283조), 모욕죄(형법 제311조), 공갈죄(형법 제350조), 강요죄(형법 제324조) 등이 있다. 그 외에도 온라인 등에 사실을 알린 경우 사이버 명예훼손(정보통신망 이용 촉진 및 정보 보호 등에 관한 법률 제70조)이나 민사상 손해 배상 청구 소송(민법 제390조, 제750~766조)으로 역고소하기도 한다.

8　김보화, 「부추겨지는 성폭력 역고소와 가해자 연대」, 《여성학 논집》, 제35권 2호, 한국여성연구원, 2018, 113~153쪽

9　한국성폭력상담소 부설 연구소 울림, 「한국성폭력상담소 성폭력 역고소 상담일지 분석: 5년간 상담통계와 1년간 상담사례를 중심으로」, 《반성폭력 이슈 리포트》, 12호, 2018, 31쪽

10　《동아일보》, 「〈토요판 커버스토리〉 그래도 나는 하지 않았다」, 2013년 9월 14일(http://news.donga.com/3/all/20130914/57653677/1); 〈MBN 뉴스초점〉, 「사람 죽이는 무고죄」, 2017년 12월 7일(http://www.mbn.co.kr/pages/vod/programView.mbn?bcastSeqNo=1171328); 《서울신문》, 「박유천 이어 이진욱까지 무고죄 역고소… 진술 번복 왜 판치나」, 2016년 7월 28일(http://www.seoul.co.kr/news/newsView.php?id=20160729010020#csidx622600fffdc5e7bb5752b3a2108228b)

11　2017년 한국성폭력상담소 부설 연구소 울림과 한국사이버성폭력대응센터는 「사

이버성폭력 피해자 지원을 위한 안내서』를 발간하면서, 사이버 성폭력이란 "카메라 등의 매체를 이용하여 상대의 동의 없이 신체를 촬영하여 유포·유포 협박·저장·전시하거나 사이버 공간, 미디어, SNS 등에서의 성적 괴롭힘을 의미하며, 젠더에 기반을 둔 폭력이다. 디지털 성폭력, 온라인/인터넷 기반 성폭력, 성적 이미지 조작/착취 성폭력, 온라인 기반 성매매, 온라인상의 성적 괴롭힘 등이 포함되며, 행위를 매개하는 기술적 의미와 피해 발생 공간의 의미를 담고 있다"라고 정의했다.

12 대검찰청 「2018년 범죄 분석」에 따르면, '카메라등이용촬영죄'는 2008년 전체 성폭력범죄에서 차지하는 비중이 3.6% 수준이었으나 이후 지속적으로 증가하여 2015년까지 24.9%의 비중을 보였고, 2016년 17.9%로 축소되었다가 2017년에는 20.2%로 증가했다.

13 《오마이뉴스》, 「'불편한 용기' 마지막 시위… "이 싸움의 승자는 우리"」, 2018년 12월 23일(http://www.ohmynews.com/NWS_Web/View/at_pg.aspx?CNTN_CD=A0002498128)

14 한국성폭력상담소 부설 연구소 울림, 「디지털 성폭력에 맞서다: 2015~2016년 상담일지 분석」, 《반성폭력 이슈리포트》, 11호, 2017, 37쪽

15 〈JTBC〉, 「〈소셜 라이브〉 성범죄를 놀이처럼… '추악한 단톡방' 조명한 스포트라이트」, 2019년 04월 24일(http://news.jtbc.joins.com/article/article.aspx?news_id=NB11805543)

16 《오마이뉴스》, 「양진호 사태, '웹하드 카르텔' 문제」, 2018년 11월 6일(http://www.ohmynews.com/NWS_Web/View/at_pg.aspx?CNTN_CD=A000248532 7&CMPT_CD=P0010&utm_source=naver&utm_medium=newsearch&utm_campaign=naver_news)

17 최란, 「'이미지 착취' 성폭력 실태와 판단기준에 대한 여성학적 고찰」, 성공회대학교 실천여성학과 석사 학위 논문, 2017 참고.

18 「UN 여성에 대한 모든 형태의 차별 철폐에 관한 협약」Committee on the Elimination of Discrimination against Women(2017) 일반권고 19호를 업데이트하는 35조 여성에 대한 젠더에 기반을 둔 폭력Gender-based violence against women은 가정, 커뮤니티, 공공장소, 직장, 여가, 정치, 스포츠, 보건 서비스, 교육 환경, 그리고 온라인에서 현대적 형태의 폭력과 같은 기술 매개의 환경technology-mediated environment을 통해 재정의된 공적·사적 영역을 포함하여 인간 상호작용의 모든 장소와 영역에서 일어난다. 이것은 차별의 일부이며, 위원회는 여성에 대한 젠더에 기반을 둔 폭력이 여성보다 우월한 남성의 권리와 특권 이념, 남성성에 대한 사회적 규범, 남성의 지배와 힘을 행사하고 성적 역할을 강요할 필요성, 허용될 수 없는 여성의 행동이라고 간주되는 것을 막거나 단념하게 할 필요성과 같은 성 관련 요소를 근간에 두고 있다고 본다.

19 김형경 지음, 문학동네, 1995
20 박서원 지음, 동아일보사, 1998
21 이후 친부에 의한 성폭력 피해 생존자의 수기인 『눈물도 빛을 만나면 반짝인다』(은수연, 이매진, 2012)나 피해 생존자들의 집단적 치유 과정을 그린 다큐멘터리인 〈버라이어티 생존 토크쇼〉(조세영 감독, 2009), 〈놈에게 복수하는 법〉(아오리 감독, 2010), 〈잔인한 나의 홈〉(아오리 감독, 2013) 등도 제작되었다.
22 한국성폭력상담소 엮음, 『성폭력 뒤집기』, 이매진, 2011, 278쪽
23 한국성폭력상담소 홈페이지(http://sistersextra.cafe24.com/speakout/). 생존자라는 용어는 현재는 생존자, 피해자, 경험자, 당사자 등 상황에 따라 다양한 용어로 부르고 있다.
24 한국성폭력상담소, 앞의 책, 2011, 274~287쪽
25 'PEACE OVER VIOLENCE'는 미국 LA에 위치한 여성 운동 단체로 "폭력은 예방할 수 있다"라는 기조 아래 성폭력, 가정폭력 등 여성에 대한 폭력에 저항하는 활동을 하고 있다. 홈페이지(https://www.peaceoverviolence.org) 참고.
26 앨렌 스노틀랜드 지음, 한국성폭력상담소 부설 연구소 울림 옮김, 『미녀, 야수에 맞서다』, 사회평론아카데미, 2016
27 한국성폭력상담소는 2009년에는 『여성주의 자기방어 훈련을 위한 가이드: 실전처럼 연습하고, 연습처럼 대응하라!』를, 2014년에는 『여성주의 자기방어 훈련 매뉴얼: 난다 뛴다 다른 몸』을 발간했다. 부설 연구소에서는 2016년 『미녀, 야수에 맞서다』Beauty bites beast 번역서를 발간하여, 여성의 몸은 취약한 것이 아니라 충분히 위협적일 수 있으며 여성을 향한 폭력에 맞서 싸움으로써 대담함·용기·분노를 이용해 세상의 균형을 다시 찾아야 한다는 지은이의 메시지를 한국 독자와 공유하고자 했다.
28 《일다》, 「밤길 위협하는 남자들, 일찍 들어가!」, 2004년 8월 16일(http://www.ildaro.com/1652) 참고.
29 정국, 『섹슈얼 트라우마』, 블루닷, 2012

2장 그날 이후의 페미니즘

1   이 시는 문정희의 시집 『오라, 거짓 사랑아』(민음사, 2001)에 수록되어 있다.
2   포스트/강남역 주체의 탄생에 대해서는 정용림·이나영(2018)의 논문 참고. 정용림·이나영, 「'포스트/강남역'-성차별적 사회에 대한 집단적 저항과 페미니스트 주체(재)구성의 가능성」, 『페미니즘 연구』 18(1), 한국여성연구소, 2018, 181~228쪽
3   http://www.goham20.com/47731/(2018년 8월 1일 검색)
4   〈TV조선〉 「"더 못 죽여 아쉽다" 제2의 유영철 꿈꾼 20대 기소」, 2014년 4월

10일(2018년 8월 10일 검색, http://news.tvchosun.com/site/data/html_dir/2014/04/10/2014041090337.html?BRtvcs)

5   한국여성의전화, 「2017년 분노의 게이지 분석 보고서」, 한국여성의전화, 2017. 이 숫자는 언론에 보도된 사건을 토대로 집계한 것으로 보도되지 않은 사건을 포함한다면 그 숫자는 더욱 늘어날 수 있다. 연도별 '분노의 게이지' 관련 자료는 여성 인권 아카이브 페이지(http://herstory.xyz/exhibits/show/angry/2009)에서 확인할 수 있다.

6   Carole Pateman, 『The Sexual Contract』, Stanford University Press, 1989(이충훈·유영근 옮김, 『남과 여, 은폐된 성적계약』, 이후, 2001, 18쪽)

7   Carole Pateman, 『The Disorder of Women: Democracy, Feminism, and Political Theory』, Stanford University Press, 1991(이평화·이성민 옮김, 『여자들의 무질서』, 도서출판b, 2018, 33~34쪽)

8   한국여성의전화 제공 사진

9   한국여성의전화 제공 사진

10   2012년 발생한 이 사건에서 피해 여성은 범인이 화장실에 간 사이 112에 구조를 요청했지만, 경찰은 장난전화를 의심했고 피해자의 처절한 비명을 들으면서도 '아는 사람인데, 남자 목소리가 들리는데, 부부 싸움 같은데'라며 안이하게 대처하여 결국 피해 여성이 사망했다. 경찰은 달라질 것을 약속했으나 두 달 후 한 여성의 구조 요청을 무시하여 110시간 동안 남편에게서 감금·폭행을 당하는 사건이 또 발생했다. 이번에도 피해 여성이 가해자가 화장실에 간 틈을 타 112에 구조를 요청했고 신고 사실을 들킬 것을 우려해서 112 통화 기록을 전화기에서 삭제했는데, 14분 후 경찰이 다시 전화를 걸어 허위 신고 여부를 가해 남편에게 확인하는 사태가 벌어졌다. 경찰은 가해자에게 "여자 분이 맞고 있다고 신고해 확인차 연락했다"라고 물었고 가해자인 남편은 "신고한 일 없다"라고 답했으며, 이에 경찰은 "예, 알겠습니다"라며 전화를 끊었다. 그 순간을 피해자는 "식은땀이 쭉 흐르면서 가슴이 내려앉았다"라고 증언한다(《한겨레》, 「'오원춘처럼 해주마' 경찰신고 후 110시간 당했다」, 2012년 6월 24일). 이 사건으로 여성 단체들은 경찰청에 항의 서한을 전달했다.

11   Zygmunt Bauman, 『Modernity and the Holocaust』, Cornell University Press, 2001(정일준 옮김, 『현대성과 홀로코스트』, 새물결, 2013, 166쪽)

12   《뉴시스》, 2017년 8월 6일

13   '가정폭력범죄의 처벌 등에 관한 특례법'의 목적 조항은 1997년 제정 당시 '가정폭력범죄로 파괴된 가정의 평화와 안정을 회복하고 건강한 가정을 육성함을 목적으로 한다'라고 명시했다. 여성 단체는 처벌법의 목적이 가정 보호일 때 이것은 가정폭력 문제의 무엇도 해결할 수 없다고 비판해 왔다. 가정의 보호라는 목적 조

항은 가정폭력 가해자를 적절히 처벌하지 못하고, 피해자의 인권도 제대로 보장하지 못해서 결국에는 '폭력 가정의 보호'로 이어져 왔기 때문이다. 실제로 가정폭력은 가해자를 '행위자'로 부르는 유일한 범죄이며, 가정의 보호라는 명목하에 칼·도끼 등의 흉기를 휘두른 가해자에게도 상담을 조건으로 기소를 유예하는 경우가 25.5%에 달한다(한국여성의전화, 『〈정책제안 자료집〉 여성폭력 없는, 성평등한 세상 핵/심/과/제』, 한국여성의전화, 2016, 21쪽). 가정폭력으로 아내를 살해하는 남편이 끝도 없이 등장하고, 남편의 폭력을 견디다 못해서 생존을 위해 남편을 살해하는 아내가 생겨나는 것은 가정의 보호라는 목적 조항이 폐기되어야 하는 이유일 것이다. 하지만 국가는 아직도 가정 보호 내용을 삭제하지 않은 채 가족 구성원 인권 보호를 목적 조항에 추가했다.

14 《경향신문》, 「〈강남역 10번 출구 포스트잇〉 경향신문이 1004건을 모두 기록했습니다」, 2018년 6월 23일(2018년 8월 10일 검색 http://news.khan.co.kr/kh_news/khan_art_view.html?art_id=201605231716001). 포스트잇 기록은 이후 『강남역 10번 출구, 1004개의 포스트잇』(나무연필, 2016)으로 출판되었다.

15 수사 기관은 조현병을 앓는 가해자가 왜 '여성'을 살해 대상으로 선택했는지에 대한 질문 없이 강남역 여성살해는 여성혐오 살해가 아니라고 정돈했다. 경찰과 검찰, 이후 법원까지 젠더는 이 사건에서 일괄 삭제됐다. ①서울 서초 경찰서는 사건 발생 이튿째인 2016년 5월 19일 강남역 살인 사건에 대해 여성혐오 살인이라고 보기 어렵다고 공식 발표했다[《여성신문》, 「'정신분열' 때문이라는 경찰… "아니다, 강남역 살인 사건은 여성혐오 범죄"」, 2016년 5월 19일(2018년 8월 10일 검색 http://www.womennews.co.kr/news/94096)]. ②검찰도 여성혐오 범죄로 볼 수 없다고 결론 내린다. 특히 검찰은 피의자가 '여성 관련 자료와 성인물을 여러 차례 검색하고 어머니로부터 소개받은 여성과 잠시 교제한 경험도 있는 점' 등을 근거로 피의자에게 여성혐오적 신념이 발견되지 않았다고 설명했다[《여성신문》, 「경찰에 이어 검찰도 "강남역 살인, 여성혐오 범죄 아니다" 논란」, 2016년 7월 10일(http://www.womennews.co.kr/news/view.asp?num=95640)]. 이러한 검찰의 판단은 여성혐오에 대한 기초적인 지식이 없는 상태에서 이루어진 것으로, 검찰 내 혐오범죄에 대한 학습이 시급함을 알려 준다. 여성혐오는 단지 여성을 싫어한다는 의미가 아니며, 여성에 대한 멸시와 숭배를 포함한다. 여성으로부터 인격을 제거하고 '여성'의 도구적 사용을 승인하는 정서 구조인 바, 오히려 피의자가 여성 관련 자료 및 성인물을 여러 차례 검색한 점은 여성혐오적 신념을 보여 주는 장면이라 할 수 있다. ③마지막으로 1심 법원도 "김 씨는 여성혐오라기보다는 남성을 무서워하는 성격 및 망상으로 영향을 받은 피해의식으로 상대적 약자인 여성을 대상으로 범행했다"라고 판결했다[《조선일보》, 「강남역 살인 사건 징역 30년, 재판부 "김 씨는 여성혐오 아니라 남성을 무서워하는 피해의식 시

달려… 부득이하게 심신미약 상태 고려했다"」, 2016년 10월 14일(http://news.chosun.com/site/data/html_dir/2016/10/14/2016101401663.html)].

16 범죄 통계의 무엇을 문제 삼았고 그 주장이 어떻게 기각되었는지는 이 글이 다루고자 하는 중요한 부분이 아니다. 다만 수년이 지난 지금도 매번 새롭게 통계의 문제를 제기하는 누리꾼이 있기에 관련 내용을 간략히 정리한다. 당시 피해자 중 여성의 비율이 높다는 기사에는 댓글로 많은 반박 글이 달렸고 '오늘의유머'(오유/오유), '디시인사이드'(디씨/디시), '일간베스트'(일베) 등 남초 커뮤니티에 올라온 반박 게시물이 링크되기도 했다. 이하의 내용은 관련 기사 및 댓글, 반박 게시물의 내용을 토대로 정리한 것이다. 2016년 5월 당시 여성이 정말 위험한가를 질문하는 이들은 첫째로 미국 법무부의 강력범죄 기준과 한국의 강력범죄 기준이 다르다는 점을 강조했다. 성폭력을 강력범죄에 포함하고 폭력을 강력범죄에서 제외하는 한국은 당연히 여성 피해자의 숫자가 높게 나올 수밖에 없으며, 이는 통계 분류 체계의 특성이지 여성이 더 위험하다고 말할 수 있는 근거가 아니라고 반박한다. 폭력 사건을 강력범죄에 포함시키면 남성의 숫자도 더 늘어날 것이라는 주장이다. '오늘의유머'의 한 유저는 성폭력의 하위 범주인 '카메라 등 이용 촬영'이 과연 강력범죄인지를 질문하기도 했다. 이 주장은 '성범죄 피해자의 숫자에 여성이 압도적인 비율을 차지하는 것은 당연한가?'라는 질문과 함께 기각되었다. 여성을 표적으로 하는 범죄는 강력범죄 통계에서 제외되어야 하는 게 아니라 이 범죄의 성별성에 대한 집중을 요구한다는 얘기다. 카메라 등 이용 촬영 범죄가 강력범죄에 포함되는가 하는 질문에는 '그것이 왜 강력범죄가 아닌가?'를 반문할 필요가 있다. 또한 폭력 사건의 피해자 수는 남성이 여성의 1.5배에 달하는 것은 사실이나, 폭력 사건에는 연간 20만 건 신고가 되는 데이트폭력이나 가정폭력이 포함되지 않는다는 사실로 인해 반박되었다.

17 화환을 보낸 사람은 '일베'에 화환을 보냈다고 인증했다. 내용은 이러하다. "좌좀 메퇘지년들은 천안함 용사들 수십 분이 돌아가셨을 때는 정부의 음모라면서 빼애애액 선동질하더니 역시나 정신병자 한 명이 여자 죽인 사건 가지고 여혐이라면서 언론 플레이로 몰고가노 ㅋㅋㅋ 셀카 찍어서 인스타그램에나 올리고 있노;;; 천안함 국군 용사들 추모하기 위해서 경조 화환 보냈다 이기야… 나라를 위해 북괴에 의해 희생된 천안함 용사들을 다시 떠올리면서 묵념하자"[《한겨레신문》, 「일베, 강남 추모장소에 "천안함 용사 잊지 맙시다" 근조화환」, 2016년 5월 19일(2018년 8월 10일 검색 http://www.hani.co.kr/arti/society/society_general/744701.html#csidx912617f59a98932b0d90bfdbcc44c3b)]

18 병역법 제3조 1항은 '대한민국 국민인 남성은 헌법과 이 법에서 정하는 바에 따라 병역의무를 성실히 수행하여야 한다'라고 되어 있다. 남성 국민이 가는 것이 아니라 국민인 남성이 징집된다. '국민'의 자격에 미달하는 남성은 징집에서 제외된다.

19 트위터, @jungkwon chin, 2016년 5월 19일

20 서울시여성가족재단, 「시민활동기록: 지역별 '총대' 인터뷰」,『성평등을 향한 198일 간의 기록과 기억: '강남역 여성살해사건'을 중심으로』, 서울여성가족재단, 2017, 18~21쪽

21 대전 시청역 3번 출구 앞에 시민들이 붙인 추모 포스트잇은 22일 새벽에 90% 가까이 사라졌다. '2년째○○○'이라는 아이디를 가진 한 일베 회원은 22일 새벽 5시 50분 일베 게시판에 '포스트잇 뜯어 버리고 왔다'라는 제목과 함께 뜯어낸 포스트잇을 배경으로 일베 회원을 인증하는 손가락 표시를 찍은 사진을 올렸다. 그는 "생각보다 많아서 뜯다 보니 해가 떴다"라며 "대구, 그다음은 강남이다"라고 적었다. 이 게시물은 이후 삭제됐다[《한겨레》, 「"여성 공격 말라" 호소마저, 마스크 쓰고 외쳐야 한다니」, 2016년 5월 22일(2018년 8월 10일 검색 http://www.hani.co.kr/arti/society/society_general/744919.html)].

22 핑크 코끼리는 2016년 5월 20일 일베에 강남역 등장을 예고했다. '모든 남자를 잠재적 범죄자로 만드는 건 너무나 무책임한 행동'라고 강남역에 가는 이유를 밝혔고, 동물 비유는 영화 《주토피아》Zootopia(2016)를 인용했다고 적었다[「코끼리 인형탈 입고 코끼리로서 강남역 가서 피켓들 예정이다」, 2016년 5월 20일(2018년 8월 10일 검색 http://www.ilbe.com/8084102291)].

23 박인혜, 「'여성인권운동'의 프레임과 주체 변화에 관한 연구: 〈여성의전화〉를 중심으로」, 성공회대 사회학과 박사 학위 논문, 2011

24 이 욕설은 "씨발○○ 같은 년, 저런 년이야말로 개○○에 칼창 넣고 ○○○ 칼집 넣고 두 ○○○ 도려낸 후 사시미로 도려내면 고통에 신음하는 소리를 듣고 싶구나. 에라이 씨○○년아 넌 내가 죽인다" 등이다. 심각한 정도의 혐오 표현에 대해 공동변호인단 이한본 변호사는 '명예훼손이 될 수도 없을 지경'이라고 설명했다. "명예훼손에 해당되려면 사실 적시, 구체적 의견이 어느 정도는 있어야 되는데 해당 게시물들은 욕과 같은 혐오 표현만 있기 때문"이다[《연합뉴스》, 「"강남역 피살여성 추모 비난은 인권침해"… 170명 피소」, 2016년 7월 27일; 《경향신문》, 「'강남역 여성 살인 사건' 추모했다는 이유로 악플 및 위협 시달린 피해자 20명 '집단 소송' 나서」, 2016년 7월 27일(2018년 8월 10일 검색)].

25 《한겨레21》, 제1187호, 「'이대 시위'는 결국 승리했는가」, 2017년 11월 13일(2018년 8월 10일 검색 http://h21.hani.co.kr/arti/special/special_general/44455.html).

26 외부 세력 없이 학내 싸움을 진행한 이화여자대학교 학생에 대해서 안팎의 논평이 이어졌다. 그중 박권일은 이대 미래라이프 대학 철회 시위와 성주 사드 배치 반대 투쟁을 비교하면서 성주는 외부 세력과 연대했고 이대는 외부 세력을 배척해 순수성을 입증하려 했다며 강하게 비판했다[《한겨레》, 〈박권일의 다이내믹 도넛〉 "외부 세력" 100년사」, 2016년 8월 10일(http://www.hani.co.kr/arti/

opinion/column/756059.html)]. 반면에 김동춘은 박권일과 같은 문제의식을 공유하면서도 운동권의 무책임한 역사를 꼬집으며("우리 세대 사람들은 이념과 정치만 앞세우면서 민중들의 '밥'을 깊이 고민하지 못한 채 무책임하게 사라졌다가 자신만의 '큰 밥상'을 챙기려고 이념을 버리고서 다시 나타났다"), 이대의 느린 민주주의가 "같은 처지에 있는 대학생들과 손을 잡는 날을 기다리기로 한다"라고 마무리한다[《한겨레》, 「〈김동춘 칼럼〉 '외부 세력' 없는(?) 성주와 이대」, 2015년 8월 9일(http://www.hani.co.kr/arti/opinion/column/755871.html)]. 그의 글은 기다릴 틈 없이 진단자의 위치에 선 앞의 칼럼과는 차이가 있지만, 이대생에 대한 한국 사회의 오랜 여성혐오 낙인이 함께 분석되지는 않았다. 이대 시위는 '이대'에 대한 대상화, '여성'에 대한 대상화를 빼고 해석될 수 없다. 이대의 고립 전략을 이해한 유일한 집단이 이대 졸업생이라는 점이나 총장 퇴진을 위해 졸업생 1만 명이 학교에 결집하는 장면 등이 왜 논객들 시야에 들어오지 않았는지 반문해야 한다.

27 이대 시위를 대상화하지 않고 다루는 분석 기사나 논의는 많지 않다. 《이대학보》와 졸업생이 이대 시위를 관찰하고 기록한 『이지행』(2016), 《한겨레21》(제1187호)의 특집 기사 정도만이 편견 없이 이대 시위에 다가갈 수 있도록 돕는다. 《이대학보》는 본관 점거 농성 중인 9월에 새로운 시위 문화에 대해서 미디어학, 사회학, 여성학, 심리학 등 여러 전문가를 인터뷰해서 연재하기도 했다[시위에 관한 다각적인 분석과 전망은 이하의 기사 참고. 《이대학보》, 「새로운 시위문화, 사회문화적 함의를 찾다」, 2016년 9월 12일(2018년 8월 10일 검색); 《이대학보》, 「자매애와 익명성, 이화인 단결력 높이다」, 2016년 9월 26일(2018년 8월 10일 검색); 《한겨레21》, 제1187호, 「'이대 시위'는 결국 승리했는가」, 2017년 11월 13일(2018년 8월 10일 검색); 「이대 본관 점거시위 리포트」, 『이지행』, 2016; 《여/성이론》, (35), 240~261쪽)].

28 이대 시위는 온라인 공론장에서 활발하게 토론을 진행했고 의사 결정도 집행부 등의 상위 조직에 위임한 것이 아니라 만민 공동회를 통해 이루어졌다. 그리고 이것은 느린 민주주의 실험으로 회자되기도 했다. 통상적인 집회 시위의 관행을 벗어난 장면들은 여성혐오와 신자유주의, 새로운 디지털-신자유주의적 주체의 탄생 등에 관한 더 많은 논의가 필요하다고 알려 온다. 하지만 그에 앞서 시위 참가자의 트라우마를 치유하고 회복하는 시간이 필요하다. 트라우마의 직접적 원인인 국가와 학교는 방관이 아니라 적극적이고 당연한 책임감으로 응답해야 할 것이다. 집합적이고 복합적인 트라우마 속에서 '이대 시위'라는 단어는 구성원 사이에 금기어가 되었다. 그리고 한편으로 이것은 증언의 거부인 바, 분석의 대상이 되고 해석의 대상이 되는 것에 대한 명시적 거부라는 점에서 시위의 연장에 있기도 하다.

29 "광화문으로 오지 마세요. 미어터집니다. 하지만 슴만튀 5번 했어요 헷"/"나도

광화문가서 보만튀나 슴만튀나 할까"/"오늘 광화문에 혼자 시위하러 갑니다. 가서 여고생들 구경하면서 이번 주 스트레스도 풀고 영혼정화 할 수 있을 듯. 쉰내 나는 메윔련들이 섞여 있긴 하지만 어차피 나는 고딩이만 데리고 2차 가면 성공"[《여성신문》, 「집회서 성추행·외모 품평… 여성들에겐 평화 시위 아니었다」, 2016년 11월 17일(2018년 8월 10일 검색 http://www.womennews.co.kr/news/99665)]

30 "광화문 성추행범 한두 명이 아니었다. 가방 메고 있었는데도 외투 안으로 손이 들어왔다."/"고등학생인 동생이 누군가 계속 엉덩이를 만졌다는 이야기를 하니까 화가 나서 견딜 수가 없다. 내 권리를 찾으러 나온 시위에서도 성적으로 유린당해야 하나."/"아까 페미니스트 진영에 와서 어떤 아저씨가 '학생들 기특하다', '선생이냐 예쁘다'라며 카메라 꺼내서 찍으려고 했다. 찍지 말라고 막으니까 '예뻐서 그랬다'라고 했다."[〈스브스뉴스〉, 「100만 촛불집회 성추행 당한 게 선동인가요?」, 2016년 11월 18일(2018년 8월 10일 검색 https://www.facebook.com/subusunews/photos/pcb.1626061534075614/1626061310742303/?type=3&theater)]

31 이하 적폐의 여성화와 촛불광장의 미소지니에 대한 내용은 《시민과 세계》 30호에 실린 필자의 논문 「촛불 광장과 적폐의 여성화: 촛불이 만든 것과 만들어가는 것들」의 일부를 수정·요약했다.

32 예비군은 자신이 집회에 참가한 이유에 대해 "시민들이 아무도 다치지 않게 하기 위해"(《미디어오늘》, 2008년 7월 1일), "경찰과 시민의 불필요한 충돌을 막기 위해 나왔다"(《머니투데이》, 2008년 5월 30일)라고 말한다. 언론 역시 대부분 이들을 "보디가드"(《한국경제》, 2008년 6월 1일), "스타"(《서울신문》, 2008년 5월 31일)로 묘사했다. 집회 현장의 시민들의 대다수도 큰 목소리로 구호를 외치고, 경찰과 시위대 사이의 충돌을 막기 위해 바리케이드를 치고, 대신 물대포를 받는 예비군의 모습에 감동을 받아 고마운 마음을 표현했다(한우리·허철, 2010: 62~63). 그러나 당시에 "예비군에게 보호받고 싶지 않다"라는 한 촛불 집회 참가자의 글이 올라왔고, 이 글은 예비군의 자의적인 보호 조치를 불편해하던 촛불 시민에게 공감을 얻었다. 글쓴이는 '스스로 목소리를 내려고 나온 광장에서 스스로의 힘을 강요에 의해 포기하고 뒷전으로 피해야 하는 이유'를 물으며, 자신을 촛불 시민이 아니라 '촛불 시민의 피보호자' 혹은 '촛불 광장의 구경꾼'으로 구획하는 그들의 행동에 이의를 제기했다['달군의 블로그', '예비군에게 보호받고 싶지 않다', 2008년 5월 30일(2018년 8월 30일 검색 http://blog.jinbo.net/dalgun/1230?commentId=7619)].

33 김예란·김효실·정민우, 「광장에 균열내기: 촛불 십대의 정치 참여에 대한 문화적 해석」, 《한국언론정보학보》, 2010, 90~110쪽

34 연세대학교 졸업생이라는 한 남성은 "예비군복을 입고 스크럼을 짜서 보수 집회 세력 등으로부터 일반 시민을 보호하고 반대로 일반 시민의 분노로부터 보수 시민들도 보호하고자 한다. (…) 평화 시위를 유도하고 싶다"라는 글을 온라인에 게시했다(《머니투데이》, 「촛불 '예비군 부대', 26일 주말 시위에 등장?」, 2016년 11월 22일).

35 장민지(2016: 223~255)는 텍스트 유통 및 콘텐츠 재생산 등 디지털 네이티브의 참여 문화에 주목한다. 특히 젠킨스Henry Jenkins의 스프레더블 미디어 개념을 인용하는데, 그에 따르면 스프레더블 미디어는 '하나의 텍스트나 콘텐츠가 커뮤니티에 진입하면서 끊임없이 장소를 옮기게 되는 유동적인 세계를 가정하며, 이런 스프레더블 미디어 환경에서 생산된 텍스트는 언제든 재창작될 수 있으며, 하나의 장소만을 점유하지 않고 끊임없이 유동한다. 다시 말해, 하나의 콘텐츠가 다양한 유형의 혼합을 통해 재생산되거나 진행 중인 논쟁들과 다양한 플랫폼으로의 삽입을 통해 새로운 목적에 맞게 다시 만들어지고 재유통되는 연속적 '과정'으로 존재(Jenkins, Ford·Green, 2013, p.29, 장민지: 2016: 225 재인용)한다[장민지 지음, 「디지털 네이티브 여/성주체(Digital Native Fe/male Subject)의 운동 전략」, 《미디어, 젠더&문화》, 31(3), 2016, 219~255쪽)].

36 2015년 5월 29일 디시인사이드에 메르스 갤러리가 열렸고, 여성혐오 게시물을 보다 못한 여성 유저들의 미러링 놀이가 시작됐다. 이후 온라인에서의 영토 싸움은 이명박 갤러리-동남아 갤러리-김치치즈스마일 갤러리-결혼못하는남자 갤러리를 이동하며 이어졌다. 그사이 페이스북 메갈리아 페이지가 남성 유저들의 방해로 이름을 사용하지 못하는 일이 일어나자, 익명의 메갈리안이 '메갈리아'의 상표권을 등록한다. 7월에는 네이버 온라인 기부 포털을 통해 1,800만 원을 모아 한국성폭력상담소에 1,800만 원 후원금을 전달했고, '천하제일 맨스플레인대회'를 개최하는 등 실천 활동을 이어 갔다. 마치 이런 날을 기다리기라도 한 것처럼 메갈리안은 남성을 '인간'으로, 여성을 '보지'로 부르는 세계에 정면으로 맞섰고, 2015년 8월 '메갈리아' 사이트로 독립한다. 제 이름의 영토를 만든 날이 8월 6일이며, 메갈리안들은 곧바로 불법 몰카 근절 캠페인을 시작한다["김익명 외, 「근본 없는 페미니즘」, 이프북스, 2018" 참고)].

37 (메갈리아에 올라온 글들은) 세상이 당연하다고 여기던 것들을 미러링으로 비웃고 또 목이 찢어져라 외치며 그에 저항하는 글들이었다. "남자는 군대 가면 꺾인다"라고 농담하는 솔찍헌 여우의 글을 보며 깔깔 웃고, 성폭행 경험을 나누고 서로 눈물 흘리며 위로해 주기도 하는 그런 공간을 나는 만난 것이다. 모두가 쓰레기라고 욕하는 불결한 곳에서, 기존의 남성 위주의 가부장적 질서에 침을 뱉는 통쾌한 글들이 넘쳐 났고 나를 매료시켰다. 바로 그날 그곳에서 나의 여성 운동은 시작되었다[김익명 외, 「활동가는 태어나지 않는다, 만들어진다」(히연), 「근본없

는 페미니즘』, 이프북스, 2018, 169~184쪽].

38 2011년 1월 1일부터 2016년 4월 30일까지 서울 지역 관할 각급 법원에서 선고
된 '카메라등이용촬영죄' 판결문 총 1,866건을 분석한 결과 '카메라등이용촬영죄'
피해자의 99%는 여성이다. 남녀 피해자가 동시에 있었던 사건이 8건, 남성만이
피해자인 경우는 11건이었다(한국여성변호사회, 『디지털성범죄의 처벌 및 피해자
지원방안 연구』, 국회여성가족위원회, 2018, 15쪽).

39 이선희(2018: 2)는 불법 촬영물의 유통과 웹하드 시장과의 카르텔을 두고 '성폭
력의 상품화'라고 명명한 바 있다. 홍남희(2018: 211)는 리즈 켈리Liz Kelly의 성
폭력 연속선 개념을 도입하여 디지털 시대의 성폭력을 '이미지 기반 성폭력 연속
체'the continuum of image-based sexual abuse로 개념화했다. [이선희, 「성폭
력을 상품화하는 사이버 성범죄 근절을 위한 제언」, 《여성과인권》, 19호, 2018,
48~69쪽; 홍남희, 「디지털 성폭력의 불법화 과정에 대한 연구」, 《미디어, 젠더&
문화》, 33(2), 2018, 203~246쪽]

40 김명익 외, 「'초대남 모집'을 들어보셨습니까」(강유), 『근본없는 페미니즘』, 이프북
스, 2018, 61~82쪽

41 《연합뉴스》, 「음란포털 '소라넷' 네덜란드 서버 폐쇄… "뿌리 뽑겠다"」, 2016년 4월
7일(2018년 8월 10일 검색, http://www.yonhapnews.co.kr/bulletin/2016/04/
07/0200000000AKR20160407083951004.HTML)

42 《뉴스1》, 「2시간 함께 술 마시던 노래방 도우미 '묻지 마 살해' 30대 남성」, 2019년
4월 15일(2019년 4월 25일 검색 http://news1.kr/articles/?3597377); 《동아일
보》, 「진주서 '묻지 마 방화·살인' 사건… 5명 숨지고 5명 중경상 등 18명 사상」,
2019년 4월 17일(2019년 4월 25일 검색 http://news.donga.com/BestClick/3/
all/20190417/95086568/1); 〈YTN〉, 「처음 보는 여대생에게 '흉기 난동'… 순
식간에 아수라장」, 2019년 3월 26일(2019년 4월 25일 검색 https://www.ytn.
co.kr/_ln/0115_201903261733491945); 《국민일보》, 「"살해하려면 여자가…"
신림 '묻지 마 폭행' 가해자가 한 말」, 2019년 4월 24일(2019년 4월 25일 검색
http://news.kmib.co.kr/article/view.asp?arcid=0013258814&code=61121211)

43 마정윤, 여성주의저널 《일다》, 「유토피아는 없다, 망한 데서 시작하라: 페미니즘
으로 읽는 〈매드맥스: 분노의 도로〉」, 2015년 7월 7일(2018년 8월 10일 검색
http://www.ildaro.com/sub_read.html?uid=7151&section=sc7&section2=%E
C%98%81%ED%99%94)

44 '서로의 질문과 대답이 되어'는 2018년 제12회 여성인권영화제 슬로건이다.

1 〈공동정범〉은 2009년 1월 20일, 철거민 다섯 명, 경찰 특공대원 한 명이 사망한 '용산참사' 이후, 당시 투쟁과 연루되었으되 살아남은 자들의 조우를 다룬 다큐멘터리다. 김일란·이혁상 공동 연출작으로 2018년 1월 25일 개봉했다.

2 《경향신문》, 「'의원님은 딸 앞에서도 바지 내리시나요', 정치권으로 간 미투」, 2018년 3월 10일(http://news.khan.co.kr/kh_news/khan_art_view.html?artid=201803101113001&code=940100)

3 https://www.facebook.com/profile.php?id=100001746737727&fref=nf

4 강남역 살인 사건 당시의 상황에 대해서는 이 책의 1부 1장을 참고. 서울시여성가족재단(2017)이 강남역 추모 포스트잇 35,350개를 수집해 주제별로 코딩한 결과를 보면, '단순 추모'(65.8%), '앞으로의 변화 의지'(21.1%), '사건에 대한 정의'(20.6%), '자신의 경험 연결'(13.4%), '미안함'(11.3%)으로 나타났다. 유사한 결과는 한국여성민우회 자료를 참고할 것(고등어 외 지음, 한국여성민우회 엮음, 『거리에 선 페미니즘』, 궁리, 2016).

5 '갑질형 성폭력'은 조직의 위계질서상 하급직 여성에 대한 상급직 남성의 성폭력 범죄를 지칭하는데, 2018년 봄 '미투' 운동이 활발했던 당시 정치권에서 일반 성폭력과 분리된 개념으로 사용하여 많은 여성의 반발을 샀다.

6 Scott, Joan W., 『Gender and the Politics of History』, Columbia University Press, 1999

7 이때 스캇에게 지식은 남성/여성 간 관계로 이루어진 사회, 문화 등에 의해 생산된 것이자 권력관계의 수단이며 사회 조직과 분리되기 어려운 것으로 푸코의 논법을 따른다.

8 노혜경, 2018년 2월 25일(https://www.facebook.com/madraine/posts/1917235024985029?comment_id=1917292934979238&reply_comment_id=1917293144979217)

9 구체적으로 한국여성의전화(1983년), 한국여성단체연합(1987년), 한국여성민우회(1987년), 한국여성노동자회(1987년), 한국정신대문제대책협의회(1990년), 한국성폭력상담소(1991년) 등 1980년대 민주화 운동 이후 대표적 진보 여성 단체들이 조직되었고 지금까지 활발히 활동하고 있다.

10 '#○○계_내_성폭력' 사건은 2016년 트위터상에서 '#○○계_내_성폭력' 해시태그를 통해 문단계, 사진계 등에서 빈번하게 발생한 성폭력 사건 폭로되고 공론화 운동이 일어난 것을 의미한다.

11 일본군 '위안부' 여성 운동과 관련된 자세한 내용은 "이나영, 2016a; 2016b"를 참고.

12 Statista, 2016(https://www.statista.com/chart/7246/the-countries-with-the-fastest-internet)

13 이나영, 2014

14 이나영, 2016

15 브누아트 그루 지음, 백선희 옮김, 『올랭프 드 구주가 있었다』, 마음산책, 2014

16 《오마이뉴스》, 「"최승자, 박서원, 최영미"… 문단에서 타살당한 그 이름」, 2018년 2월 12일(http://www.ohmynews.com/NWS_Web/View/at_pg.aspx?CNTN_CD=A0002404357)

17 아이리스 영 지음, 김도균·조국 옮김, 『차이의 정치와 정의』, 모티브북, 2017 (Young, Iris, 『Justice and the Politics of Difference』, 1990)

18 2017, 107~108쪽

19 아이리스 영 지음, 허라금·김양희·천수정 옮김, 『정치적 책임에 관하여』, 이후, 2013(Young, Iris, 『Responsibility for Justice』, 2011), 246쪽, 248쪽

20 《경향신문》, 「용산참사 피해자들 엇갈린 기억으로 반목, 진상규명으로 치유」, 2018년 2월 14일(http://m.khan.co.kr/ent_sp_view.html?artid=201802141907005#csidxe3ad30b48adea67884c59371a2dee8b)

21 영, 『정치적 책임에 관하여』, 2013, 247쪽

22 영, 『정치적 책임에 관하여』, 2013, 248쪽

23 영, 『정치적 책임에 관하여』, 2013, 250쪽, 251쪽

24 시민행동 보도자료(http://metooaction2018.tistory.com/36)

25 #미투 운동과 함께하는 시민행동 공식 페이스북 페이지(https://www.facebook.com/metooaction2018)

참고문헌

1부 여성살해를 목격하다

1장 여성혐오와 페미사이드

권명아, 『무한히 정치적인 외로움』, 갈무리, 2012

권명아, 「신냉진 질서의 도래와 혐오발화/증오 정치 비교역사 연구」, 『역사문제연구』, 34, 2016, 11~45쪽

김창환·오병돈, 「경력단절 이전 여성은 차별받지 않는가?: 대졸 20대 청년층의 졸업 직후 성별 소득 격차 분석」, 《한국사회학》, 53(1), 2019, 167~203쪽

낸시 프레이저 지음, 문현아·박건·이현재 옮김, 『불평등과 모욕을 넘어』, 그린비, 2016, 503~533쪽(Fraser, Nancy, 「Prioritizing Justice as Participartory Parity: A Reply to Kompridis and Forstin」, pp.503~533 in Kevin Olson (eds.) 『Adding Insult to Injury: Nancy Fraser Debates Her Critics』, 2008)

린다 맥도웰 지음, 여성과 공간 연구회 옮김, 『젠더, 정체성, 장소: 페미니스트 지리학의 이해』, 한울아카데미, 2010(McDowell, Linda, 『Gender, Identity, and Place』, 1999)

마사 너스바움 지음, 조계원 옮김, 『혐오와 수치심』, 민음사, 2015(Nussbaum, Martha C., 『Hiding from Humanity: Disgust, Shame, and the Law』, 2006)

수전 보르도 지음, 박오복 옮김, 『참을 수 없는 몸의 무거움』, 또하나의문화, 2003(Bordo, Susan, 『Unbearable Weight: Feminism, Western Culture, and the Body』, 1993)

옥기원, 「경찰청장 "강남역 살인은 '묻지마 범죄'… 치안활동 강화할 것"」, 《민중의 소리》, 2016년 5월 23일

윤지영, 「전복적 반사경으로서의 메갈리안 논쟁: 남성 혐오는 가능한가」, 《한국여성철학》, 24, 2015, 5~79쪽

윤지영, 「현실의 운용원리로서의 여성혐오: 남성공포에서 통감과 분노의 정치학으로」, 《철학연구》, 115호, 2016, 197~243쪽

이나영, 「탈식민주의 페미니스트 읽기: 기지촌 성매매 여성과 성별화된 민족주의, 재현의 정치학」, 《한국여성학》, 24(3), 2008, 77~109쪽

이나영, 「사회학적 관점에서 바라 본 절망범죄와 여성폭력」, 한국여성단체연합 라운드

테이블 발표문, 프란치스코 회관, 2012년 9월 18일

이나영·허민숙, 「한국의 젠더폭력과 신자유주의 젠더질서: 담론과 실천의 재구성을 위한 시론」《가족과 문화》, 26(4), 2014, 58~90쪽

이진, 「디지털 네이티브의 계층적 특성 및 소비욕구 분석」, 중앙대학교 석사 논문, 2013

장민지, 「디지털 네이티브 여/성주체의 운동 전략」《미디어, 젠더&문화》, 31(3), 2016, 219~255쪽

Bitzer, Johannes, 「The Pandemic of Violence against Women-the Latest Chapter in the History of Misogyny」《European Journal of Contracept Reproductive Health Care》, 20, 2015, pp.1~3

Boles, Janet K.·Diane L. Hoeveler, 「Historical Dictionary of Feminism」, Oxford: Scarecrow Press, 2004

Brown, Wendy, 「Regulating Aversion: Tolerance in the Age of Identity and Empire」, Princeton University Press, 2006

Caputi, Jane, 「Age of Sex Crime」, Popular Press, 1987

Chodorow, Nancy J., 「The Enemy outside: Thoughts on the Psychodynamics of Extreme Violence with Special Attention to Men and Masculinity」, pp.235~269 in J.K. Gardiner (eds.), 「Masculinity Studies and Feminist Theory: New Directions」, New York: Columbia University Press, 2002

Chodorow, Nancy J., 「Individualizing Gender and Sexuality」, Routledge Press, 2012

Fraser, Nancy, 「Rethinking the Public Sphere: A Contribution to the Critique of Actually Existing Democracy」《Social Text》, 25(26), 1990: 56~80

Gupta, Monobina, 「Of misogyny and Indian politicians」《The Times of India》, November 1, 2012

Holland, Jack, 「Misogyny: The World's Oldest Prejudice」, NY: Carroll and Graf Publisher, 2006

Josie, Kaye, 「Femicide」, 2007(2016년 5월 26일 검색 http://www.sciencespo.fr/mass-violence-war-massacre-resistance/fr/document/femicide)

Russell, Diana E. H.·Jill Radford, 「Femicide: The Politics of Woman Killing」, Twayne Publishers, 1992

Russell, Diana E. H., 「The Origin and Importance of the Term Femicide」, 2011(2016년 5월 26일 검색 http://www.sciencespo.fr/mass-violence-war-massacre-resistance/en/document/femicide)

Scott, Joan W., 「Gender and the Politics of History」, Columbia University Press,

1999

UN, 「Declaration on the Elimination of Violence against Women」, 1993(http://www.un.org/documents/ga/res/48/a48r104.htm)

Wolf·Naomi·Julie Bindel·Nina Power·Rahila Gupta·Rhiannon Lucy Cosslett·Bidisha, 「The Panel Sexism and Misogyny: What's the Difference?」, 2012(2016월 5월 26일 검색 https://www.theguardian.com/commentisfree/2012/oct/17/difference-between-sexism-and-misogyny)

2장 여성에 대한 폭력은 혐오범죄인가

데이비드 그레이버 지음, 서정은 옮김, 『가치이론에 대한 인류학적 접근: 교환과 가치, 사회의 재구성』, 그린비, 2009(Graeber, David, 『Toward An Anthropological Theory of Value』, New York: Palgrave, 2001)

실비아 페데리치 지음, 황성원·김민철 옮김, 『캘리번과 마녀』, 갈무리, 2011(Federici, Silvia, 『Caliban and the Witch: Women, the Body, and Primitive Accumulation』, New York: Automedia, 2004)

아이리스 영 지음, 허라금·김양희·천수정 옮김, 『정치적 책임에 관하여』, 이후, 2013 (Young, Iris, 『Responsibility for Justice』, New York: Oxford University Press, 2011)

이나영, 「여성혐오와 젠더차별, 페미니즘: '강남역 10번 출구'를 중심으로」, 《문화와 사회》, 제22권, 2016, 147~186쪽

이유미, 「한국 여자들은 어떻게 김치녀가 되었나?」, 《오늘보다》, 제18호, 2016(http://todayboda.net/article/7015)

이택광, 「강남역 여성 살인 사건은 무엇인가」, 『강남역 여성 살인 사건의 원인과 대책』 자료집 발표문, 2016년 5월 26일

천정환, 「강남역 살인 사건부터 '메갈리아' 논쟁까지: '페미니즘 봉기'와 한국 남성성의 위기」, 《역사비평》, 제116호, 2016, 353~381쪽

허민숙, 「살인과 젠더 불평등: 그 죽음의 가장 깊은 본질」, 『강남역 여성 살인 사건의 원인과 대책』 자료집 발표문, 2016년 5월 26일

Anderson, Kristin, 「Gendering Coercive Control」, 《Violence Against Women》, 15(12), 2009, pp.1444~1457

Angelari, Marguerite, 「Hate Crime Statute: A Promising Tool for Fighting Violence Against Women」, 《Journal of Gender and the Law》, 2, 1994, pp.63~105

Campo-Engelstein, Lisa, 「Rape as a Hate Crime: An Analysis of New York Law」, 《Hypatia》, 31(1), pp.91~106, 2016

Chen, Katherine, 「Including Gender in Bias Crime Statues: Feminist and Evolutionary Perspectives」, 《William&Mary Journal of Women and the Law》, 3(1), 1997, pp.277~328

Chodorow, Nancy, 『The Reproduction of Mothering: Psychoanlysis and the Sociology of Gender』, California: University of California Press, 1978

Cohen, D.·J. Vandello, 「Meaning of Violence」, 《Journal of Legal Studies》, 27, 1998, pp.567~584

Copeland, L.·Wolfe, L. R., 『Violence Against Women As Bias Motivated Hate Crime: Defining the Issues』, Washington, DC: Center for Women Policy Studies, 1991

Dobash, R. E.·R. P. Dobash, 『When Men Murder Women』, UK: Oxford University Press, 2015

Gill, A. K.·H. Mason-Bish, 「Addressing Violence against Women as a Form of Hate Crime: Limitations and Possibilities」, 《Feminist Review》, 105, 2013, pp.1~20

Griffin, Susan, 「Rape: The All-American Crime」, 《Ramparts》, 10(3), 1971, pp.26~35

Harris, Angela P., 「Gender, Violence, Race, and Criminal Justice」, 《Stanford Law Review》, 52(4), 2000, pp.777~807

Hodge, Jessica P., 『Gendered Hate: Exploring Gender in Hate Crime Law』, London: University Press of New England, 2011

Holland, Jack, 『A Brief History of Misogyny: The World's Oldest Prejudice』, London: Constable&Robinson Ltd., 2006

Jenness, Valerie, 「Engendering Hate Crime Policy: Gender, the "Dilemma of Difference", and the Creation of Legal Subjects」, 《Journal of Hate Studies》, 2(1), 2003, pp.73~97

McPhail, Beverly A, 「Gender-Bias Hate Crimes」, 《Trauma, Violence, and Abuse》, 3(2), 2002, pp.125~143

McPhail, B. A.·D. M. Dinitto, 「Prosecutorial Perspectives on Gender-Bias Hate Crimes」, 《Violence Against Women》, 11(9), 2005, pp.1162~1185

O'Brien, L. T.·B. Major, 「Group Status and Feelings of Personal Entitlement: The Roles of Social Comparison and System-Justifying Beliefs」, Jost, J. T.·A. C. Kay·H. Thorisdottir(eds.), 『Social and Psychological Bases of Ideology and System Justification』, UK: Oxford University Press, 2009

Pendo, Elizabeth A., 「Recognizing Violence Against Women: Gender and The

Hate Crimes Statistics Act」,《Harvard Women's Law Journal》, 17, 1994, pp.157~183

Plumm, K. M.·C. A. Terrance, 「Gender-Bias Hate Crimes: What Constitutes a Hate Crime from a Potential Juror's Perspective?」,《Journal of Applied Social Psychology》, 43, 2013, pp.1468~1479

Rothschild, Eric, 「Recognizing Another Face of Hate Crimes: Rape as a Gender-Bias Crime」,《Maryland Journal of Contemporary Legal Issues》, 4, 1993, pp.231~285

Stark, Evan, 「Rethinking Coercive Control」,《Violence Against Women》, 15(12), 2009, pp.1509~1525

Taylor, Kristin L., 「Treating Male Violence Against Women as a Bias Crime」, 《Boston University Law Review》, 76, 1996, pp.575~603

Walters, M. A.·J. Tumath, 「Gender 'Hostility', Rape, and the Hate Crime Paradigm」,《The Modern Law Review》, 77(4), 2014, pp.563~596

Weisburd, Steven Bennett·Brain Levin, 「"On the Basis of Sex": Recognizing Gender-Based Bias Crimes」,《Stanford Law&Policy Review》, 5, 1994, pp.21~43

Young, Iris, 「Lived Body versus Gender: Reflections on Social Structure and Subjectivity」, 「On Female Body Experience: "Throwing Like a Girl" and Other Essays」, New York: Oxford University Press, 2005

《경향신문》, 「경찰, "강남역 살인 사건은 정신질환자의 '묻지 마 범죄'가 맞다"」, 2016년 5월 22일(2016년 12월 7일 검색 http://www.hani.co.kr/arti/society/society_general/744891.html)

3장 '묻지 마 범죄'는 없다

김재엽, 「한국인의 가정폭력에 영향을 미치는 요인들에 관한 연구」, 한국아동복지학회 학술 발표 논문집, 1997, 94~134쪽
김진혁, 「한국형 증오범죄에 관한 연구」,《한국범죄심리연구》, 제6권 1호, 2010, 31~57쪽
대검찰청, 「묻지 마 범죄 분석」, 서울: 대검찰청, 2013a
대검찰청, 「범죄 분석」, 서울: 대검찰청, 2013b
대검찰청, 「묻지 마 범죄와 심층면접을 통한 실증적 원인 분석 및 대응방안 연구」, 서울: 대검찰청, 2013c
대검찰청, 「묻지 마 범죄 분석」, 서울: 대검찰청, 2014

대검찰청, 「묻지 마 범죄 분석」, 서울: 대검찰청, 2015

박순진, 「'불특정다수를 향한 범죄'의 사회적 원인에 대한 연구」, 《한국공안행정학회보》, 제17권 1호, 2004, 1~32쪽

박지선, 「공식 통계와 비교해 본 정신질환 범죄자에 대한 인식」, 《대한조현병학회지》, 제19권, 2016, 25~31쪽

박형민, 「무차별 범죄Random Crime의 개념과 특징: 불특정인을 대상으로 한 범죄」, 《한국공안행정학회보》, 제50권, 2012, 26~258쪽

서울시여성가족재단, 「성평등을 향한 198일 간의 기록과 기억: '강남역 여성살해사건'을 중심으로」, 서울시여성가족재단, 2016

유진, 「법정에 선 정신장애」, 《형사정책연구》, 29(3), 2018, 231~270쪽

윤정숙·박지선·안성훈·김민정, 「묻지 마 범죄자의 특성 이해 및 대응방안 연구」, 서울: 한국형사정책연구원, 2014

이수정, 「묻지 마 범죄 심층면접을 통한 실증적 원인 분석 및 대응방안 연구」, 서울: 대검찰청·경기대학교, 2013

Best, Joel, 『Random Violence: How We Talk about New Crimes and New Victims, Berkeley』, University of California Press, 1999

Belknap, Joanne, 『The Invisible Woman: Gender, Crime, and Justice』(2nd ed.), Belmont, CA: Wadsworth, 2001

Brownmiller, S., 『Against Our Will: Men, Women and Rape』, Ballantine Books, 1993

Gelles, R. J.·Straus, M. A., 「Determinants of violence in the family: Toward a theoretical integration」, 『CONTEMPORARY THEORIES ABOUT THE FAMILY』, New York: Free Press, 1979

Rounsaville, B. J., 「Theories in marital violence: Evidence from a study of battered women」, 《Victimology》, 3(1-2), 1978, pp.11~31

《뉴시스》, 「국내 1호 프로파일러 '정신분열 환자도 계획범죄 가능… 여혐 범죄 아니다'」, 2016년 5월 23일(2017년 6월 20일 검색 http://www.newsis.com/ar_detail/view.html/?ar_id=NISX20160523_0014101403&cID=10201&pID=10200)

《뉴시스》, 「진주서 묻지 마 살인 사건 발생」, 2019년 4월 17일(2019년 4월 28일 검색 http://www.newsis.com/view/?id=NISI20190417_0015099131)

대검찰청 보도자료, 「'묻지 마 범죄'에 대해 엄중처벌·사회격리·적극치료로 대응」, 2012년 8월 28일(2017년 5월 15일 검색 http://www.spo.go.kr/spo/notice/press/press.jsp?mode=view&board_no=2&article_no=540223)

대검찰청 보도자료, 「'묻지 마 범죄' 대책 마련을 위한 유관 기관 합동 세미나」, 2013년 12월 16일(2017년 5월 15일 검색 http://www.spo.go.kr/spo/notice/press/

press.jsp?mode=view&board_no=2&article_no=566335)

《매일경제》, 「여의도 칼부림 시민들이 제압」, 2012년 8월 23일(2017년 6월 20일 검색 https://www.mk.co.kr/news/society/view/2012/08/534701)

《연합뉴스》, 「진주 '묻지 마 칼부림' 막을 수 있었다…지난 1월에도 난동」, 2019년 4월 17일(2019년 4월 28일 검색 http://www.yonhapnewstv.co.kr/MYH20190417 014800640/?did=1947m)

《연합뉴스》, 「〈특집〉 98년 증시결산 ①유통시장」, 1998년 12월 24일(2017년 5월 4일 검색 http://news.naver.com/main/read.nhn?mode=LSD&mid=sec&sid1=001 &oid=001&aid=0004352163)

《중앙일보》, 「'진주 묻지 마 살인' 사망·부상자 대부분 가족… 함께 피하다가 참변」, 2019년 4월 17일(2019년 4월 28일 검색 https://news.joins.com/article/23443686)

《한국일보》, 「'묻지 마 살인' 광풍」, 2000년 4월 26일(2017년 4월 23일 검색 http://hankookilbo.com/v/734fc8a41f7f43bbbea004b816c48fe7)

《한국경제》, 「중中 묻지 마 유학」, 2004년 12월 5일(2017년 5월 5일 검색 http://news.hankyung.com/article/2004120521791)

FBI, 「HATE CRIMES」(Web. Jun. 20, 2017., https://www.fbi.gov/investigate/civil-rights/hate-crimes)

〈MBC 뉴스데스크〉, 「'카메라 출동' 묻지 마 관광 알선하는 여행사 추태 관광」, 1997년 5월 11일(2017년 6월 24일 검색 http://imnews.imbc.com/20dbnews/history/1997/1977223_19482.html)

2부 여성살해를 묵인하다

3장 '좋아요'가 만드는 '싫어요'의 세계

배은경, 「'청년 세대' 담론의 젠더화를 위한 시론: 남성성 개념을 중심으로」, 《젠더와 문화》, 8권 1호, 계명대여성연구소, 2015, 7~41쪽

백영경, 「성적 시민권의 부재와 사회적 고통: 한국의 낙태 논쟁에서 여성 경험의 재현과 전문성의 정치 문제」, 《아시아여성연구》, 52권 2호, 숙명여대아시아여성연구소, 2013, 43~71쪽

솔 레브모어·마사 누스바움 엮음, 김상현 옮김, 「대상화와 인터넷상의 여성 혐오」(마사 누스바움), 『불편한 인터넷』, 에이콘출판, 2012, 117~146쪽

엄진, 「전략적 여성혐오와 그 모순: 인터넷 커뮤니티 '일간베스트저장소'의 게시물 분석

을 중심으로」, 이화여자대학교 여성학과 석사 학위 논문, 2015

윤보라·임옥희·정희진·시우·루인·나라, 「김치녀와 벌거벗은 임금님들」(윤보라), 『여성혐오가 어쨌다구?』, 현실문화, 2015, 9~46쪽

이재경, 「한국사회 젠더 갈등과 '사회 통합'」, 《저스티스》, 134권 2호, 한국법학원, 2013, 94~109쪽

이정희, 「근대과학에서 시각적 재현의 의미」, 《철학논총》, 55집, 새한철학회, 2009, 299~322쪽

주경희·최지은·이성규, 「인터넷 댓글문화에서 플레이밍 행동에 영향을 미치는 요인에 관한 연구」, 《문화산업연구》, 13권 2호, 한국문화산업학회, 2013, 47~57쪽

주창윤, 「젠더 호명과 경계 짓기」, 『한국 사회의 소통 위기: 진단과 전망 특별세미나 자료집』, 한국언론학회, 2011년 5월, 299~314쪽

한세억, 『정보편식과 생산적 정보활용 교육방안』, 한국정보문화진흥원, 2009

홍찬숙, 「개인화와 '젠더사회' 개인화 시대의 사회불평등 양상」, 《한국사회학》, 47권 1호, 한국사회학회, 2013, 255~276쪽

Andrejevic, M., 「The Work That Affective Economics Does」, 《Cultural Studies》, 25(4-5), Routledge, 2012, pp.604~620

Del Vicario, M.·Vivaldo, G.·Bessi, A.·Zollo, F.·Scala, A.·Caldarelli, G.·Quattrociocchi, W., 「Echo chambers: Emotional contagion and group polarization on facebook」, 《Scientific reports》, 6, Springer, 2016

Gaut, B., 「Just joking: the ethics and aesthtics of humor」, 《Philosophy and Literature》, 22, JHU Press, 1998, pp.51~68

Michel, F., 「L'ordre du discours」, Gallimard, 1971(이정우 옮김, 『담론의 질서』, 새길, 1993)

Spears, R.·Postmes, T.·Lea, M.·Wolbert, A., 「The power of influence and the influence of power in virtual groups: A SIDE look at CMC and the Internet」, 《The Journal of Social Issues》, 58, SPSSI, 2002, pp.91~108

3부 **여성살해에 맞서다**

2장 그날 이후의 페미니즘

가야트리 스피박 외 지음, 태혜숙 옮김, 『서발턴은 말할 수 있는가』, 그린비, 2013

경향신문 사회부 사건팀, 『강남역 10번 출구, 1004개의 포스트잇』, 나무연필, 2016

김리나, 「메갈리안들의 '여성' 범주 기획과 연대」, 《한국여성학》, 33(3), 2017

김익명 외, 『근본없는 페미니즘』, 이프북스, 2018

김홍미리, 「촛불 광장과 적폐의 여성화: 촛불이 만든 것과 만들어가는 것들」, 《시민과 세계》, 30, 참여사회연구소, 2017, 137~168쪽

마정윤, 「유토피아는 없다, 망한 데서 시작하라: 페미니즘으로 읽는 〈매드맥스: 분노의 도로〉」, 《일다》, 2015년 7월 7일(http://www.ildaro.com/sub_read.html?uid=7151)

문정희, 『오라, 거짓 사랑아』, 민음사, 2001

박인혜, 『여성운동 프레임과 주체의 변화』, 한울아카데미, 2011

서울시여성가족재단, 「시민활동기록: 지역별 '총대' 인터뷰」, 『성평등을 향한 198일간의 기록과 기억: '강남역 여성살해사건'을 중심으로』, 서울시여성가족재단, 2017, 18~21쪽

이기수, 「'강남역 살인' 사건의 여성혐오 논란과 수사상 시사점」, 《치안정책연구》, 31(1), 치안정책연구소, 2017, 233~265쪽

이선희, 2018: 2

이지행, 「이대 본관 점거시위 리포트」, 《여/성이론》, (35), 2016, 240~261쪽

장민지, 「디지털 네이티브 여/성주체의 운동 전략」, 《미디어, 젠더&문화》, 31(3), 2016, 219~255쪽

정용림·이나영, 「'포스트/강남역'-성차별적 사회에 대한 집단적 저항과 페미니스트 주체 (재)구성의 가능성」, 《페미니즘 연구》, 18(1), 한국여성연구소, 2018, 181~228쪽

조르조 아감벤 지음, 박진우 옮김, 『호모 사케르』, 새물결, 2008

지그문트 바우만 지음, 정일준 옮김, 『현대성과 홀로코스트』, 새물결, 2013

캐럴 페이트먼 지음, 이충훈·유영근 옮김, 『남과 여, 은폐된 성적 계약』, 이후, 2001

캐롤 페이트먼 지음, 이평화·이성민 옮김, 『여자들의 무질서』, 도서출판b, 2018

한국여성변호사회, 『디지털 성범죄의 처벌 및 피해자 지원방안 연구』, 국회여성가족위원회, 2018, 15쪽

한국여성의전화 여성인권 아카이브(http://herstory.xyz/exhibits/show/angry/2009)